KB062966

세계철학사 별권

世界哲学史　別巻
SEKAI TETSUGAKUSHI BETSUKAN: MIRAI WO HIRAKU

세계철학사 별권

— 미래를 열다

책임편집 이토 구니타케 伊藤邦武
야마우치 시로 山內志朗
나카지마 다카히로 中島隆博
노토미 노부루 納富信留

옮긴이 이신철

도서출판 b

예수회 수도사를 중개로 한 동방 철학 정보의 유럽으로의
유입 । 선교사 정보의 정리와 수용 — 라이프니츠 । 슈피첼
편『중국 학예론』 । 크리스티안 볼프 । 『중국 실천철학 강연』
। 노엘 역『중화 제국의 여섯 고전』 । 쿠플레 역『중국의 철학자
공자』 । 맺는말

들어가며

나카지마 다카히로中島隆博

『세계철학사』전 8권이 완결되어 마침내 현대에까지 다다를 수 있었다. 그 발걸음을 되돌아보면서 이 별권에서는 지금까지 충분히 다 논의할 수 없었던 문제를 다루기로 했다.

첫째, 『세계철학사』시리즈는 커다란 시간 축과 지역 축으로 잘라내는 구성 형식을 취했기 때문에, 아무래도 좀 더 넓은 공간적인 개념의 연쇄와 좀 더 장기간에 걸친 시간적인 변천에 관한 기술이 엷어지는 경향이 있었다.

둘째, 세계의 지역들을 가능한 한 망라하고자 했지만, 역시 몇 가지 누락이 있었고 지면 사정으로 인해 기술이 희박해진 부분도 있었다.

셋째, 기획을 세운 후에 마주치게 된 신형 코로나와 같은 감염증을 초래하는 현대 사회의 모습을 좀 더 깊이 밝힐 필요가 있었다.

이 세 가지 점을 충실하게 다루기 위해 이 별권에서는 열세 분에게서 기고를 받았다. 모두 다 기백이 날카로운 원고들로, 아무쪼록 지금까지의 여덟 권과 아울러 읽어주시고 세계철학의 새로운 가능성에 주목해 주시기 바란다.

또한 야마우치 시로山內志朗와 노토미 노부루納富信留 그리고 나카지마 세 사람이 회고의 이야기를 나누고 그 기록도 아울러 수록했다. 한 권마다 논의하되, 각각의 원고들이 어떻게 연결되어 있는지, 어떠한 문제 계열 위에 성립하는지를 논의했다. 거기서는 책임 편집자로서의 생각도 토로했다.

이 좌담회에 이어서 세 사람 각자가 새로이 논고를 썼다. 야마우치 시로는 좌담회에서 물은 세계철학에서의 '변경'에 대해 생각했다. 노토미 노부루는 세계철학이 종래의 철학 담론과는 어떤 다른 스타일을 구상하는 것인지, 그리고 그것을 어떻게 실천할 것인지를 생각했다. 그리고 나카지마는 세계철학으로서 일본 철학을 좀 더 긴 시간 축에서 다시 읽으면 어떻게 될 것인지를 생각했다.

어쨌든 세계철학의 여정은 이제 막 시작되었을 뿐이다. 그것은 어딘가에 다다르면 목적이 완성되는 그런 종류의 것이 아니다. 개념의 여행에 몸을 맡기고 세계철학이라는 지평을 향하여 계속해서 걸어가기. 이 실천 이외에는 없다.

이즈쓰 도시히코井筒俊彦에게로 흘러든 말을 빌리자면, 이것은 '꽃핀다'라는 사태가 아닐까? 야마우치 시로는 꽃에 대해 지·수· 화·풍과 나란히 있는 세계의 요소라고 말하고 있다. 바로 이러한

개념의 여행에 나서는 실천을 통해 세계철학은 꽃필 것이다. 그것
은 호화롭고 현란하게 피어나는 꽃들이 아닐지도 모른다. 그렇지만
거기에서는 철학의 우정이 자그마한 꽃들 사이에서 감지될 것이다.
그리고 이 우정이야말로 세계철학의 미래를 열어젖히리라 생각하
지 않을 수 없다.

제 I 부

세계철학의 과거·현재·미래

제1장

지금부터의 철학을 향하여
─『세계철학사』전 8권을 되돌아본다

야마우치 시로+나카지마 다카히로+노토미 노부루

1. 『세계철학사 1 ─ 고대 I. 지혜에서 앎의 사랑으로』

'세계와 혼'

나카지마 『세계철학사』전 8권을 제1권부터 차례로 되돌아보기로 하시죠.『세계철학사』제8권의 마지막 장「세계철학사의 전망」에서 이토 구니타케伊藤邦武 선생이 '세계와 혼'을 언급하고 있습니다만, 제1권에는 '세계와 혼'이라는 부주제가 있을 뿐 아니라 각각의 장에서 집필자 모두가 '세계'와 '혼' 문제에 대해 언급해 주셨습니다. 그 이후의 권들에서도 이 주제는 그 근저에 가로놓여 있었던 것으로 생각됩니다.

노토미 단지 공통된 개념이라는 것만이 아니라 '세계와 혼'이 가장 오랜 이 시대의 열쇠가 되는지가 문제입니다. 제1권 제1장 「철학의 탄생을 둘러싸고」에서도 썼듯이, 이 시대에는 축이라는 형태로 다양하고 커다란 철학 운동이 일어났습니다만, 그것은 이 주제와 어느 정도 연결된 것일까? 일정 정도의 연관이 있고, 다른 묶는 방식은 없다는 견해가 가능하다고 하는 대응은 있습니다. '철학은 인도·중국·그리스에서 시작되었다'라고 동등하게 놓고 보았을 때, 거기에서 '세계와 혼'이라는 주제는 들리고 있는 것일까요?

야마우치 노토미 선생도 시작의 문제에 대해 섬세하게 논의하고 있습니다. 근대도 시작 문제를 묻습니다만, 고대의 시작은 그것과는 상당히 양상이 다릅니다. 그에 따라 '세계와 혼'을 이야기하는 방식도 대단히 달라지는 것이 아닐까요?

노토미 세계철학사는 역사인 이상, 어딘가에 시작을 놓고서 거기서부터 이야기를 시작합니다. 시작을 정한다는 것은 그 후의 방향성, 비전이 전체로서 보인다는 것이죠. '어느 사이엔가 자연스럽게 시작되었다'라거나 '언제부터 시작되었는지 알 수 없다'라는 것 가지고는 하나의 전체상을 그릴 수 없는 까닭에, 지금까지도 서양 철학사에서는 우선 시작점을 정하여 서술을 시작하고 있습니다. 철학사를 생각할 때, '몇 년 몇 월에 무언가가 시작되었다'라고 말할 수는 없다고 하더라도 회고적으로retrospectively 자기 규정적인 시작은 중요한 의미를 지닙니다. 그리고 저의 주된 연구 대상인 그리스 자체가 시작(아르케)을 묻는 형태로 철학을 시작했습니다.

다른 한편으로 야스퍼스^{Karl Jaspers}도 말하고 있습니다만, 축의 시대에 모든 것이 제로에서 출발했다는 것은 아닙니다. 그 전에 2,000년에 걸친 문명이 있어서 그 시대가 반드시 가장 오랜 것은 아닙니다. 하지만 거기서 동시 병행적으로 기반이 이루어진 것을 우리가 어떻게 파악해야 할 것인지가 문제입니다. 이번에 나란히 놓고 봄으로써 새삼스럽게 수수께끼가 깊어진 듯한 느낌이 듭니다.

하나의 시대에 인간이 '세계와 혼'을 공통되게 물음으로써 한 걸음 앞으로 나아가고 새로운 지적 영위가 시작되었던 것인데, 그것은 도대체 무엇이었던가요? 농경이 발생하고 언어를 사용하기 시작하는 등, 문명이 진보하는 것과 유비하여 생각하는 관점이 있는 한편, 철학 자체가 지니는 '시작'을 묻는 관점이 있고, 이것이 바로 고대를 생각하는 데서의 중심적인 문제가 된다고 생각합니다. 그리스뿐만 아니라 인도나 중국에 대해서도 그러한 문제를 생각함으로써 이 시대가 조금 분명해진 것이 아닐까 생각합니다.

기원으로서의 그리스

나카지마 얼마 전에 노토미 선생께서 이집트와 그리스의 관계에 대해 도쿄에서의 국제 심포지엄에서 발표해 주신 일이 있습니다. 그리스에서 '시작'이 시작되기 위해서는 당연히 이집트의 일을 생각하지 않으면 안 됩니다. 이집트와 그리스는 어떻게 해서 나누어져 가고 그리스에서 철학이 시작되는 것일까? 그것이 굉장히

나카지마 다카히로

중요한 것입니다. '시작'을 묻는 것이 철학이라고 한다면, '시작'의 시작 방식이 물어지게 됩니다. 이것은 일종의 반성적인reflexive 의식이겠지요. 이 의식이 있음으로써 '세계와 혼'도 어떤 뚜렷한 형태를 취하여 나타난 것이 아닐까요?

중국에서도 근대에 공자가 시작인지 노자가 시작인지를 물었습니다. 문헌 실증적으로 말하면, 노자가 시작이라는 것은 있을 수 없습니다. 『노자』라는 텍스트는 공자나 『논어』에 비교하면 상당히 시대가 내려갑니다. 그러나 문헌 실증이 문제인 것이 아니라 시작을 물을 때 공자나 노자가 떠오른다는 점에 의미가 있습니다. 이집트나 그리스와 마찬가지로 공자도 그 이전의 논의를 이어가고 있습니다. 공자도 그 이전 유가의 논의로부터 완전히 독립해 있는 것이 아니라 거기에 자국을 새겨 무언가의 '시작'을 시작했다고 한다면, 그것은 도대체 무엇일까요?

제4장 「중국의 제자백가에서 세계와 혼」에 썼습니다만, '세계와 혼'이라는 것은 자신과는 다른 것에 대한 어떤 태도의 발명입니다. 혼이라는 것은 자신이 아닌 무언가에 도달하기 위한 수단입니다. 세계도 그러한데, 자신만으로 자기 충족하고 있다면 세계

라는 묶는 방식을 하지 않더라도 상관없습니다. 여기에도 구획의 의식이 상당히 있었던 것이 아닐까요? 시작 방식에 대해 잘 생각해 가면, 아무래도 세계와 혼이 나오는 것 같은 느낌이 듭니다.

야마우치 '시작'은 그리스에서는 아르케입니다. 그것이 철학의 기원으로서 놓여 있습니다. 우리가 세계철학사를 생각하는 경우, 아르케를 어떻게 파악할 것인지는 근본적인 문제입니다. 세계철학을 정리하는 관점에는 여러 가지가 있지만, 잠정적으로 작업가설로서 보면 어떨지 생각해보고 싶습니다. 야스퍼스가 '축의 시대', 이즈쓰 도시히코井筒俊彦 선생이 '공시적 구조화'라고 말했듯이 공시적으로 나타나는 것, 영향사의 관점에서 나타나는 것이 있습니다. 동시적이라고 말하면 너무나도 시간 구간이 짧아지는 까닭에 동시대적이라고 말하는 쪽이 좋다고 생각합니다만, 거의 같은 시대 속에서 영향 관계를 지니는 그러한 장면이 있습니다. 그리고 100년, 200년 또는 1,000년을 거치고 나서 나타나는 역사적·통시적인 영향 관계가 있지요

세계철학사에서 세계의 넓이를 생각하는 경우, 동시대적인 영향사를 지닌 것, 역사적인 영향사를 지닌 것, 공시적인 영향사를 지닌 것을 나누는 것을 생각해보고 싶습니다. 지금까지의 서양 철학사에서는 그리스에 기원을 두고 동시대적인 영향, 역사적인 영향이라는 관점에서 생각하고 있지만, 이번에는 그렇게 하는 것이 아니라 공시적으로 대응하는 그러한 시공을 생각했던 것이지

요. 요컨대 세계철학사를 하나의 통반석, 헤겔식으로 통일된 것으로 보는 것이 아니라 복수의 네트워크, 배치^{configuration}를 겹쳐서 보는 시도였다고 생각합니다.

조금 전의 '세계와 혼'이라는 문제에서 재미있다고 생각한 것이 있습니다. 아리스토텔레스는 '존재인 한에서의 존재'라는 대단히 추상적인 것을 철학의 기원으로서 놓았습니다. 이것은 철학이란 무엇인가라는 문제, 중국에는 철학이 없고 사상이 있으며, 일본에도 철학이 없었다는 문제와도 연결됩니다. 하지만 '존재인 한에서의 존재'를 묻는 것이 철학이라고 하게 되면, 그것을 묻는 것은 대단히 지역적인 행위일지도 모릅니다. '세계와 혼'의 관계를 생각한다는 것은 보편적이고, 거기에는 아마도 여러 가지 영향 관계, 상호 작용(교류)이 있었겠지만, 그것이 나타난 것은 중요하다고 생각하는 것입니다.

이번에 주자학에 관해 쓴 것을 읽다 보면, 성性과 정情이라는 문제가 나옵니다. 성은 라틴어로 나투라^{natura}, 정은 아펙투스$^{\text{affectus,}}$ ^{affect}이므로, 본질적으로 있는 것이 정으로서 변화하여 나타나게 되지요. 나카지마 선생도 제1권에서 쓰고 계시듯이 성을 변화시킵니다. '세계와 혼' 쪽을 철학사의 기본으로 보는 쪽이 다양한 것을 포괄할 수 있다고 생각합니다. 그래서 세계철학사를 생각할 때, 제1권은 대단히 중요한 방식으로 시작한 것이 아닐까 생각하는 것이지요.

살아 있는 원리로서의 혼

나카지마 그렇다면 우리는 상징적인 방식의 시작을 이룬 것인지도 모르죠. 야마우치 선생께서 말씀하셨듯이, 그리스가 철학의 기원으로 생각되는 것에는 역사적인 배경이 있습니다. 거기에는 근대적인 견해도 강렬하게 놓여 있었죠. 그러나 그러한 견해만으로 그리스에 기원이 놓이는 것은 아닙니다. 우리는 그리스의 그러한 이미지를 갱신해야만 한다고 생각합니다. 그리스를 말하는 방식을 바꾸는 것이 기원을 이야기하는 방식을 바꾸는 것으로 이어지는 것이지요.

이제 강조해 주셨듯이 중국의 개념인 성은 보편적으로 변함없이 존재하는 본질이라기보다는 그것 자체가 변화하는 그러한 '삶의 존재 방식'입니다. 이것은 근본적인 사고방식이라고 생각합니다만, 이것은 고대를 살펴 가면 뜻밖에도 공유되고 있던 사고방식일지도 모릅니다.

노토미 그리스라는 2,400년 정도 전의 몇 세기가 언제나 초점이 되고 있지만, 이것은 19세기 이후부터의 서양 중심적, 아리아인적인 그리스라는 편견을 바로잡는다는 단순한 문제가 아닙니다. 야마우치 선생께서 말씀하셨듯이 그리스는 중세에 이미 커다란 전통을 지니고, 여러 가지 의미에서 굴절된 존재인바, '현대의 견해는 잘못이기 때문에 곧바로 그리스로 돌아가자'라는 것과 같은 단순한 이야기가 아닙니다. 그리스를 초점으로 하여 일어난 역사를 통시적으로 파악하고, 고대 후기에 무엇이 일어났는지, 중세나 이슬람에서 무엇이 일어났는지까지 포함하여 다시 한번 파악해 나가야만 합니다. '기원이 이러했기 때문에'라고 21세기로부터 한달음에 그리스로 날아가는 것 자체는 그다지 생산적이지 않은 것이죠.

야마우치 선생께서 말씀하신 '있는 것으로서 있음'이라는 것은 추상도가 높으며, 그것이 철학이라고 말하게 되면 일반 사람들은 좀처럼 들어올 수 없을지도 모릅니다. 우리는 그러한 감각을 어떻게 생각해야 할까요? '세계와 혼'이라는 것이라면, 아리스토텔레스나 플라톤도 바로 그 한가운데 있었습니다. 거기로 되돌아가 생각하는 것이 하나의 방법이라고 생각합니다.

그러나 다른 한편으로 '세계와 혼'이라는 문제를 끝까지 파고들게 되면, '있음', '로고스'와 같은 형태로 수렴된 현장이 보이게됩니다. 단순히 서양이 특수하다고 끝내버릴 수는 없으며, 아리스토텔레스의 철학도 그러한 형태로 흡수해버릴 수 없는 것이 많이 있는 것이죠.

야마우치 선생께서 제3권 제1장 「보편과 초월에 대한 앎」에서 쓰셨듯이 중세의 초월에 대해 그리스의 초월이라는 것은 상당히 미묘하며, 자리매김이 어렵습니다. 그리스에서의 초월, 파르메니데스 이후의 초월이라는 문제를 어떻게 파악해야 할까요? 아리스토텔레스에게서도 초월로 이어지는 사유와 땅에 발을 디딘 사유가 교차하고 있어 그렇게 순수한 것이 아니기 때문입니다. 예를 들어

'있는 것으로서 있음'에 대해 깊이 파고들어 생각하는 것은 관념적인 느낌이 들지만, 아리스토텔레스에게는 여기에 있는 하나의 생물이 살아가고 있다는 것이 '있음'이라는 것입니다. 바로 그 '있음'을 파악하는 현장이 그 물음인 것이죠. '있음'이라는 것은 우리가 학문으로서 파악하는 그러한 형식성이 아니라 혼이자 세계였습니다. 그것이 조금 전에 공시적이라고 말씀하신 곳에서 어떻게 펼쳐져 가는 것일까요?

나카지마 살아 있는 원리로서의 혼으로 파악해 보면 재미있다고 생각합니다. 철학은 추상도가 높은 개념의 처리에 머무는 것이 아니라 아리스토텔레스가 그러하듯이 살아 있는 원리도 건드리고 있습니다. 그러한 관점에서 조금 더 혼을 파악해 보고 싶은 것이지요.

영·혼·백

야마우치 아리스토텔레스는 그 폭이 넓으며, 최고로 추상도가 높은 관점에서 사물을 생각하고 있습니다. 『니코마코스 윤리학』에서는 '지나치게 엄밀한 것을 구해서는 안 된다'라고 말하고 있는 한편, 생물학의 고찰에서는 대단히 자세한 곳까지 눈길이 향하고 있습니다. 그야말로 추상성으로부터 구체성까지의 존재 영역 전체를 뒤덮고 있는 천재지요. 이븐 시나Ibn Sīnā 정도의 천재도 아리스토텔레스의 『형이상학』을 읽고서도 전혀 알 수 없었던 까닭에 40번

정도 읽어 그대로 외웠다고 합니다. 젊어서 한번 암기한 후에는 다시 읽을 필요가 없었습니다. 그에 관해 머릿속에서 몇 번이고 주석을 되풀이하지요. 아리스토텔레스는 그 정도로 폭이 넓어 재미있습니다. 추상도의 높음과 구체적인 것에 대한 눈길의 자세함이 양립할 수 있었다는 것은 그야말로 엄청난 것이고 어떻게 평가해야 좋을지 알 수 없을 정도인데, 그러한 사람이 철학을 형성했던 것이죠.

중세를 연구한다면, 그리스도교적인 틀과 유대교적인 틀이 있고, 이것들과 아리스토텔레스를 어떻게 결부시킬 것인가를 두고서 토마스 아퀴나스 등이 그야말로 애쓰고 있었는데, 그때의 원리로서 혼에 대해 영靈, 프네우마pneuma라고 하는 것이 있습니다. 그리고 유대교·그리스도교에서도 루흐ruh, 루아흐ruah라는 보편적인 혼의 원리가 나옵니다. 루흐와 프쉬케psyche, 요컨대 영과 개별적인 혼의 관계에 대해 말하기는 힘들죠. 요시자와 덴자부로吉澤伝三郎 선생은 '그리스 철학(헬레니즘)은 프쉬케를 중심으로 하고 있지만, 그리스도교(헤브라이즘)는 프네우마가 중심이다'라고 정리하고 계시는데, 정말이지 그렇다고 생각합니다.

제1권에서는 대항 축으로서 영·혼의 쌍방이 나옵니다. 이것은 그 후 종교와 철학의 관계에 대해 암시하고 있는 듯하여 재미있다고 생각했습니다.

노토미 혼(프쉬케)에 대해서는 예전에 브루노 스넬Bruno Snell 이 문제를 제기하고 나서 여전히 논쟁이 계속되고 있습니다(B.

스넬, 『정신의 발견精神の發見』, 創文社, 제1장. 하지만 이것은 단일한 개념이 아닙니다. 호메로스(기원전 8세기경)에게는 혼을 표현하는 여러 개의 단어가 있었는데, 아마도 소크라테스의 시대에 그 가운데 하나, 프쉬케라는 단어가 중심이 되었습니다. 그것이 통일적인 실체로서의 '혼'입니다.

노토미 노부루

이번에 우리는 그 '혼'이라는 단어를 염두에 두고서 사용했습니다만, 이집트는 초기 단계에 있고 다양한 개념이 있는 세계였습니다. 그리고 중국과 인도에서는 서양이 프쉬케, 아니마라는 단어로 정리하는 것과는 다른 형태로 그것과 공통된 것을 파악하고 있었던 것이 아닐까 생각합니다. 이번에는 그것을 그다지 묻지 않았고, 집필자분들께서는 다른 모든 문명에 대해서도 '혼'이라는 단어를 사용해 주셨습니다. 예를 들어 인도에서의 혼 개념과 그리스에서의 혼 개념이 다르다는 논의는 반드시 생산적인 것은 아닙니다만, 혼에 초점을 맞추는 것이라면, 그 점에 대해서도 따지고 들 필요가 있습니다. 나카지마 선생은 중국이 전공이시지만, 혼백魂魄이라는 것은 혼과는 조금 다른 까닭에, 그러한 장면에서는 그 말은 사용하지 않는 것이 아니겠습니까? 우리가 정리할 때는 혼이라는 말에 구애되지 않는다고 생각합니다만.

나카지마 중국에도 몇 개인가 그것을 표현하는 말이 있습니다. 지적하셨듯이 혼魂이라는 것이 있으며, 그것과 대응하는 백魄이라는 말도 있습니다. 혼은 하늘로 향해 오르고, 백은 땅으로 향해 돌아간다고 말합니다. 이와 같은 중국의 논의를 보고 있으면, 혼에 대해서는 그것 단독으로 논의되기보다는 무언가와 대화하고 여러 개의 개념 사이에서 논의될 필요가 있다는 느낌이 듭니다. 예를 들어 혼과 백이라는 두 개념의 세트를 통해 생각하는 것이지요.

또한 혼의 계열에는 심心(마음)이라는 개념도 있습니다. 이것도 어떻게 옮기는 게 좋은지 알 수 없습니다. 그리스어의 프쉬케도 마음으로 옮겨지는 경우가 있습니다만, 그렇게 옮겼다고 하더라도 본래 우리는 그 마음이 무엇인지 잘 알지 못합니다. 이해가 성립하기 위해서는 그 개념이 단독으로 무엇을 나타내는가 하는 것보다는 오히려 어떠한 다름에서 성립하는지, 어떠한 다른 개념과 맞짝이 되어 성립하는지를 살펴보는 것이 좋은 것이 아닐까요? 그렇게 하면 어떠한 물음이 세워져 있는지가 쉽게 보이겠지요. 요컨대 단독으로 보기보다는 배치 속에서 그 말의 작용을 살펴보는 것이 좋지 않을까 생각합니다.

세계라는 개념

나카지마 그렇기도 해서 제1권에서는 굳이 '세계와 혼'으로 배치한 부제를 설정했던 것이지요. 혼을 단독으로 논의하기보다 세계가 어떠한 형태로 성립하는지와 연결하여 논의하는 것이 알기 쉽지 않을까 생각했던 것입니다.

세계라고 하면 예를 들어 '세계는 창조된 것이다'라는 강력한 사고방식이 있습니다. 세계는 처음부터 있는 것이 아니라 만들어진 것이라는 것이죠. 그러면 거기서 혼은 어떻게 나오는 것일까요? 만약 창조와는 다른 형태로 세계를 설정했다면, 혼에 대해 어떻게 말할 수 있을까요?

이렇게 생각해 가는 것이 알기 쉬워 보입니다. 물론 이 고대에 '세계'라고 지명된 개념은 없었으며, 그러한 식으로는 파악되어 있지 않았습니다. 그렇지만 이제 우리가 세계라고 말하고 있는 개념과 겹치는 것은 있는 것이죠.

야마우치 세계라는 개념은 라틴어에는 좀처럼 딱 들어맞는 말이 없습니다. 예를 들어 세계철학이라는 것을 라틴어로 말하려고 하는 경우, philosophia mundi라고, 세상에 관한 학문이 되어버립니다. 실제로 독일어로 철학은 Weltweisheit, 세상 지혜라고 옮겨지는 것이죠.

세계라는 개념에 대해 우리가 생각하는 통일적인 이미지라는 것은 없습니다. 우리는 '세계란 무엇인가'라고 본질 규정적으로 묻지만, 이것은 다른 개념과의 상관관계, 배치에서 나옵니다. 따라서 세계를 묻는 경우, 혼과 관련하여 어떠한 배치가 되는지를 살펴보는 것은 대단히 중요하다고 생각하는 것이죠. 하나하나

보면 제각기 다르게 보이겠지만, 배치로서 보면 대응 관계가 있거나 합니다. 고문사학^{古文辭學}, 문헌학의 발상으로 그 당시로 돌아가 텍스트 속으로 들어가지 않으면 보이지 않는 점도 있습니다. 그렇게 함으로써 비로소 개념 상호 간의 관련이 보인다고 생각합니다.

노토미 그리스 이외의 문명에서도 동일한 지적인 영위를 수행하고 있었다는 것은 잘 알려져 있는데요, 서양 철학에 관해 말하자면, 단어를 주고서 그로부터 생각하기 시작했다는 점이 중요하다고 생각합니다. 예를 들어 '우주^{kosmos}'라는 단어는 원래는 '질서, 장식'이라는 의미였는데, 퓌타고라스가 이 의미에서 최초로 사용했다고 합니다. 여러 가지 맥락 속에서 언표하기 어려운 것에 개념을 주고, 해부하고 정의하여 논의하는 것이죠. 이것은 철학의 형태를 만드는 데서 중요한 것으로, 거기서는 모두가 개념을 공유하며 사용할 뿐만 아니라 그 개념을 둘러싸고서 대항적인 사유가 성립하게 됩니다.

고대의 문명들에서는 반드시 세계가 창조된 것이 아니라 아리스토텔레스가 말하듯이 옛날부터 영원한 원동력이 영원한 움직임을 일으키고 있다거나 세계라는 것은 자연발생적으로 사물이 움직여 온 것인데, 누군가가 만든 것이 아니라고 하는 등의 다양한 논의가 있었습니다. 그와 같은 대항적인 배치도 바탕으로 하여 창조^{creatio}라는 단어에 의해 세계란 무엇인가를 논의의 도마 위에 올리는 것이죠. 우리가 살아가는 가운데 지니는 막연한 견해 속에서 몇 가지 패턴의 세계관으로 수렴하는 방향으로 향하고 있었던 듯합니다. 배치를 다루는 것은 어려워서 '여러 가지 개념과 여러 가지 맥락이 있었습니다'라는 이야기로는 끝나지 않습니다. 배치는 거기서부터 우리가 어떻게 생각해 가는가 하는 모델들의 장으로서 중요하다고 생각합니다.

개념화로 세계를 변화시키다

나카지마 질 들뢰즈Gilles Deleuze는 '철학이란 무엇인가'를 거침없이 질주하는 만년에 물었습니다. 그런 만큼 철학에 대해 비판적인 눈길을 지니고 있었던 들뢰즈입니다만, '철학이란 개념을 창조하는 학문이다'라는 것만큼은 양보하지 않았습니다. 그렇다면 개념을 창조한다는 것은 도대체 무엇을 하는 것일까요? 그것은 단지 자신이 생각해 낸 것을 던져 넣으면 되는 것이 아니라 그에 의해 어떤 관여를 하는 것이라고 생각합니다. 개념은 관여하지 않으면 의미가 없으며, 관여함으로써 세계의 배치를 바꾸어 가는 것입니다. 이러한 변화의 힘을 만들어가는 것이 개념의 창조라고 생각합니다. 개념화하여 그것을 관여적으로 사용해보면, 세계에 대한 견해가 바뀝니다. 또는 새로운 개념과 조합하여 복합적인 개념을 만들 수도 있다고 생각합니다만, 그에 따라 세계 그 자체를 바꾸어 가는 일까지도 있을지 모릅니다.

조금 전에 야마우치 선생께서 '성을 변화시키는' 것에 대해 언급해 주셨습니다만, 역시 어떤 종류의 변용이 세계에도 영혼에

도 필요한 것은 아닐까요? 고대를 통해 보면 그 감각이 있었던 것으로 생각됩니다. 그것이 어느 정도였는지, 어떠한 관여를 했는지를 계측해보는 것이 중요하다고 생각합니다.

노토미 '세계와 혼'이라는 것은 그 중간에 있다는 느낌이 듭니다. 이것들은 완전히 개념화되어 있다고는 말할 수 없으므로, 특정한 사상이나 철학자가 아니라면 받아들일 수 없는 것은 아닙니다. 오히려 각각의 문명이나 철학자에 의해 개념화는 이미 시작되어 형태를 취해 가고 있습니다. 그렇지만 근대 이후와 같은 첨예한 철학 개념은 아닌 곳에서 우리가 생각하는 문제로서 '세계, 혼'이라는 단어가 이미 움직이기 시작하고 있고, 그것이 태어나기 직전까지 와 있는 것입니다. 바로 거기서 그물을 펼치고 있는 까닭에 보이는 것이 있다고 생각합니다.

나카지마 예를 들어 중국에서 말하자면, 조금 전에 natura라는 말은 좀처럼 번역하기 어렵습니다. 본성·본질을 의미하는 '성'으로 번역할 수 있습니다만, 그것은 본래 '삶의 방식'이라는 의미로 파악하는 것입니다. 이러한 아주 새로운 '성'이라는 개념이 나오기 위해서는 그것이야말로 '세계와 혼'이라는 말로 가리켜지는 장場에서였다고 생각합니다. '성'이라는 개념이 단독으로 어떻게 행동하는지를 보기보다 그러한 장과 함께 보아야만 합니다. 그리고 이제 노토미 선생께서 말씀하셨듯이 세계·혼이라는 것 그 자체를 개념화하는 움직임도 있습니다. 따라서 동시에 해야만 하는 것이겠지요. '세계와 혼'은 장의 개념인 동시에 그것 자체를 세련화해야만 하는 개념이기도 합니다. 그 사이에서 재미있는 것이 일어나는 것이 아닐까 생각합니다.

노토미 두 가지가 있으면 재미있는 움직임이 나오겠지요.

나카지마 프네우마나 프쉬케의 경우에도 그 양쪽의 움직임이 있다고 생각합니다. 그것 자체를 개념화해야 하는 동시에 다른 개념을 뒷받침하고 있다는 것입니다. 그 양쪽을 살피며 나아가는 것이 좋지 않을까 생각합니다.

2. 『세계철학사 2 — 고대 II. 세계철학의 성립과 전개』

로마 시대의 평가를 둘러싸고

나카지마 제2권에서는 로마, 그리스도교, 대승 불교, 고전 중국 등에 대해 논의하고 있으며, 같은 고대에도 풍경이 조금 변하고 있습니다. 그리스로부터 로마로의 흐름과 그리스도교의 성립이 그러하지만, 개념의 커다란 여행이 시작된 시대가 아닌가 생각합니다. 제2권에 대해 어떠한 생각을 지니고 계십니까?

노토미 제1권에서 다룬 시대에는 여러 가지 사상이 폭발적으로 나왔습니다만, 그것은 아직 정착하지 못했지요. 동시대 사람들의 눈으로 보자면 플라톤도 아리스토텔레스도 지금은 주목받지 못하는 사상가들과 마찬가지로 그 여럿 가운데 하나에 지나지 않습니다.

그러한 그들의 철학이 계승되어 중심이 되고 서서히 그리스 철학이 형태를 취하게 되자 일단 그러한 시대로 자리매김했습니다. 중국에서는 제자백가의 시대로부터 유학이 성립하는 시대까지에 대응하고, 대승 불교도 그러합니다. 그러한 커다란 묶음이 좋은 것인지 아닌지라는 문제도 있긴 한데, 시작은 단지 '시작되었다'라는 것만으로는 끝나지 않습니다.

야마우치 그렇죠, 그러면 곧 사라지겠죠. (웃음)

노토미 결국 시작을 시작이게끔 하는 것은 소박하고 눈에 띄지 않는 것이죠. 로마 시대의 철학은 최근 3, 40년 사이에 점차 주목받게 되었습니다. 그때까지는 고대 철학 연구자 사이에서 거의 무시되어 오고 '이러한 보잘것없는 시대는 없다'라고 생각되었습니다만, 최근에는 커다란 주목을 받고 있습니다. 교부 철학에 대해서도 '그리스도교 철학이었다면 중세의 스콜라지요'라고 파악하는 것이 아니라 그리스 교부와 라틴 교부의 차이 등, 아우구스티누스 이외의 다양한 사람들에게 주목하고 있습니다. 시작된 다양한 사유를 지리적으로도 언어적으로도 복잡한 상황에서 움직이면서 세련화해 가는 그러한 중요한 시대였습니다.

실은 우리는 이 시대에 가장 빚지고 있는 것이 아닐까요? 그리스 철학에서 오늘날로 전승된 문헌은 대부분 이 시대의 것으로, 이 이전의 문헌은 한정됩니다. 요컨대 우리는 문헌으로서 로마 시대의 것을 가지고서 사용하고 있는 것인데, 그러한 것을 어떻게 평가할 것인지를 묻게 됩니다. 철학의 경우 새로운 학설을 주창한 사람이나 이론을 체계화한 사람 등, 중요 인물이 주류가 됩니다만, '로마의 중요 인물은 기껏해야 플로티노스밖에 없다'라고 평가하는 것은 어떨까요? 세계철학사를 생각할 때 우리는 이 시대에 대해 어떠한 태도를 보여야 할 것인지 생각해보고 싶습니다.

나카지마 노토미 선생께서 제1장 「철학의 세계화와 제도·전통」 에 쓰신 것을 읽으면, 이 시대에 학원과 텍스트가 성립합니다. 이것은 모종의 제도화 문제이지요. 철학은 시작되었을 뿐 아니라 어떠한 방식으로든 제도화되어갑니다. 물론 제도화라는 것도 지금 생각하는 것과 같은 제도화와는 다를지도 모르지만, 모종의 방식으로 제도화되어 그것이 다른 곳에서 공유되어갑니다. 제도화되지 않으면 공유되지 않는 것입니다. 이에 따라 여기저기로 여행을 떠나 공유되어갑니다. 그것을 어떻게 평가할 것인가 하는 것이지요.

야마우치 철학사에서 보면 로마 시대의 철학은 소박한 것으로 보는 경향이 있습니다만, 이 시대는 여러 가지 의미에서 전환점, 기원이 되었다고 생각합니다. 우선 세계 종교가 이 시기에 나타났습니다. 그리스도교, 이슬람에 더하여 그보다 조금 앞이기는 하지만 불교가 나타났지요. 후에 코즈모폴리턴(세계 시민)적인 발상이 나오고, 세계철학이 바로 개념으로서 나타났습니다.

또한 우리와 같이 중세를 연구하고 있는 사람의 눈으로 보면, 아프로디시아스의 알렉산드로스(2세기)나 킬리키아의 심플리키 오스(5-6세기) 등과 같은 아리스토텔레스 주석자들은 대단히 소박하지만, 언뜻 보면 정적인 것처럼 보이기 쉬운 아리스토텔레스의 철학이 신플라톤학파와 뒤섞여 대단히 역동적으로 되고 정치학으로까지 이어져 가는 모습이 보여서 매우 재미있습니다. 코넬대학 출판부에서 『고대 아리스토텔레스 주석자 전집』이 리처드 소랍지 Richard Sorabji의 감수 아래 전체를 망라하여 영어로의 번역이 진행되고 있습니다. 그러한 고대의 주석은 이슬람 철학에 매우 큰 영향을 미치고 있어 그러한 모습들이 알려지게 되었습니다. 파라비Abū Naṣr Muhammad ibn Muhammad al-Fārābī도 그러합니다만, 그와 같은 것이 서양 중세로 이어져 갑니다.

여기서는 오해되었다고도 할 수 있겠지만, 역으로 추동력을 갖춘 형태로 아리스토텔레스의 철학이 전해져 갑니다. 요리로 말하면 맛있는 것을 재료로 하여 평생 열심히 노력하여 맛있는 요리를 만들어내는 장면이라고 할 수 있겠지요. 요컨대 이 시대는 레스토랑의 조리실이지요. 저는 그렇게 느끼고 있습니다.

종교의 제도화

야마우치 그러면 로마 시대의 철학을 어떻게 개념화하면 좋을까요? 이 시대는 종교가 나타나 혼의 구원이 말해지게 되었죠. 현세에 구원받는 것인가 아니면 죽고 나서 구원받는 것인가? 그렇지 않으면 천국에서 그것이 이루어지는 것인가? 거기에는 여러 가지 패턴의 혼의 구원이 나오지만, 그것을 종교에만 한정할 수 있는 것일까요? 저는 그것에 주저하게 됩니다.

야마우치 시로

그리스도교에는 오이코노미아라는 바울이 내놓은 개념이 있습니다. 오이코노미아는 '경륜'으로 번역됩니다만, 이 세계를 오이코스(집)로서 파악하고 이리저리 어떻게든 꾸려나간다는 것인데, 예수가 십자가에 달리고 희생함으로써 인류를 보편적으로 구원한다는 구원의 줄거리를 보이는 개념입니다. 여기서 신의 아들의 구원 프로그램이 나타나는 것이지요. 그리고 스토아학파의 아파테이아(마음의 평안)도 종교를 전제로 한 것입니다. 혼과 세계가 어떻게 관계해 가고 어떻게 종말을 맞이할 것인가? 여기서는 세계와의 관계 방식, 혼과 세계의 관계 방식이 말해지고 있는 것이 아닐까요? 저는 이 시대에 오이코노미아로서의 사상이 쌓여갔다고 생각합니다.

나카지마 그것은 대단히 재미있습니다. 이 시대에는 로마 제국, 한漢 제국이 있고, 고대 제국이 점차 성립하기 시작합니다. 이것은 중요한 점이라고 생각합니다. 한편으로 종교적인 구원이 주제로 되지만, 다른 한편으로 지상적인 구원이 문제가 되지 않으면 고대 제국은 나오지 못했던 것이 아닐까요? 이것은 왕권과 신권의 관계로 정리할 수 있지만, 왕권이 제국이라는 형태로 성립한다는 것은 대단한 것입니다. 그때까지는 그러한 제도화는 없었기 때문이죠. 제국으로서 왕권이 제도화됨과 동시에 세계 종교라는 형태로 종교가 제도화되어갑니다. 사실 이것은 평행한 것이 아닐까요? 정말이지 그렇게 파악해 보면, 이 제도화에는 중요한 의미가 있는 것이겠지요.

이제 오이코노미아라는 개념이 나왔습니다만, 그리스도교에서 오이코노미아는 '섭리'라고도 옮기지요. 왜냐하면 이것은 경제적인 원리임과 동시에 혼의 구원·신의 질서이기도 하기 때문입니다. 고대 제국에서는 그 두 가지 계열이 동시에 등장했습니다. 그렇다면 제국 원리의 정통화를 무시해서는 안 된다는 느낌이 드는 것이죠. 로마 제국과 한 제국, 이것이 거의 같은 시기에 성립한 것의 의미는 의외로 큰 것 같다는 느낌이 듭니다.

노토미 제국이라고 하면 정치사·사회사와의 연동도 마음이 쓰이게 됩니다. 『세계철학사』에서는 중세로부터 근대의 일에 대해서는 야마우치 선생과 이토 선생이 쓰고 계시지만, 헤겔과 같이 절대정신이 전개하는 것이 아니라 세계의 다양한 정치·사회·경제 기구가 움직이는 것이 각각의 시대의 전기가 되고 그것이 사상 상황을 확 바꿨다는 것이 보입니다.

고전기의 그리스와 로마 시대에는 시대를 바라보는 방법이 상당히 다르다고 생각합니다. 플라톤과 아리스토텔레스의 시대는 아리스토텔레스의 『정치학』에 있듯이 작은 마을이 모여 폴리스가 되고 있었죠. 폴리스는 가장 큰 자족적인 단위로 그 위는 우주가 됩니다. 그리고 플라톤도 개인·폴리스·우주라는 삼층 구조로 생각하고 있어 포개 넣어진 형태로 모종의 질서가 성립하고 있었습니다. 그것이 로마 시대에 이르자 그 틀이 떨어져 나갑니다. 제국이라고 하더라도 지나치게 넓어 모두 내던져져 버리는 것입니다. 코스모폴리테스 kosmopolitês의 코스모스에는 세계라는 의미가 있습니다만, 그 밖에 우주라는 의미도 있고, '우리는 우주 속에 있는 한 사람의 존재자다'라는 시야에 놓이게 됩니다. 그러한 감각은 중국에서 말하면 진·한에 즈음해서, 그리스의 경우에는 알렉산드로스의 제국과 로마에 즈음해서 크게 변하는 듯합니다.

구원의 문제와 관련해서는 로마 시대에 새로운 종교가 많이 나옵니다. 우리가 살아가는 실감과 시대의 물결과 더불어 폴리스·공동체의 윤리라는 것으로는 설명할 수 없는 그러한 실존적인 차원이 나오는 것이죠. 요컨대 '세계와 혼'으로 파악되는 시대로부터 확 터진다고 할까요? 기원후 몇 세기에 그러한 일이 세계적·동시적으로 일어났다고 생각할 수 있을 듯합니다. 로컬이라고 하면 좁게 들릴지도 모르지만, 보편성이 있으면서 개개의 지역이 지니고 있었던 것을 해방하고 공유하게 하는 움직임이 있었던 것입니다.

나카지마 우리가 생각하고 있는 이상으로 당시는 교통이 격렬했었던 것이죠.

노토미 그렇습니다. 정보도 잘 알고 있었고요.

텍스트의 확정과 카논의 성립

나카지마 제도화에 대해 생각해나갈 때, 텍스트 문제도 중요해집니다. 제2권에서도 많은 분이 텍스트 문제에 초점을 맞추어 주셨습니다. 예를 들어 시모다 마사히로下田正弘 선생은 '교단은 특별히 문제가 되지 않으며, 있는 것은 텍스트다'라고 말씀하고 계시는데, 이것은 설득력이 있지요(제4장, 「대승 불교의 성립」). 물론 텍스트를 만든 사람들의 집단은 있겠지만, 어쨌든 텍스트라는 것이 떠오릅니다. 중국에서도 그것은 똑같습니다. 한漢 시대에는 여러 종류의 학문적인 움직임이 있어서 텍스트를 확정해 갔습니다만, 그 열기와 양은 상당히 커다란 것이었습니다. 그것이 없다면 유교의 '국교화'는 가능하지 않은 것이죠. 텍스트를 카논(경전, 정전)으로서 확정해 가는 움직임이 여기저기서 일어났던 것입니다.

노토미 현대는 주석이라는 문화가 남아 있지 않기 때문에 이미지화하기 어렵지만, 우선 텍스트를 지면 한가운데에 두고 그 둘레에 주석을 씁니다. 중국에서는 큰 문자와 작은 문자로 나누어 쓰지요. 주석이라는 것은 자신의 생각을 쓰는 것이 아니라 한가운데에 놓은 메인 텍스트를 둘러싸고서 덧붙이는 것입니다. 예를 들어 아리스토텔레스의 문장을 그대로 읽어도 전혀 의미를 알 수 없는 경우, 그것을 부연하는 것이죠. 거기서는 한 사람 한 사람의 주석자가 원전에 부연하는 것인데, 그것을 공유 재산으로 이어받음으로써 학파·유파가 나옵니다.

현대인의 눈으로 보면 아리스토텔레스, 플라톤의 텍스트를 확정하는 작업과 주석하는 작업은 다른 것으로 보이지만, 이것들은 실은 일체화하여 나아갑니다. 역으로 말하면 이해할 수 없는 텍스트를 그저 베끼는 데 그치는 것이 아닙니다. 유대교의 경전에서도 그렇다고 생각합니다만, 아주 먼 옛날부터의 텍스트를 계속 이어 써가는 것이 아니라 그것을 어떻게 이해할 것인가 하는 것이죠. 주석이란 그러한 관여적·창조적인 영위라는 것을 잊어서는 안 됩니다.

야마우치 카논, 정전을 어떻게 해서 확정할 것인가 하는 것이 중요해집니다. 그리스도교의 경우에도 성서의 성립에는 시간이 걸렸습니다. 정전이란 무엇인가라는 것을 생각할 때 정통·이단이라는 문제도 관련되는 것입니다만, 정통·이단을 근거 짓는 것은 텍스트입니다. 텍스트와 그로부터 나타나는 사상은 왔다 갔다 하는 것이죠. 그 점이 중요한 것이죠.

나카지마 여기서부터 텍스트의 시대로 들어가는데, 중국에는 경서라는 텍스트가 복수로 있습니다. 하나의 텍스트였다면 좋겠지만, 복수가 있는 경우에는 각각에 어긋남이 있고, 그러나 어느 것이든 경서입니다. 그 사이를 어떻게 조정할 것인가 하는 것이 문제가 되는 것이죠.

노토미 복수가 있을 때도 여러 가지 종류의 패턴이 있습니다. 같은 텍스트에 복수의 버전이 있는 경우라든가 같은 저자 속에 양립할 수 없는 것을 말하고 있는 복수의 텍스트가 있는 경우,

또는 학파 안의 다양성이라든가 하는 것이죠.

나카지마 텍스트를 카논화해 갈 때는 아무래도 이러한 복수성의 문제에 직면하지 않을 수 없습니다. 한편으로 제국은 모종의 전체 질서를 보고 싶어 하는 까닭에, 무언가 하나로 정리하고 싶어 합니다. 그러나 정리하려고 하면 할수록, 근원적인 복수성에 열리고 맙니다. 저는 이러한 역설이 대단히 재미있다고 생각하고 있습니다만, 그 언저리에 대해서는 어떻게 생각하시나요?

야마우치 텍스트가 있는 경우, 텍스트를 베껴 가는 가운데 여러 갈래로 나뉘어갑니다. 텍스트가 각기 다르게 다양해지는 것은 단어 수준일 수도 있고 철자법 수준일 수도 있습니다. 특히 라틴어의 경우, 7~8세기가 되면 혼란스러워지고 제대로 된 라틴어를 이야기하는 사람이 없어질 정도였습니다. 그리하여 올바른 문법과 활용법을 제대로 이해하고 있는 사람, 알쿠이누스 같은 사람이 나옵니다. 거기서는 문법적으로 정확한 것, 텍스트를 정확히 이해하여 재구성할 수 있는 것이 중요해지죠. 여러 가지 해석이 나오는 경우, '해석이 10가지가 있습니다'라고 말하는 것이 아니라 때때로 '가장 올바른 것은 이것입니다'라고 말하는 것처럼 권위를 지닌 사람이 확정하는 작업이 필요합니다.

정통성과 철학의 연속성

야마우치 중세의 시작에 대해서는 여러 가지 사고방식이 있는데,

카롤링거 르네상스에서는 정통적인 것과 정통적이지 않은 것을 나누는 권위를 지닌 사람, 그리스·로마 이래의 전통을 제대로 계승하고 있는 사람이 나와서 사람들이 '아, 저 사람이 말한다면 올바를 것이다'라고 생각하는 것과 같은 해석이 나왔습니다. 중세가 중세일 수 있는 것은 그러한 텍스트의 카논을 정확히 찾아낼 수 있는 능력을 되찾았기 때문이 아닐까 생각합니다. 유럽의 경우 중세, 요컨대 800년경이 되어 점차 지중해 연안의 그리스, 로마의 전통이 알프스를 넘어서 북, 요컨대 유럽으로 전해지죠. 고대 문화가 알프스를 넘어간다는 것은 세계철학의 관점에서 보더라도 중요합니다. 여기에는 모종의 비연속적인 점이 있겠지요. 중국의 경우라면, 거기서는 조금 다르지 않을까 생각하지만 말입니다.

나카지마 그렇습니다. 지금 말씀하신 문법은 실로 중요합니다. 중국에서는 문법을 포함한 문자와 훈고의 학을 소학小學이라고 합니다만, 이 소학이라는 학문이 나오지 않으면 텍스트의 견실한 확정이 가능하지 않습니다. 그래서 이것은 존중되어갑니다. 인도도 그래서 산스크리트 문법이라는 것은 제법 일찍이 성립했지요.

노토미 오랜 언어는 기본적으로 평소에는 사용하지 않습니다. 라틴어도 그렇지만, 그리스어도 시대가 내려가면 고전 그리스어의 아티카 방언으로 사람들은 말할 수 없게 됩니다. 따라서 언어를 배우고 운용하기 위해 문법은 역시나 필요합니다. 텍스트의 다면성, 요컨대 한 텍스트의 변종과 텍스트 확정 문제가 있는 한편, 복수의 주석이 있을 때도 있습니다. 카논과 관련해서는 후자의 문제가 큽니다. 아리스토텔레스의 경우 저작이 많이 있고, 게다가 그 가운데 위작으로 말해지는 것도 포함됩니다. 주석을 하는 데서 이것은 커다란 문제이지요. 플라톤주의자가 플라톤의 저작에 대해 생각할 때는 하나하나의 대화편이 세계를 만들어낸다고 생각했습니다. 나아가 다원적으로 여러 가지 것이 있다는 것뿐만 아니라 이러한 순서로 읽어야만 한다고 커리큘럼을 짭니다. 그러한 형태로 텍스트의 다양성을 정리하는 방식이 있었습니다.

지금 야마우치 선생께서 말씀하셨듯이 '이것은 올바르고 이것은 잘못이다'라고 하는 주석도 있기는 합니다만, 거기에는 모종의 순위·순서가 있습니다. '이쪽이 높고 저쪽이 낮다'라는 것이 아니라 우리가 읽고 배워가는 데서의 모종의 질서·순서가 있다고 생각하는 것입니다. 예를 들어 플라톤 저작집에서 이것을 처음에 읽고 다음으로 이것을 읽는다는 식으로 말입니다. 아리스토텔레스의 주석자는 대부분 플라톤주의자였지만, 플라톤을 읽기 전에 아리스토텔레스를 읽지 않으면 플라톤의 사유에 다가설 수 없으므로 우선 아리스토텔레스를 읽는다고 생각하고 있었습니다. 그러한 형태로 다원적인 텍스트가 계승되고 읽혔던 것입니다.

현대와 같이 정확한 복제가 있는 것이 아니고 혼란스러운 가운데 하나의 텍스트에 어떻게 접근할 것인가? 거기에는 여러 가지 모델이 있고, 나아가 그러한 가운데 어떤 텍스트가 카논에 들어오거나 나가거나 하지요. 경직되지 않은 형태로 전통을 전개한다는 의의도 있었다고 생각합니다. 다원성이라는 것은 좀처럼 이해하기 어렵지만, 우리가 생각하듯이 모두가 제각기 다르고 수평적인 것은 아닙니다. 강조점을 붙이는 방식이 각각 다른 것이죠.

나카지마 불전도 그렇지요. 어떤 순서로 불전을 읽을 것인가?

노토미 핵심적인 불전인가 그렇지 않으면 주변적인 불전인가 하는 다름도 있습니다.

나카지마 중국의 경서에서도 그러한 것을 생각하고 있습니다. 예를 들어 한나라에서는 『역』의 위치가 계속해서 올라가지요. 텍스트가 정비되어감에 따라 모종의 위계가 만들어지고 분절화되어가는 것입니다. 우리가 생각하는 것 이상으로 그 점의 의미는 공유되고 있는지도 모릅니다.

노토미 그 가운데는 현대의 우리가 직접 이어받은 것도 있지만, 현대에는 거의 읽히지 않게 된 것도 있지요. 『칼데아 신탁』이나 『헤르메스 문서』와 같은 위작도 포함하여 그러한 것은 많이 있습니다. 근대의 문헌학자가 판정했듯이 그것들이 어떤 시대에 만들어졌다는 점은 틀림없습니다만, 현대인이 당시의 일을 살펴볼 때 그것들도 거두어들이는 관점이 없으면 과거의 세계로 들어가기는 어렵다고 생각하기도 합니다.

나카지마 나아가 조금 전에 말씀하신 정통의 문제는 중요하다고 생각합니다. 텍스트를 확정하는 것과 정통이라는 것의 관계는 중요성을 지니지요. 중국에서도 한 시대에 정통의 논의가 하나의 정점을 맞이합니다. 왕권, 나아가서는 황제권이라는 정치적인 권력이 정통이라는 것을 무엇이 담보할 것인가? 이에 대해 여러 가지 안이 나오는데, 오행설 등도 그 하나입니다. 그리고 한은 무제武帝 때에 정점을 맞이하는데, 그 무제는 우여곡절이 있긴 하지만 유교를 정통성의 근거로 삼고자 했습니다. 정통성의 근거로 삼기 위해서는 텍스트를 확정해야만 합니다. 그러한 작업을 해갔던 것인데, 똑같은 일이 로마나 다른 곳에서도 있었던 것이 아닐까요? 그러나 정통의 문제는 궁극적으로는 해결되지 않습니다. 정통에는 궁극의 근거가 없다고 하는 그러한 역설이 있는 것이지요. 그리스 경우에도 그리스도교 경우에도 궁극의 근거는 상정될 수 없습니다. 이러한 모순에 대해 어떻게 생각할 수 있을까요?

야마우치 그렇습니다. 조금 시대가 뒤이긴 합니다만, 서양적인 중세라면 세속 지배권(황제권)과 성직권(교권)이 있고, 이들은 상호 의존적이랄까 서로 협력합니다. 황제권은 신으로부터 성직자를 통해 주어지며, 성직자도 현세 안에서 행정권을 지니기 위해서 왕의 뒷받침을 받는다는 기생 관계가 있었습니다. 로마 시대에는 그리스도교가 국교가 됨으로써 종교적인 것과 세속적인 것의 공범 관계가 이루어지죠. 이것이 중세까지를 지배한 근본적인 도식입니다. 이슬람처럼 처음부터 종교와 세속이 융합해 있는 종교는 또 다르지만, 그리스도교의 경우 처음에는 분리되어 있던 것이 손을 잡았던 것이죠. 이것은 불교와도 중국과도 또 달라서 그 점이 너무 재미있다고 생각하지만 말입니다.

노토미 중국은 조금 패턴이 다른 것이 아닌가 생각합니다. 중국에서는 왕조가 변화하면서도 정치와 종교, 문화·철학이 상당히 연속하고 있죠. 정통성이라는 점에서 생각하면 유교 등도 연속적이지만, 서양의 경우 그리스도교의 지배에 따라 '이교'가 된 그리스·로마에서는 연속성이 일단 끊깁니다. 플라톤과 아리스토텔레스의 주석은 그리스도교의 성서를 카논으로 정비하는 것과는 성격이 다르지만, 비잔틴에서는 플라톤과 아리스토텔레스를 읽는 교육이 오랫동안 살아남았습니다. 조금 전에 야마우치 선생께서 말씀하셨듯이 종교와 정치가 뒤얽혀 정전화하는 움직임은 그리스도교만이 아니라 철학에서도 그 나름대로 강한 형태로 남아 있었던 듯합니다.

중세에는 철학자라고 하면 아리스토텔레스를 가리키게 되지만, 그러면 아리스토텔레스의 철학에서의 권위란 누구인가? 신성 로마 황제가 그것에 권위를 부여했던 것은 아니고, 그리스도교의 교황(로마 법왕)이 권위를 부여할 필요도 없습니다. 거기서는 이항 대립이 아니라 삼항 대립으로 되고 있었습니다. 중국에서는 왕조가 변하더라도 정치·종교·철학이 각각 연속해 있습니다만, 서양에서는 양상이 달랐습니다.

비잔틴과 동방 세계

나카지마 이 『세계철학사』 시리즈가 재미있는 것은 비잔틴(동로마제국)을 강조한 점입니다. 이것은 서로마제국과는 편성이 상당히 다른 세계입니다. 어쨌든 유럽은 하나로 묶이는 경향이 있긴 하지만, 그렇게 단순한 것은 아니지요. 사실 중국도 많은 시대에 분열해 있었던 까닭에 특별히 연속성은 없지요.

노토미 확실히 하나의 커다란 나라가 계속되어온 것은 아니죠.

나카지마 옳습니다. 그래서 성가신 것이죠. 인도에서 불교가 들어오자 당나라에서는 불교로 나라를 근거 짓고자 했습니다. 불교는 바로 이교임에도 불구하고 그것으로 나라를 근거 지을 수 있을 것인가? 이것은 상당히 고민스러운 문제입니다. 그리고 일본은 그것을 모방해 가는 까닭에 이중으로 성가신 것이 생겨났습니다.

야마우치 중국에서는 보편성을 지니는 것으로서 철학을 파악해 왔지만, 이제 나카지마 선생께서 말했듯이 국가의 분열 등 여러 가지 일이 있었지요. 유럽도 알프스 남쪽은 라틴 문화권, 북쪽은 게르만 문화권으로 9세기에 이르러 비로소 고대의 문화가 알프스를 넘어갔습니다. 요컨대 이것은 비잔틴 쪽 문화와는 다른 것이죠. 비잔틴에 대해서는 그다지 연구가 진전되지 못했고 우리의 지식은 적지만, 예를 들어 『로마사 재고ローマ史再考』(NHKブックス, 2020년)를 쓴 다나카 하지메田中創 선생은 그 문제의 전문가입니다. 비잔틴의 전통에서 정치적인 운영을 근거 짓기 위해 동로마 황제는 그리스도교의 논의를 사용하고, 451년의 칼케돈 공의회에서 삼위일체설을 정통으로 확립하고 스스로에게 권위를 부여했습니다. 유럽은 결코 하나의 통반석이 아니라 북과 남, 동방도 있는데, 지금까지는 그러한 것이 강조되지 않았지요.

노토미 이번의 시리즈에서는 그러한 점이 아직 역부족이었을지 모릅니다. 일본에서는 동유럽 연구자가 적은 점도 있지만 말입니다. 아, 최근에도 그리스도교 대 이슬람과 같은 대립 도식이 곧바로 화제가 되지요. 그러나 거기에는 기본적으로 서유럽의 가톨릭 대 이슬람이라는 도식이 놓여 있습니다.

야마우치 선생께서 담당하신 권에서도 그리스 문명이 이슬람을 거쳐왔다는 역사 이해에는 커다란 왜곡이 있다는 듯이 생각하고 있습니다. 물론 아라비아어를 경유한 그리스 철학의 서구에의 도입에 충격이 있었다는 것은 틀림없습니다만, 잊어서는 안 되는 것으로 아리스토텔레스의 저작은 전부 그리스어로 전해지고 있고 현재에도 그리스어로부터 번역하여 읽고 있습니다. 이슬람 사람들은 그리스어를 읽지 못했기 때문에, 아리스토텔레스의 사본과 중세의 주석은 기본적으로는 비잔틴에서 쓰였습니다. 그러나 고등학교의 세계사 교과서에는 '그리스 문명은 이슬람을 통해 서양에 들어왔다'라고 쓰여 있는 까닭에 '아리스토텔레스는 아라비아어로부터 들어왔다'라고 생각하는 학생이 많은 듯합니다. 아리스토텔레스 철학을 전체로서 그리스어로 전한 것은 비잔틴이라는 점은 새삼스럽게 인식해야 하겠죠.

우리는 세계사적으로 지리적으로도 시대적으로도 한가운데 놓여 있는 비잔틴을 무시해왔습니다. 서유럽, 지금 말하는 EU와 이슬람권 사이에 동유럽과 터키, 러시아의 문제가 있지요. 그곳이 우리도 충분히 논의할 수 없었던 영역입니다. 유럽에서의 동서문제라는 것은 역사적·사상적으로도 크지요. 동의 문제를 생각하면 아시아로도 연결됩니다. 그리스 문명은 인도와 중국, 일본으로도 제법 들어왔습니다만, 그것을 제외하고서 서유럽의 가톨릭적인 것과 이슬람의 대립에만 초점을 맞추면 지나치게 단순화된 도식으로 끝날 위험성이 있습니다. 이번에는 제3권의 하카마다 레이袴田玲 선생의 논고 등, 몇 개의 관점은 넣었습니다만(제2장, 「동방 신학의 계보」), 역시 조금 더 있는 편이 좋았겠지요.

야마우치 그렇죠, 좀 더 써주시길 바랐지요. 제3권에서 하카마다 선생께서 쓰셨는데, 동방 그리스도교(동방 정교회)는 아우구스티누스적인 모델과는 상당히 다릅니다. 아우구스티누스는 인간의 원죄와 죄 많음을 강조하지만, 동방은 타보르산 위에서의 예수의 변용을 중시합니다. 예수가 빛으로 변하고 제자들도 빛으로 변화하죠. 요컨대 인간 그 자체 속에 신이 깃들여 있어 여기서는 세계와 혼의 관계가 상당히 다른 모델로 되어 있지요. 그러한 동방적인 것이 러시아로 가서 러시아 사상사로 이어지고 도스토옙스키 소설의 주제·사상으로도 연결되어갑니다. 서방(가톨릭)과 동방에서는 인간에 대한 기본적인 견해도 신학적인 틀도 상당히 다릅니다. 이것은 이즈쓰 도시히코井筒俊彦 선생의 『러시아적 인간』에서 전개된 문제이지만, 『세계철학사』에서는 러시아적인 것에 대해서는 그다지 다룰 수 없었습니다.

노토미 제2권에서 쓰치하시 시게키土橋茂樹 선생(제9장, 「동방 교부 전통」), 제3권에서 하카마다 레이 선생이 쓰신 곳까지, 요컨대 동방 그리스도교의 초기에 대해서는 일본에서 추적이 이루어지고 있지만, 중기 이후 비잔틴의 후반과 그 후의 경위에 관해서는 연구가 거의 없습니다. 러시아에 대해서는 제7권에서 다니 스미谷壽美 선생이 칼럼을 써주셨는데(「19세기 러시아와 동고의 감성」), 이즈쓰 선생은 그 점에 대해 선견지명이 있었습니다. 사상적으로도 문학적으로도 그의 시대 사람들에 대해 러시아는 현재 느껴지는 것보다 훨씬 더 커다란 존재였던 것이죠.

그리고 정교Orthodox에는 그리스 정교, 러시아 정교, 아르메니아 정교 등이 있어 공통된 것을 지니고 있습니다만, 이것들은 각각 지역적이고 언어도 다릅니다. 거기에는 로마 교황이 모든 것을 지시하는 것과는 상당히 다른 움직임이 있었습니다. 예를 들어 조지아(구 그루지야)의 그리스도교 전통에서는 우리에게 낯선 불가사의한 문자를 사용하면서 비잔틴을 경유하여 아주 옛날부터 조지아어로 그리스 철학을 번역하고 수용해왔습니다.

동방에서는 다원적인 세계가 펼쳐졌습니다만, 생각하는 것만큼 제각기 다른 것이 아니라 변용이라는 주제 등 상당한 공통성이 놓여 있습니다. 그 점에 대한 조감도가 확실하지 않은 가운데 정교의 문제가 흐릿해져 버리는 것이죠. 이 지역은 정치적인 대립도 큰 곳이지만, 그 점을 조금 더 정확히 보아야만 합니다. 막간이라고 말하면 실례겠지만, 유라시아의 한가운데에 놓여 있는 곳이 빠지게 되면 세계철학으로는 불충분하고, 중국과 서양, 이슬람과 서양이라는 단순한 구도로는 말할 수 없다고 생각합니다.

3. 『세계철학사 3 — 중세 I. 초월과 보편을 향하여』

세계철학에 적대하는 '르네상스'

나카지마 새삼스럽게 말씀드리자면, 『세계철학사』의 특징으로서 중세의 기술이 상당히 두껍다는 점을 들 수 있습니다. 중세는 제국으로서의 로마가 붕괴한 후의 시대인데, 야마우치 선생은 중세에 대해 어떻게 생각하고 계십니까?

야마우치 전 8권 가운데 중세는 큰 비율을 차지하고 있습니다. 이토 선생께서도 이 시리즈에서의 중세의 자리매김에 대해 궁금해하시지만, 이 시리즈의 특징 가운데 하나가 되어 있습니다. 본래 중세라는 시대 구분은 어떠한 의미를 지니는가? 거기에는 상당한 편견이 놓여 있지요. 중세라는 것은 서양에서 만들어진 개념으로 라틴어 medium ævum이므로 중간의 시대이지요. 빛으로 가득 차 있던 고대, 세계와 인간을 발견한 근대 사이에 낀, 중간의 아무것도 아닌, 그냥 지나가 버리고 마는 시대. 그러한 의미에서 중세라는 말이 만들어진 것이죠.

철학사에서 중세라는 개념이 성립하는 것은 대체로 요한 야콥 브루커Johann Jakob Brucker에게서라고 생각하는데요, 17세기 말부터 18세기 초, 사상을 시대마다 나란히 놓음으로써 사상의 발전을 고찰하는 헤겔의 철학사로 연결되어가는 철학사관이 나온 것이죠. 그러한 가운데 중세라는 개념이 나타났던 것인데, 한편으로 이것은 처음부터 경멸적pejorative이거나 나쁜 의미를 지니고 있었습니다. 그런데 르네상스와 종교 개혁으로 중세가 끝나고 근대로 들어선 것이 아닙니다. 르네상스 후에는 바로크로 되는데, 중세를 다시 바라봄으로써 근대의 시작을 어떻게 다시 파악할 것인가 하는 것이죠. 17세기는 바로크 시대로 중세와 근대가 연속적인 동시에 상호적으로 침투하고 있습니다. 거기서는 다양한 의미가 나온다고 생각합니다.

제3권에서는 중세의 시작을 다루었습니다. 거기서는 여러 가지 종류의 논점이 나오지만, 시작(고대와의 연결)과 끝(근대와의 연결)은 어떻게 되는가? 우선 시작에서는 9세기 초의 카롤링거 르네상스가 커다란 단락이 됩니다. 알쿠이누스의 문법학은 자세하고, 우리가 지금 읽으면 그렇게 재미가 있지는 않습니다만, 정통성·전통을 계승하기 위해 라틴어를 제대로 읽을 수 있는 인간을 양성했다는 의미에서는 대단했다고 생각합니다.

그리스의 주석 전통과 계승에 대해서는 스토 다키周藤多紀 선생께서 수고하여 써주셨습니다(제7장, 「그리스 철학의 전통과 계승」). 전통의 계승이라는 점에서 중세를 하나의 축으로 한 것이지만, 거기에는 동방 신학의 계보 등 다양한 것이 섞여 있는 까닭에 제3권은 잡다한 것이 모여 있는 바가 있지요.

노토미 편의적인 권 구분으로 인해 그러한 점이 있습니다만,

야마우치 선생께서는 중세에 대해 새삼스럽게 문제 제기하시고 끝에 대해서는 충격적인 것을 말씀하고 계십니다(제1장, 「보편과 초월에 대한 앎」). 우리는 철학사에 대해 말할 때 데카르트로부터 근대가 시작된다고 말하는 경향이 있습니다만, 그것을 다시 짜 르네상스도 데카르트도 지나가고 칸트까지를 스콜라학으로 간주하는 것입니다. 세 권 분량이 중세인데요, 그 가운데 제6권에서 통상적으로는 근대의 시작으로 여겨지는 시대를 다루고 있습니다. 이러한 구성의 교체는 이번 기획의 하나의 특징이 아닐까 생각합니다.

지금까지는 '르네상스로 중세가 끝나고 데카르트로부터 근대가 시작되었다'라고 말하고 있었는데, 야마우치 선생께서는 전혀 다른 형태로 나아가고 계십니다. 제2권 끝의 두 개의 장(「제9장, 동방 교부 전통」, 「제10장, 라틴 교부와 아우구스티누스」)과 제3권의 제3장(「교부 철학과 수도원」)은 확연하게 끊어지지 않는 것이죠. 4세기경의 아우구스티누스 언저리로부터 중세까지, 그리고 비잔틴은 제국으로서 쭉 이어집니다. 중세란 고대와 근대 사이에 놓여 있는 것이지만, 고대가 '자, 여기서 끝납니다'라고 하는 것은 아닙니다. 편의적으로는 그러한 구획이 유효하지만, 실제의 역사는 그렇게 정리되지 않습니다. 연속해서 다양한 것이 일어나는 가운데 9세기, 13세기 즈음에 커다란 움직임이 있는 것이죠. 철학사의 서술은 어떻게 하더라도 무리가 있는 장면이 있습니다. 독자분들께서는 제2권과 3권 사이를 느슨하게 연결해주셨으면 합니다.

나카지마 제3권에서 야마우치 선생께서 '르네상스라는 말은 세계철학에 적대적인 말이다'라고 말씀하셨죠. (웃음)

노토미 아무래도 르네상스라는 말을 사용하는 것이지만요. 12세기 르네상스라든가.

주변부로부터의 첨예한 사상

나카지마 우리는 이번에 그러한 르네상스 사관을 넘어서고자 했고, 그것이 바로크에 대해 다시 파악하는 것과 중세 자체를 다시 파악하는 것으로 이어졌던 것이죠. 다시 한번 여쭤보고 싶은 데요, 9세기부터 12세기까지의 시대의 특징을 어떻게 다시 파악하면 좋을까요? 중국에서는 정확히 당나라로부터 송나라에 걸친 시대로 여기서도 다시 한번 제국의 질서가 나옵니다. 당은 그때까지의 한과는 전혀 다른, 좀 더 거대한 제국으로 되어갑니다. 그런 맥락에서 예를 들어 일본에서는 구카이空海로 대표되는 것과 같은 독특한 사상이 나왔습니다. 요컨대 주변periphery으로부터 그와 같은 사상이 등장하는 것이죠. 주변인 까닭에 소용없는 것으로 생각되기도 하지만 실은 첨예한 보편에 대한 물음이 거기서 나온다고 생각합니다. 제3권의 제목에도 있듯이 이 시대에는 보편의 문제가 다시 한번 파악되어갔던 것이죠. 그러한 것들에 대해 어떻게 생각하십니까?

야마우치 9세기부터 12세기에 걸쳐 물류·교역의 면에서는 이슬

람이 급격하게 서쪽으로, 중앙아시아로 확대되어갔습니다. 군웅
할거의 시대로부터 상당히 커다란 정치 지배가 나오고, 이른바
세계 시스템이 이루어졌습니다. 경제·정치에서는 통일적인 움직
임이 보였습니다만, 문화적으로 보면 최첨단의 것은 주변에서
나타나지요. 그리스도교에서도 아일랜드와 스코틀랜드로 전통이
계승되고 있고, 그것이 중앙으로 돌아옵니다. 이슬람에서도 주변
쪽으로 확대되어가고, 예를 들어 스페인의 안달루시아 등에서
첨단의 것이 나옵니다. 이븐 시나도 부하라 태생이니까 중앙아시아
사람이지요. 중심부에서 첨예화하지 않는 문제가 주변부에서 나
타나고 거기서 문제의식이 닦여가는 것이죠. 이것은 대단히 중요한
것입니다.

중심부에서는 가지각색의 다양성이 나타나긴 하지만, 주변부의
좀 더 개별성이 강조되는 장면에서 역으로 보편적인 것에 대한
눈길이 나타났습니다. 그러한 시대인 것 같은 느낌이 듭니다.
제3권에서는 여러 종류의 주제를 다루었지만, 주변부에서는 동시
다발적으로 여러 가지 것이 나타났다고 하는 이미지가 떠오릅니다.

나카지마 주변부는 물음의 장소이고, 거기에는 사유의 긴장이
갖추어져 있다는 것이겠지요. 노토미 선생께서는 어떻게 생각하
십니까?

노토미 이 시대는 상당히 긴 까닭에 어디를 보느냐에 따라
다른데, 전성기에는 안정되어 있고 문화적으로 번성하는 것이죠.
야마우치 선생께서 말씀하셨듯이 정치 경제적인 중심부에 각자의

사상 거점이 놓여 있고, 주변부에서 첨예한 사상이 나옵니다. 이슬람의 정통과 이단에 대해서는 기쿠치 다쓰야菊地達也 선생께서 논의해 주셨는데(제6장, 「이슬람에서의 정통과 이단」), 어느 쪽인가 하면 이단 쪽이 사상적으로 재미있어 보입니다.

그때까지 이어받아 온 전통과 권위가 나쁘게 말하면 경직화해가는 부분도 있다고 생각하는데요, 바로 그러한 가운데 주변부로부터 첨예한 사상이 나오는 것은 도대체 왜일까요? 세계철학사적으로 보아 다른 것과 만나는 장소가 없다면 새로운 것이 생겨나기 어렵고, 주변부에서는 이질적인 것과 만나기 쉬우며, 사유가 활성화하는 움직임이 있는 것인지도 모릅니다. 하지만 이질적인 것을 낳기 위해서는 중심이 불가결합니다. 모든 것이 이질적인 것투성이라면 그것이 가능하지 않지요. 중심이 있고 그 바깥쪽에서 재미있는 현상이 일어난 시대라고 생각합니다.

초월에 대한 전망의 변화

나카지마 또 하나 살펴보고 싶은 것은 제목에도 있는 초월이라는 개념에 대해서입니다. 초월은 다의적인 개념인데, 이제 뒤돌아보면 어떤 생각이 드십니까?

야마우치 그렇지요. 이슬람의 사상이 유럽에 전해졌다고 하면 조금은 지나치게 단순화하는 것이겠지만, 13세기경에 대학 제도가 나오거나 해서 이슬람이 정체·쇠퇴해 가지요. 나아가서는 과학 기술에서도 변화가 있었습니다. 이것은 제3권, 제4권의 다름으로도 이어져 간다고 생각합니다만, 제 머릿속에서는 초월이라는 것을 세계의 외부에 있었던 것으로 파악하고 있고, 그쪽이 무한성으로서 말하기 쉽지요.

그러면 13세기에는 무슨 일이 일어났던가요? 세계와 정신이 있는 경우, 세계를 인식하는 작용 그 자체도 세계의 일부로 편입합니다. 반성의 계기(지향성)를 강조하는 사람은 많이 있는데, 대표적인 것은 아비센나(이븐 시나)이지요. 아비센나가 들어올 때 존재론의 대상이 변화합니다. 아리스토텔레스에게도 그러한 사고방식이 있긴 하지만, 그것은 유럽 사람들의 인식을 변화시킵니다. 요컨대거기서 세계의 파악 방식이 변하는 것이죠.

이에 대해서는 가능세계론이 들어온다고 할 수도 있고, 작용성·지향성에 대한 주목이라고 말할 수도 있겠죠. 세계의 외부라는 의미에서 그것은 비존재이겠지만, 비존재를 어떻게 대상화할 것인가? 비존재라고 말하면 '없는 것'으로 간주하는데, 실은 이것은 인간이 만든 것이죠. 이것은 계약·법제도 등으로도 이어져 가며, 경제 시스템에서도 이자 개념을 긍정하는 것과 같은 형태로 변해갑니다. 초월에 관한 하나의 기본 모델이 나타난 것이 9세기부터 12세기 정도까지인데, 그에 대한 전망이 변한 것이 13세기가 아닐까 싶습니다.

실은 들뢰즈가 『의미의 논리』에서 하는 것도 그러한 일입니다. 그 책에서는 리미니의 그레고리우스나 오트르쿠르의 니콜라우스 등의 중세 후기 유명론자가 다루어지고 있습니다만, 그들은 명제가 나타내는 것이 무엇인지에 커다란 관심을 기울이고 있었습니다. 명제의 의미 대상은 세계 속에 있는 복합물이 아니라 어디까지나 명제에 의해 표현되는 것에 지나지 않지요. 그것은 지향성, 요컨대 세계와 나를 기술하는 작용 그 자체로, 정신 그 자체를 세계의 일부로서 짜 넣어갑니다. 그리하여 유명론, 주의주의 등이 나타나고 그 계승자로서 예수회 등이 있습니다. 유명론은 단순한 '보편은 이름뿐의 것이다'라는 사상이 아닙니다. 그러한 13세기적인 패러다임의 변화와 중첩하여 읽으면, 보는 방식이 변하게 되겠지요.

나카지마 9세기부터 12세기경까지의 중세에는 외부의 문제가 중요하며, 초월도 모종의 외부성으로서 인정되고 있었습니다. 예를 들어 구카이에게 산스크리트어도 중국어도 외부에 있어 각각 다른 것이지만, 그것들을 마주 대함으로써 상당히 끝까지 파고드는 사유를 했다고 생각합니다. 요컨대 구카이는 외부의 것을 생각함과 동시에 일본의 것도 생각했기 때문에, 인도·중국·일본을 복합어compound로 생각한다고 하는 곡예적인 것을 하지 않을 수 없었던 것이죠. 여기서 구카이는 보편을 물어갔다고 생각합니다.

그러나 13세기 이후가 되면 외부성을 세계 속에 어떻게 다시 자리매김할 것인가 하는 작업이 들어옵니다. 조금 전에 유명론이 나왔는데요, 보편 논쟁에서는 9세기부터 12세기에 언급되고 있던 보편을 다시 말한다고 하는 방대한 작업을 하는 것이지요. 중국에서도 그것과 마찬가지의 일이 일어났습니다. 예를 들어 주자학은 불교에 의해 석권 당한 후에 불교가 세운 물음을 자신들이 다시 받아들여 새로운 방식으로 조립해갔습니다. 그리하여 '이理'라는 개념을 가지고 와서 그에 의해 외부성과 세계를 다시 말했던 것입니다.

4. 『세계철학사 4 — 중세 II. 개인의 각성』

초월성의 내재화

나카지마 이야기는 이미 제4권에 들어와 있는데요, 13세기·14세기에는 주요한 개념이 계속해서 갈고 닦여갑니다. 조금 전에 나온 지향성도 그러하지요. 제4권에서는 혼마 히로유키本間裕之 선생께서 토마스 아퀴나스의 「존재와 본질에 대하여」의 논의를 전개해주셨습니다(제3장, 「서양 중세에서의 존재와 본질」). 그때 '그러고보니 예전에 미야모토 히사오宮本久雄 선생의 세미나에서 이 텍스트를 읽었구나'라는 생각이 났습니다. 거기서는 존재나 본질과 같은 개념을 철저히 다듬어가는 것이지만, 그 열정은 세계 속에서 초월에 대해 다시 한번 고쳐 말하고 싶다는 무서운 욕망에서 온 것이 아닐까요? 또한 제4권의 부제로는 '개인의 각성'이라고 되어 있는데요, 그와 같은 논의가 개인이라는 새로운 장소를 만들어 낸 것이 아닐까 생각합니다. 그러한 것들에는 어떠한 연관이 놓여 있는 것일까요?

야마우치 제3권의 주제가 '초월과 보편을 향하여'였다는 것과 서로 이어 붙이면, 13세기에는 초월성을 어떻게 내재화할 것인가 하는 문제 설정이 이루어졌다고 말할 수 있습니다. 중세 스콜라 철학의 중추적인 것을 보여주는 개념입니다. 특히 토마스 아퀴나스는 정말 엄청난 사람이라고 할 수 있겠죠. 토마스에 대해 한마디로 말할 수는 없겠지만, 『신학대전』을 보면 아리스토텔레스적인 개념을 초학자라도 알 수 있도록 가르치면서 정통한 그리스도교와 이교의 사고방식을 나란히 하여 '이것은 잘못이죠'라고 지적합니다. 제대로 훈련하여 신학에서 사용할 수 있도록 사전 준비를 해내는 것이죠. 그것이 제2부의 정념론으로 전개되는 것입니다.

정념론은 차치하고 초월의 문제에 관해 말하자면 아리스토텔레스의 『데 아니마(영혼론)』에 능동 지성이라는 것이 나옵니다. 능동 지성에 대해서는 여러 종류의 이해가 있지만, 로마 시대의 주석자인 아프로디시아스의 알렉산드로스는 '능동 지성이란 초월한 것, 보편적인 것이고, 개개의 인간에게서 떨어진 곳에 있어 불멸이다'라고 말합니다. 이것이 이슬람에서 계승되고 나중에 유럽으로 오게 되는 것인데, 토마스는 능동 지성에 대해 인간의 마음에 내재한 것으로 파악했지요.

단순한 텍스트 해석에 머무르지 않고 그리스도교와의 정합성, 인간의 자리매김, 혼과 세계의 관계를 다시 짭니다. 그리스적인 과제를 받아들인 다음 그리스도교와 정합하도록 해가는 것이죠. 능동 지성을 인간의 마음에 내재하는 것으로서 파악하고 개인 개념을 사전 준비합니다. 토마스의 개성 개념·개체 개념은 그 후의 프란시스코회 등에서 스코투스, 오컴이 강조하는 것과 같은 개체 개념과는 조금 위상이 다르긴 하지만, 연결되어가는 그러한 측면도 있지요. 12세기까지의 초월적인 것에 개체가 해소되어가는 것 같은 방향성에 대해 13세기 이후에는 현세에서의 유한성을 강조합니다. 그 면에서는 다르다고 생각하지요.

나카지마 외부성으로서의 초월에 대한 접근 방법을 생각한다고 하는 것이죠. 이것은 초월의 내재화라고 말할 수도 있지 않을까 싶습니다. 그저 외부성이 있을 뿐만 아니라 우리가 초월에 대해 어떻게 접근할 수 있는지가 중요합니다. 물론 그렇게 간단하게는 도달할 수 없다고 생각하지만 말이죠.

이것은 아마도 중국에서도 마찬가지일 겁니다. 주자학은 불교가 없다면 성립할 수 없었다고 생각합니다. 불교가 부처를 세우는 것이지만, 주자학은 그 부처를 우리가 어떻게 해서 세울 수 있는지를 골똘히 생각합니다. 그리하여 '이理'라는 개념의 차례입니다. 부처에 필적하는 그러한 이에 어떻게 해서 접근할 수 있을 것인가? 이 문제를 골똘히 생각해 간 것인데, 결과적으로 그것은 성공하지 못한 듯합니다. 원리적으로는 도달할 수 있겠지만, 현실적으로는 지극히 어렵습니다. 토마스도 당시라면 거의 이단이고 더없이 위험한 생각을 전개했다고 생각합니다만, 그렇게까지 철저하게 하지 않으면 접근 방식을 바꿀 수 없었겠지요.

테이스트와 육화

노토미 이 시대에 무슨 일이 일어났던가요? 조금 전의 야마우치 선생의 지적은 재미있습니다. 능동 지성에 대해 인간이 지니는 것을 수동 지성이라고 한다면, 우리의 지성은 외부의 것에 의해 활동합니다. 요컨대 초월과 언제나 일체화되어 있는 것이죠. 아리스토텔레스가 처음에 그렇게 논의한 이래로 이 문제를 어떻게 해석할 것인가가 중요한 주제로 된 것인데, 초월자의 자리매김은 미묘하여 과연 밖이라고 말할 수 있는가 어떤가? 플로티노스가 시작한 신플라톤주의에서도 초월에 대해 존재라고도 말할 수 없는 것으로서 파악하고 있습니다만, 실로 그것은 일자, 신, 우리 자체인 것으로 밖이 아니며, 능동·수동 관계의 원초로서 연결되어 있지요. 그 관계를 끊거나 넘어선다는 것은 그리스도교에서의 신 문제에서도 그야말로 철저하게 제기됩니다. 종교 대 철학이라고 말해지는 문제로 토마스에게서도 그러한 대립 관계가 놓여 있습니다.

나카지마 선생께서 조금 전부터 말씀하시는 바깥쪽이라는 문제의 파악 방식은 어디서 나오는 것일까요? 그것이 좀 더 나아가면 근세의 프로테스탄티즘으로 이어지는 듯합니다. 그러한 커다란 흐름은 유럽 쪽이 강하다고 생각합니다.

야마우치 외부와 내부의 관계라는 것은 이 시대를 생각하는 데서 크고 중요한 틀이 됩니다. 외부를 신으로서 파악한 경우, 초월자를 어떻게 내재화할 것인가? 12세기까지의 수도원 신학에서는 텍스트가 한정되어 있었다는 점도 있지만, 이성이 아니라 맛gustus(테이스트), 영적인 미각spiritual taste을 통해 내부로 거두어들이는 일이 많았죠. 13세기에 이르자 대학 제도가 성립합니다. 파리대학이 1211년에 법적으로 대학으로서 인정되고, 성서의 텍스트와 그리스어의 텍스트, 아리스토텔레스를 통일적인 기준으로 읽을 수 있게 되었죠. 이에 의해 한 사람이 많은 인간에게 가르칠 수 있게 되고, 배운 인간들이 각지로 나뉘어가면서 표준적인 지식을 보급할 수 있게 되었습니다. 읽고 쓰는 능력이 확대되고 텍스트의 통일적인 이해가 가능해지게 되는 것이죠. 이것은 중요한 일입니다.

13세기, 토마스의 입장은 이단적이고 위험하게 여겨졌습니다. 아리스토텔레스와 그리스도교를 똑같은 틀로 말한다는 것은 말도 안 되는 것으로, 이에 저항하는 것이 가능했던 것은 대학 제도의 성립과 함께 지식의 공동체가 안정된 것으로서 성립했기 때문이 아닐까 생각합니다. 초월성이 내재화하는 경우 읽고 쓰는 능력 등, 텍스트를 읽는 힘과 지식의 공동체가 관여하게 되는 것이 아닐까 하는 것이죠.

노토미 조금 전에 야마우치 선생께서 말씀하신 테이스트의 문제와 관련해 제게는 실험적인 제안이 있습니다. 플라톤주의는 육체를 버리는 형태로 초월을 말한 데 반해, 아우구스티누스 등은 초월이 자신 속에 들어 있다고 생각하고 육체를 가지고서 초월하려고 합니다. 이로부터 계속해서 분리해가는 유체 이탈과 같은 초월이 아니라 자신의 육체·내면으로 들어감으로써 초월하는 것이죠. 아우구스티누스는 후자입니다.

그에 반해 토마스가 한 것과 같은, 텍스트로서 공유하는 것은 조금 다른 패턴으로 보입니다. 그러한 테이스트와 텍스트의 문제란 어떻게 관계하는 것일까요? 그렇게 해서 도식적으로 나누는 것은 그다지 좋지 않을지도 모르지만 말입니다.

야마우치 육화incarnatio라는 것은 대단히 중요한 문제입니다. 아우구스티누스의 경우 육화는 인간의 죄를 뒷받침하는 것이지만, 그리스도교의 틀에서는 구원 가능성이 전제되지요. 죄를 지니는 까닭에 잘라버리는 것이 아니라 바로 그러한 까닭에 구원하려고 하는 것이죠. 아우구스티누스는 신이 예수로 육화했다고 생각하고, 육체는 죄의 기체인 한에서 중요한 구원의 기원이 됩니다. 12세기에 수도원 신학 안에서 미각이 중시되고 관능적인 묘사가 많은 것은 아우구스티누스적인 전통을 중시하는 이상, 인간이 지니는 육체성을 벗어나 파악할 수 없었기 때문이겠죠.

13세기에 이르러 이슬람과의 대항 관계 속에서 아리스토텔레스적인 것이 들어오자 그때까지의 아우구스티누스적인 틀을 버리는 것이 아니라 그것을 발판으로 하여 말해야만 하게 됩니다. 그 무렵 파리대학에서는 아라비아어를 열심히 공부하여 논의를 통해 이슬람을 그리스도교도로 개종시키고자 하는 움직임이 있었습니다. 신이 예수가 되었다는 점에서 이슬람은 아우구스티누스적인 육화의 이야기를 받아들이지 않는 까닭에, 다른 틀로 말해야만 합니다. 그로 인해 13세기 이후에는 육체성과 육화의 문제가 표면에서 서서히 사라져 가고, 이것이 종교 개혁으로 이어지는 하나의 계기가 되는 것이지요.

근방과 개인의 각성

나카지마 테이스트의 문제는 이후에도 나온다고 생각합니다만, 저는 제4권에 대해 야마우치 선생께 꼭 여쭤보고 싶은 것이 있습니다. 13세기에는 가까움 또는 근방이 성립하고 근방과 초월의 관계가 물어지게 되지요. 그러나 거기에는 타자라는 까다로운 문제가 있습니다. 다른 근방과 어떠한 관계가 중재될 수 있을까? 그것이 분명히 논의되지 않으면 본래 근방이 성립하는 것 자체를 논의할 수 없는 것이 아닐까 하는 것이죠.

주자학에서도 가장 큰 문제는 타자론입니다. 어떻게 해서 나의 근방이 성립하는 것일까? 그 밖에도 근방이 있다면 그것과의 관계에 대해서는 어떻게 이해해야 할 것인가? 이러한 것을 실컷 논의하는 것이죠. 그것이 가능한 것은 불교를 보통의 개념으로 해두지 않기 때문입니다. 역시 유교와 불교는 어떤 방식으로 서로 통해야만 하며, 가능하면 유교는 불교를 넘어서고자 하지요. 아까 파리대학 이야기를 여쭤보았습니다만, 그리스도교에 대해 이슬람은 타자로서 존재하고 어떤 근방의 방식으로 성립하기 때문에, 그것과 통해야만 합니다. 나아가서는 그 근방을 변용시켜야만 하지요. 그러한 것들에 대한 논의는 어떻게 되는 것일까요?

야마우치 근방이라는 것은 대단히 중요한 개념이라고 생각합니다. 물리적인 관점에서 말하면 13세기에는 도시가 발전하고 집주·밀집이 시작되지요. 역으로 말하면, 밀집이 시작됨에 따라 페스트 등이 유행하는 것이지만, 근방은 왜 개체성의 문제와 결부되는 것일까요? 당시의 고유 명사를 조사한 역사학자에 따르면, 40%의 사람이 요한, 요한네스였다고 합니다. 물론 가까운 곳에 다섯 사람 정도의 요한네스 씨가 있었다고 하더라도 키가 큰 요한네스 씨, 뚱뚱한 요한네스 씨라는 식으로 나눌 수 있겠지만 말입니다. 이처럼 농촌에서 도시로의 이주가 많아지고 동성동명의 사람이 많았기 때문에, 자신의 범죄력 등의 경력을 세탁할 수 있었던 것이죠.

도시의 성립과 더불어 집주가 시작되고, 근방에 타자가 응집하게 되었던 것인데, 이것이 개인의 각성을 불러일으키는 계기가 되었다는 견해도 있습니다. 서로 비슷하고 이름도 똑같은 까닭에 개체를 개체이게끔 하는 권리가 요구되었던 것이죠. 거기에는 여러 가지 요인이 있습니다만, 1215년의 제4차 라테란 공의회에서 1년에 최소한 한 번은 고해를 하도록 정해졌습니다. 신부를 향해 자신의 죄와 괴로움을 고백하고 용서를 비는 것이죠. 그와 같은 내적인 장면 속에서 개인 개념이 성립했던 것입니다. 이것은 미셸 푸코Michel Foucault가 강조하고 아베 킨야阿部謹也 선생이 세간론世間論 이라는 틀 속에서 서양적인 개인 개념의 기원으로서 생각한 바이기 도 합니다.

근방 속에서 개인이 개인으로서의 반성을 하는 계기가 된 것이 내면성, 자기의식이었다는 것입니다만, 고해 규정서는 온정적 간섭주의에 빠지고, 바깥쪽으로부터 괴로움을 규정하고자 하는 비뚤어진 것이었던 까닭에 문제시되게 되지요. 서양적인 개인화 의 발단은 어떤 의미에서 비뚤어진 것이었던 까닭에 여러 가지 폐해를 불러일으켰다는 느낌이 듭니다. 근방에 마주하여 개체화가 성립하는 경우 다른 틀도 있을 수 있었던 것이 아닐까 하는 것이죠.

나카지마 그렇지요. 그렇지 않을 수도 있었던 것이겠죠?

5. 『세계철학사 5 — 중세 III. 바로크의 철학』

15세기와 16세기의 단절

나카지마 그러면 제5권을 살펴보시죠. 제5권의 부주제는 '바로 크의 철학'입니다.

노토미 통상적으로는 근대 철학으로 말해지는 것의 최초이죠.

나카지마 제5권에서는 제4권까지의 중세와는 배치가 변합니다.

우선 예수회로 대표되는 선교사들이 세계의 이곳저곳으로 가게 되지요. 그에 따라 성서에 쓰여 있는 것보다 더 오랜 역사가 중국과 인도, 이집트에도 있다는 것이 알려지고, 다른 지역의 '오래됨'을 발견하지 않을 수 없게 되었습니다. 이것은 중대하다고 생각합니다.

당시의 유럽은 중국과 비교하면 경제적으로 그렇게 대단한 것은 당연히 없었지만, 거기서 커다란 지각 변동이 일어납니다. 그것과 조금 전까지 논의해온 중세의 논의가 서로 뒤섞이게 됩니다. 그 상황을 우리는 바로크라는 열쇳말로 다시 파악해 보았던 것입니다.

노토미 이 시대는 커다란 변화가 일어나고 여기서 세계사가 둘로 나누어진다고 말할 수 있습니다. 우선 대항해 시대, 1492년에 콜럼버스Christopher Columbus가 스페인에서 출항하여 서인도 제도 및 쿠바에 도달했죠. 그러한 지리적인 변화가 있는 것이죠. 그것과 연동하는 형태로 종교 개혁이 일어나고 그 전후에 인쇄 혁명이 일어나 인문주의가 부흥합니다. 우리는 그것들을 세트로 하여 르네상스, 근대의 시작으로 간주하지요. 이른바 근대 철학의 시작은 그로부터 1세기 정도 늦는 것이므로 이번에는 그 전환을 그다지 강조하지 않고 오히려 중세와의 연속으로서 파악했습니다. 그것이 근사한 점이겠지만, 아직 이중 감정 병립적인 느낌은 있지요…….

야마우치 선생께서 제3권에서 맥루한Herbert Marshall McLuhan의 미디어론에 대해 써주셨는데, 역시 인쇄술의 발달은 중요했지요.

인문주의자에 의한 그리스·로마 고전의 부흥에서는 새로운 텍스트를 발견했을 뿐만 아니라 활판 인쇄가 고전을 보급했다는 것이 중요합니다. 그러한 까닭에 15세기 말 정도가 상당히 커다란 변혁기로 생각됩니다만, 그에 대해 어떻게 자리매김하고 계십니까?

야마우치 이번에는 바로크 시대도 중세에 넣었습니다만, 여기서는 15세기와 16세기를 연속적으로 파악하는 것이 주안점이 아닙니다. 대항해 시대에 들어서서 인쇄술도 발달하고 종교 개혁이나 인문주의도 있었습니다. 여기에는 엄청난 단절이 있었다고 생각합니다. 지금까지는 커다란 단절과 더불어 중세적인 것이 전부 도태되고, 가톨릭이 끝나고 프로테스탄트로 되며, 자본주의도 나타났다는 틀이 주류였지만, 그에 대한 균형추로서 우리는 예수회를 부각했던 것이죠. 바로크를 짊어진 사람의 절반 이상이 예수회, 스페인적인 자들인 까닭에 조금 지나치게 강조한 면은 있습니다만, 현대와의 연결이나 자본주의의 성립에 대해 생각하는 경우, 그것은 중요하다고 생각합니다.

예수회의 기폭력

야마우치 막스 베버Max Weber의 『프로테스탄티즘의 윤리와 자본주의 정신』도 그러하지만, 지금까지는 중세적·신비주의적인 측면에 뿌리박고 있던 자본주의를 이어받은 것은 프로테스탄트라는 견해가 강했죠. 그러나 최근 2, 30년 전부터 예수회 경제학 책의 번역이 시작되었는데, 그것을 보면 예수회 사람들의 세계관은 바로 신세계였다는 것을 알 수 있습니다. 그들은 신대륙과 일본, 중국 등으로 가고 대항해 시대의 인간 활동의 확대에 입각한 활동을 해나갔죠. 그러한 가운데 많은 학생을 교육하기 위한 대규모 학교를 만들고 인쇄술로 만든 상당히 두꺼운 교과서를 사용했습니다. 예수회는 가톨릭 안에 있으면서 근대성을 지니고, 데카르트에 대한 영향도 커다랗죠. 데카르트도 예수회의 학교(라 플레슈 학원)를 나왔습니다. 게다가 그 속에는 신비주의적인 측면도 있지요. 그에 대해서는 와타나베 유渡辺優 선생께서 써주셨습니다(제2장, 「서양 근세의 신비주의」).

경제사상에서 영리·이자를 긍정적으로 다루는 것은 토마스에게서 첨예하게 놓여 있었습니다만, 그것이 예수회에서 상당히 명확하게 제시되어 '돈벌이를 해도 좋습니다'라는 느낌으로 쓰이게 됩니다. 그와 같은 근대의 시작에서 예수회의 공헌도는 상당히 높았습니다. 제5권에서는 그것을 약간 지나치게 강조한 나머지 데카르트가 가볍게 다루어진 점이 있긴 하지만 말입니다. (웃음)

노토미 아니, 그러한 방침이어서 좋은 것이죠. (웃음)

야마우치 르네상스도 아니죠.

노토미 아니, 그것은 기치가 선명해서 좋다고 생각합니다. 토마스 단계에서 이슬람 대 그리스도교라는 도식의 설득력 있는 요소가 나왔는데요, 예수회는 그것이 좀 더 넓습니다. 그들은 중남미에도 갔지만, 중국이나 일본에도 왔습니다. 거기서는 적극적으로 활동했습니다만, 실은 그들의 내적인 이론은 유연한 것이지요. 특히 초기는 그러한데, 각각의 지역에 맞추어갔습니다. 그러한 것들이 지니고 있던 기폭력은 굉장하지요. 우리는 무의식중에 예수회에 대해 보수적이고 경직되어 있다는 이미지를 지니는 경향이 있지만 말입니다. 그 점을 다시 보는 것이 중요하지요.

나카지마 찰스 테일러Charles Margrave Taylor도 '우리의 이상은 마테오 리치이다'라고 말하고 있습니다. 그것을 처음 보았을 때는 놀랐습니다. (웃음)

노토미 예수회의 경우 포교한다는 목적이 강렬한 까닭에, 생명을 걸고서 전도와 설득을 해나갔습니다.

야마우치 17세기의 독일 대학의 교과서를 보면, 프란시스코 수아레스Francisco Suarez 등 예수회 사람들의 사상이 교과서의 기본적인 틀을 형성하고 있지요. 17세기에는 프로테스탄트의 독일에서조차 예수회의 영향이 강했던 것인데, 그것은 그다지 강조되어오지 않았던 것이죠. 후에 17세기에는 블레즈 파스칼Blaise Pascal이 장세니스트로서 예수회를 비판하지요. 그때 예수회적인 결의론Kasuistik이 비판되는 것입니다만, 결의론은 라틴어로 casus conscientiae(양심의 사례)가 됩니다. 일반적인 규정서에 쓰여 있는 규칙으로는 판정할 수 없는 문제가 제기된 경우, 그것과는 다른 원리, 개별적인 특수 사례 등을 고찰한 데 기초하여 대응해야만 하는 것이죠. 그것이 양심이라는 실천적인 응용 능력이지만, 양심의 개념 자체도 변해갑니다.

마테오 리치Matteo Ricci가 중국으로 찾아왔을 때, 바로 그러한 양심의 문제를 좀 더 끝까지 따져 보아야만 하지요. 대항해 시대에 그러한 일에 적응할 수 있는 유연한 능력을 지니고 있었다는 점에서 예수회는 강력했다는 느낌이 듭니다.

이자의 문제

나카지마 중국에서도 예수회의 충격은 컸으며, 그 후의 중국 철학의 이야기 방식 자체가 크게 변화해갑니다. 예를 들어 경서에 주석을 붙인다고 하는 스타일로부터 지금 말하는 철학서와 같은 스타일이 등장합니다. 예수회의 수도사가 와 있던 것은 명나라에서 청나라 시대이므로 상당한 논의가 이루어지고 그에 의해 중국적인 개념이 다시 한번 다듬어져 갔다고 생각합니다.

조금 전에 맛(테이스트)의 문제가 나왔었는데, 맛을 둘러싼 논쟁도 이 무렵에 동시에 일어났습니다. 예를 들어 동물을 죽여서 먹는 것이 허용되는가 아닌가를 둘러싼 논의에서 '이 고기가 맛있다는 차원은 무엇인가'라는 데까지 논의가 심화해 가는 것이지요. 본래 중국에도 맛을 둘러싼 논의는 있었지만, 역시 마테오 리치 등과의 논의를 통해 그것이 깊어졌다는 느낌이 듭니다.

야마우치 선생께서 제3장 「서양 중세의 경제와 윤리」에서 써주신 이자 문제는 역시 중요하다고 생각합니다. 거기서는 페트루스 요한네스 올리비Petrus Johannes Olivi라는 사람을 들어주셨습니다. '그러한가, 자본이라는 개념은 여기서 온 것인가'라고 이제야 알게 되었습니다. 라틴어의 interesse(사이에 있는 것)가 interest(이자, 관심)로 되는 것입니다만, '사이에 있는' 것을 철학적·신학적으로 심화해 가는 가운데 이자의 문제에 겨우 다다랐던 것입니다. 그렇다면 바로 오이코노미아의 장소로서 interesse가 물어졌던 것이죠.

조금 이야기가 비약합니다만, 예를 들어 에마뉘엘 레비나스 Emmanuel Levinas도 이 문제에 대해 생각하고 있었습니다. interesse를 어떻게 극복할 것인가? 그는 이것에 부정의 dés를 붙여 désintéresse-ment(무관심)이라는 문제를 전개합니다만, 이것은 당연히 interesse의 논의를 바탕으로 합니다. interesse가 아닌 방식을 구상해야만 하는 것이죠. 그래도 야마우치 선생께서 써주셨듯이 그 바로 앞에 놓여 있는 interesse의 논의에는 그런대로 깊은 것이 놓여 있습니다. 이 interesse에 대해 조금 더 이야기해 주셨으면 합니다.

야마우치 올리비의 경우에는 이자 문제도 나오지만, 우선 공통선 bonum commune이라는 것이 있지요. 한 사람 한 사람이 자본을 어떻게 축적할 것인가 하는 것이 아니라 다 같이 자본을 모으자는 것이죠. 올리비는 남프랑스 사람이지만, 당시의 이탈리아에서 조합이 만들어집니다. 그 조합에 따르는 위험을 어떻게 해서 공동으로 부담하고 이익을 어떻게 다 같이 배분할 것인가? 그 경우 돈이라는 것은 저축하는 것이 아니라 투자하는 것이죠. 투자하는 이상, 위험성이 있으므로 미래의 시간성을 짜 넣고 이익을 볼 가능성과 손해를 볼 가능성을 관리하는 것이죠. 그러한 가운데 부의 유통

관점에서 전체적으로 어떻게 회전시킬 것인지를 다 같이 생각합니다. 거기서 공통선이라는 것이 나타나고 성령도 나타났습니다. 이것은 흐름으로서의 경제 모델, 애덤 스미스Adam Smith로 이어져가는 점도 있는데, 그러한 것이 나타났던 것입니다.

올리비는 청빈 사상을 중시합니다. 아시시의 프란시스코는 일절 돈을 만지고 싶어 하지 않는 사람이었습니다. 그러한 돈을 몹시 싫어하는 프란체스코회 안에서 '돈벌이는 자신을 위한 것이 아니라 전체를 위한 것이다'라는 발상이 나오는 것은 재미있지요. 여기에는 근세로 이어지는 발상이 놓여 있다는 느낌이 듭니다.

어소시에이션과 바로크

나카지마 제4권에서는 근로와 개인의 문제가 나왔습니다만, 거기에는 또 하나 어소시에이션의 문제가 있습니다. 개인에서 갑자기 국가나 우주로 가는 것이 아니라 중간적인 단계로서 어소시에이션이 있는데, 이것이 바로크에서는 상당히 중요했던 것이 아닐까 하는 것이죠. 예수회도 일종의 어소시에이션이지요. 공통선이라는 로마의 개념이 다시 읽히고, 이 시대에 특유한 어소시에이션을 구축하는 원동력이 되는 것입니다.

interesse는 어소시에이션 문제이죠. 당시 유럽과 중국에서는 국가도 개인도 아닌 중간적인 것으로서 어소시에이션이 나와서 때에 따라서는 이것이 국가보다 커다란 힘을 지닙니다. 조금 전에 타자의 문제가 나왔습니다만, 최종적으로는 해결할 수 없다고 하더라도, 모종의 타협을 만들어 다른 사람과 함께 해나가기 위해서는 어떻게 하면 좋을 것인가? 예를 들어 마테오 리치는 문화나 언어가 다르더라도 무언가를 만들 수 있다는 하나의 방향을 보여주었습니다. 어소시에이션으로서의 바로크에 대해 어떠한 생각을 갖고 계십니까?

야마우치 중세에서의 인간 공동체에서는 종교적인 교회 조직과 마을이 서로 겹쳐져 있고, 종교적인 공동체와 경제적인 공동체가 하나로 되어 있는 점이 있었습니다만, 그 후 물류가 활발해지고 대항해 시대가 되어 지리적·공간적으로 확대됨에 따라 공동체도 확대되고 컴퍼니라는 것이 나옵니다. 컴퍼니의 어원은 후기 라틴어 compānion, 함께^{com} 빵-pānis을 먹는다는 것을 의미하지요. 이것은 말하자면 조합인데, 컴퍼니가 다양한 곳에서 나옵니다. 예를 들어 피렌체, 파리, 런던, 부르쥬 등에서 회사의 지점을 만들고 있는데, 이것은 같은 회사의 컴퍼니로 물류의 확대에 따라 수표와 환이 사용되고 공동체·어소시에이션이 확대되어가는 것이죠.

그리고 예수회는 대항해 시대에 세계적인 규모로 확대되어가지요. 예수회는 경제적인 조직이 아닙니다만, 고아나 나가사키 등 세계 각지에 교회와 학교를 만들고, 컴퍼니를 모델로 하는 형태로 확대해 갑니다. 이것은 재미있지요. 아니면 어소시에이션의 세계적인 전개가 이루어진 시대가 바로크였던 것이 아닐까 하는 느낌이 듭니다.

나카지마 조금 덧붙이자면, 법인이라는 개념은 유럽의 대학에서 왔다고 말할 수 있습니다. 대학도 바로 어소시에이션, 컴퍼니의 하나의 방식인 것이죠. 예수회로 대표되는 것과 같은 컴퍼니, 어소시에이션이 가능해지기 전에 대학이라는 존재 방식이 있습니다. 이것은 교회도 아니고 마을도 아닌, 독특한 존재 방식이죠. 그리고 메디치가는 그 전형인데, 유럽의 이곳저곳에 컴퍼니를 가지고 갔고, 환 문제로서 이자가 처리된 듯합니다. 그러나 그것은 컴퍼니가 있는 까닭에 가능했던 것이죠. 컴퍼니와 어소시에이션 이라는 존재 방식은 바로크 시대의 커다란 전제였던 것 같은 느낌도 듭니다.

대학과 철학

노토미 유럽 대학의 전신은 기본적으로 조합인데, 물론 대학에 따라 성립 사정은 다르지만, 누군가의 명령에 의해 만들어진 것이 아닙니다. 사람이 모이고 수도원의 연장과 같은 형태로 만들어진 것이죠. 그래도 바로크 시대는 대학의 발생으로부터 몇 세기가 지났기 때문에, 그때쯤은 어떻게 되었을까요? 예수회와 같은 활동 은 그렇다 하더라도 당시의 대학이 지니고 있던 역할은 무엇일까 요? 철학자는 반드시 대학에 소속해 있던 것은 아니죠.

야마우치 16세기까지 르네상스는 그러하지요. 대학에 소속해 있지 않은 학자가 많아서.

노토미 우리는 아주 눈에 띄는 사람에게 주목하는 경향이 있습니다만, 야마우치 선생께서 말씀하셨듯이 대학에서도 교육이 있었던 것이죠. 그래도 그것은 현대의 우리가 지니고 있는 대학의 연구 이미지와는 다를지도 모르죠. 칸트도 그러하고요. 학문의 세계에서도 조합적인 것은 있다고 생각하는데요, 그것이 어느 시대까지 해당하는 것인지 의문입니다.

나카지마 중국에도 서원이라는 것이 있지요. 그래서 붕당론이라는 것이 있어서 우정에 기초한 연결朋과 이해에 기초한 연결黨이 논의되었습니다. 특히 명대에는 붕과 당은 다른 유형의 인간 어소시에이션이라고 하는 논의를 철저히 행하고, 당이 아니라 붕의 방향으로 가야 한다고 하는 것입니다. 그러한 논의는 그때그때의 정권을 비판하는 것이 되기도 합니다. 인간은 어떻게 연결되는 것이 좋은가? 서원은 바로 붕의 집합체이므로, 노토미 선생께서 말씀하신 것과 같은 것도 있을지 모르는 것이죠.

노토미 본래 학교school의 어원은 그리스어의 스콜레(한가·시간의 여유)로 양쪽의 측면이 있지요. 공개적이고 공적인 장이지만, 그것이 서로 대항하면 당파로 되어버립니다. 그래서 누군가가 통제하는 것 같은 장면도 생겨나는 것이죠.

야마우치 이것은 바로크라는 시대에 고유한 문제인지 어떤지는 알 수 없습니다만, 대학에는 본래 수도회, 도미니크회나 프란체스코회, 성 아우구스티노 수도회 등과 같은 호스트가 있고 칼레지(기숙사)가 있었죠. 기숙사이기 때문에 들어가 생활하는 것이죠. 그 외에 부르고뉴나 플랑드르 등 나라마다 나누어진 나치오(국민단)가 네 개 있고, 각 나치오가 하나씩 도장을 갖고 있고, 도장 전부가 모이지 않으면 대학 내에서 합의가 얻어지지 않는 시스템이 있었죠. 이처럼 대학은 따로따로 나누어져 있고, 15, 6세기가 되어서도 그와 같은 섹셔널리즘, 분파주의는 계속되고 있었습니다. 자신이 어떤 섹트에 소속해 있느냐에 따라 이쪽과는 다른 사상을 말하지 않으면 안 되는 것이죠. 예를 들어 예수회는 도미니크회와는 다른 사상을 말해야만 하는 까닭에, 반대 측인 프란체스코회에 가까이 다가서는 일도 있었죠. 그러한 의미에서는 대학이라는 조직이 지니는 역학도 있었습니다.

또한 13세기 이후 일반 시민들의 읽고 쓰는 능력이 높아가고, 스스로 책을 읽고서 공부할 수 있게 되었죠. 특히 여성이 그러한 읽고 쓰는 능력을 쌓아감에 따라 14, 5세기에는 여성 신비주의자가 수많이 나타납니다. 그래서 철학을 하고 있던 사람들은 대학 내부에는 없고, 특히 독일 신비주의 사람들은 대학으로부터 떨어져 나갔죠.

나카지마 이러한 점에서 와타나베 유渡辺優 선생의 아빌라의 테레사Teresa de Avila에 관한 논고(제2장, 「서양 근세의 신비주의」)는 좋았습니다.

6. 『세계철학사 6 — 근대 I. 계몽과 인간 감정론』

자연 과학의 전개와 감정론의 심화

나카지마 제6권은 근대인데, 우리는 이성 중심이 아니라 감정을 중시한다는 방침을 세우고 이것을 상당히 강조했습니다. 감정에 관한 논고가 이 정도로 늘어서는 일은 드물지 않을까 생각합니다. 이 권부터는 이토 선생께서 관여하셨기 때문에, 본래는 이토 선생께 여러 가지를 묻고 싶었습니다만, 여기서는 스코틀랜드 계몽이 하나의 축이 된다고 생각합니다.

스코틀랜드에서 흄David Hume은 이성이 감정의 하나라고 말할 정도로 감정에서 도덕적인 근거 짓기를 추구해 갔습니다. 그러한 방법은 유라시아 대륙의 동쪽에서도 행해집니다. 중국에서는 흄의 스코틀랜드 계몽과 거의 같은 시기에 감정론이 철저해져 갔는데, 그에 대해서는 이시이 쓰요시石井剛 선생께서 능란하게 써주셨습니다(제9장, 「중국에서의 감정의 철학」). 삶의 방식으로서의 성性만으로는 논의가 불충분하고, 여기에 정情이 도입됩니다. 본래 중국에서는 정의 문제가 중시되고 있습니다만, 정이 갈고 닦여진 끝에 규범을 어떻게 구상해가는 것일까요?

중국의 경우에는 '맹자 르네상스'라는 말이 있었고, 주자학도 『맹자』의 텍스트를 다시 읽는 것에서 시작했습니다. 맹자에게 있는 성선性善의 이론은 모종의 동정·공감에서 규범을 근거 짓는 것입니다. 측은惻隱의 정과 차마 하지 못하는 마음이라는 말이 있습니다. 『맹자』를 또 한 번 다시 읽음으로써 주희 이후의 맹자 르네상스가 일어난 것은 이 점에서입니다. 그리고 다카야마 다이키高山大毅 선생이 제10장에서 쓰셨듯이 일본에서도 주자학을 독해해 가는 가운데 주자학 비판이 나오는데(「에도 시대의 '정'의 사상」), 그 근거가 되는 것은 역시 정의 문제였습니다.

이처럼 아주 흥미로운 것으로 18세기에 유라시아 대륙의 동과 서에서 감정의 문제가 거의 같은 시기에 등장했습니다. 이 점의 의미를 도대체 어떻게 파악하면 좋은 것일까요?

노토미 이성과 감정이라는 맞짝 개념은 그리스 등에서 오래전부터 있었습니다만, 감정론이라는 것이 옛날부터 있었던 것인지 그렇지 않으면 이 시대에 비로소 초점이 맞추어진 것인지는 재미있는 문제입니다. 찾아보면 그에 해당하는 고찰이 스토아학파에도 플라톤에게도 있습니다만, 감정론이라는 문제 설정은 아니었습니다. 18세기에 이러한 형태로 새롭게 문제가 제기된 것은 왜일까요? 우선 자연 과학의 발전이 컸다고 생각합니다. 우리가 철학의 역사를 파악하는 데서 이성과 감정이 축이 되지요. 조금 전의 '세계와 혼'과 마찬가지로 이성 대 감정·정념은 이 권의 주제이고, 이 시대를 파악하는 데서의 관건이 됩니다.

지나치게 단순화하는 것도 좋지 않습니다만, 과학 혁명으로부터 한참 지나 자연 과학이 상당히 명확한 형태를 취하게 된 단계에서 감정이라는 문제에 초점이 맞춰진 것은 서양에서 가장 커다란 사건이라고 생각합니다. 그러면 주자학과 일본에서의 논의는 같은 논리에서 나온 것인가요 아니면 조금 다른 틀에서 나온 것인가요. 그 언저리는 어떻습니까?

나카지마 니덤 문제라는 것이 있습니다. 니덤[Joseph Needham]에 의한, 중국에는 과학적인 사고가 없었던 것은 아님에도 불구하고 왜 근대적인 과학이 등장하지 못했는가 하는 물음입니다(제2권, 칼럼 3, 쓰카하라 도고[塚原東吾]). 예를 들어 주자학에서도 엄밀한 방법으로 과학적인 탐구를 차례차례 해나갔습니다. 그에 의해 불교적인 언설에 대항하고자 한 것입니다. 그것이야말로 격물치지이기 때문에 사물을 올바르게 인식하고 정의해 가는 노력을 계속하고 있었습니다. 그러나 왜 근대적인 과학이 등장하지 못했던 것인가?

그것에 관련된다고 생각합니다만, 유럽에서 자연 과학의 전개와 감정론의 심화와의 관계에 대해 여쭈어보고 싶습니다. 감정에 대해 부정적으로 파악하는 태도가 있습니다. 요컨대 감정은 불안정한 까닭에 규범의 근거로는 되지 않는다는 사고방식이지요. 그러나 다른 한편으로 감정을 **빼놓고서** 인간을 파악하기는 어렵다는 사고방식도 있습니다. 중국에서는 규범의 근거를 어디에 세울 것인가 할 때, 성 쪽에 세워가는 경우와 정 쪽에 세워가는 경우로 나뉘어 있습니다. 다만 명대 이후가 되면 감정을 절대로 무시할 수 없다는 것이 분명해져 갑니다. 그리스도교와 마니교 등이 들어온 것에 따른 사상적인 혼돈 속에서 인간의 근거를 생각할 때는 감정이 불가결하다는 것이 뚜렷이 떠올랐던 것이죠.

물론 감정에는 불안정이라는 문제가 있으므로 그 점은 어떻게든 명확히 해야만 합니다. 중국에서는 타자론과 조합하여 감정에 기초한 모종의 약한 규범에 대해 생각해 가게 됩니다. 일종의 과학적으로 인간을 보면, 거기에는 감정이라고 하는 것이 있고, 그것은 무시할 수 없다는 것입니다. 유럽에서 자연 과학과 감정은 어떠한 관계에 있는 것일까요?

서양 정념론의 계보

야마우치 저는 예전부터 서양에서의 정념론·정동론의 계보에 관심이 있었고, 특히 중세에 관해서는 옛날에 조사해본 적이 있습니다. 아리스토텔레스의 『데 아니마』에 대해 이슬람에서 주석이 생겨나고, 그것이 유럽으로 들어가 논의되었죠. 정념에 대해서는 스토아학파에서 무정념(아파테이아)이 이상적인 정신 상태라는 논의가 있었습니다. 그러나 중기 스토아학파로 되면, 정념이 없다는 것은 인간으로서 있을 수 없다고 말하게 되었죠. 아무리 철인이라 해도 배가 흔들리면 얼굴이 파래지죠. 철학자라도 감정은 제어할 수 없죠. 그래서 극단적인 정념만을 배제하고 중간적인 것들, 요컨대 인간의 희로애락은 남기고자 하게 되고, 메트리오 파테이아metrio-patheia라는 온건한 정념이 중시되었죠.

중세의 기원으로서 정념론의 스토아학파에서의 전개를 조사했을 때, 여기에는 두 가지 유파가 있다고 생각했습니다. 하나는 갈레노스Claudios Galenos로 그는 의학적인 4체액설에 기초하여 정념이 어떻게 성립하는지를 논의하고, 정념이란 인간의 신체 상태에서 필연적으로 일어나는 것으로 생각하지요. 그에 반해 크뤼시포스의 정념론은 그러한 생리학적인 틀과는 달리 각각의 감정이란 어떠한 것이고 인간은 어떠한 경우에 그것을 지니며 제어하는지를 논의하여 철학적인 정념론을 정립했지요. 거기에는 초기의 아파테이아 중시로부터 온건한 메트리오 파테이아 중시로 이행해 가는 흐름이 놓여 있고, 그것이 키케로의 투스쿨룸 논쟁에서 집대성되어 중세로 계승되어가는 것입니다.

인간인 이상 정념은 필연적으로 생긴다는 흐름과 그것을 어떻게 해서 제어할 것인가 하는 흐름이 있습니다만, 중세에 들어서면 정념은 패션, 요컨대 그리스도의 십자가상에서의 고통이 인간적으로 나타난 것이라고 하여 조금 더 적극적으로 보려고 하는 흐름이 나왔습니다. 요컨대 중세가 되면 그리스적·스토아학파적인 정념론이 변형해 가는 것이죠.

이번에 제4권에서 마쓰네 신지松根伸治 선생께서 토마스의 정념론에 대해 논의해 주셨습니다만(제5장, 「토마스 정념론에 의한 전통의 이론화」), 토마스의 경우에는 정념이 관찰에 기초해서가 아니라 선험적으로 열한 개로 나누어지는데, 인간의 선을 바라는 마음과 악을 미워하는 마음이 최초의 상태·중간 상태·얻어진 상태로 나누어지고, 대상 그 자체를 볼 때는 여섯 개, 대상과의 관계 방식·절차를 생각할 때는 다섯 개가 되어 6+5, 열한 개가 되는 것이죠. 이러한 어중간함이 재미있습니다. 당시의 사람도 역시 열한 개는 이상하다고 생각한 듯한데, 토마스의 맞수였던 에기디우스 로마누스Aegidius Romanus라는 1260년경의 사람은 정념은 12개로 해야만 하며, 분노의 반대 개념은 익숙함이라고 말했습니다. 토마스는 분노의 반대 개념은 없다고 생각합니다만, 로마누스는 '아니, 분노의 반대 개념은 익숙함으로 느끼지 않는 것이다'라고 하는 것이죠.

현재 토마스의 정념론 연구자는 아주 많이 있습니다만, 분노에 대해서는 충분한 분석이 되지 않았죠. 롤스John Rawls의 정의론에서는 indignation(의분)이라고 하는 것이 있고, 사회적인 부정이 있는 경우에 분노를 지닌다는 공공성을 수반한 감정 모델이 부활하고 있지요. 그러나 토마스적인 열한 개로 나누는 그러한 흐름에는 아직 결정판이 나오지 않았고, 더욱이 이것은 14세기에 장 제르송 Jean Gerson 등이 내오는 정념론과는 다르지요. 제르송의 정념론은 저도 읽었지만, 조금 감당할 수 없었습니다. 그는 동물의 정념은 모두 아름답다고 말하고 있지요. 동물은 본성의 필연성에 기초하고 있는 까닭에 그 정념은 모두 아름답다는 것입니다. 한편 인간의 정념은 추하지만, 인간은 그것을 수정할 수 있지요. 추한 것이라면, 그것을 좋은 것으로 만들어나가자. 그러한 논의를 해나가는 것이죠.

장 제르송의 사상은 17세기의 독일에 상당히 계승되어갑니다. 그러한 정념론은 중세에 단발적으로 나오지만, 상호 영향 관계는 없지요. 16세기에 들어서면 갈레노스가 읽히게 되고, 생리학적·의학적인 정념론이 방대하게 나오게 됩니다. 당시에는 드 라 샹브르 Marin Cureau de la Chambre, 코에프토Nicolas Coeffeteau 등의 정념론이 많이 나왔습니다만, 데카르트는 『정념론』에서 정념이 지금까지 철학적으로 제대로 논의된 적이 없다고 단정하고 있습니다. 참으로 기분 좋을 정도로 말이죠.

그는 드 라 샹브르의 『정념의 성격』 등 동시대에 나온 정념론을 모두 무시하는데, 말할 것도 없이 토마스도 무시하지요. 그는 새로운 생리학적인 틀로 다시 한번 정념에 관해 설명합니다.

그 후에 흄이 '이성은 정념의 노예이며 계속해서 노예여야 한다'라고 대선언을 하는 것이죠. 이것은 데카르트의 '나는 생각한다, 고로 나는 존재한다'에 필적하는 혁명적인 전개가 될 것이었지만, 전적으로 무시당합니다. 흄이라고 하면 대단한 사람인데, 거기서 무시당했다고 하는 것이 재미있지요.

제6권에서 쓰게 히사노리柘植尙則 선생께서 흄의 도덕 감정론의 전개에 대해(제2장, 「도덕 감정론」), 이시이 쓰요시石井剛 선생께서 중국에서의 정동론적 전회에 관해 써주셨습니다. 철학사에서 무시되는 경향이었던 정념론을 다루었다는 의미에서는 특색 있는 권이 되었다고 생각합니다. 저는 재미있게 읽었습니다.

왜 정념론은 주목받았는가?

노토미 우선 정념론은 하나의 통반석이 아닙니다. 크뤼시포스에 대해서는 예전에 간자키 시게루神崎繁 선생께서 논의하셨지만(『혼(아니마)에 대한 태도』, 岩波書店, 2008년), 이것은 이성 대 감정이 아니라 이성의 두 가지 활동의 갈등이지요. 감정이라는 것은 반이성이 아니라 실은 이성 안의 하나의 형태라는 계통과 이성과 감정을 나누는 계통에서는 상당히 입장이 다릅니다. 거기에 생리학적인 것과 사변적인 것의 다름이 뒤얽히게 된다는 것이 복잡한 점입니다.

그리고 분노 이야기를 해주셨는데, 이것은 영혼 삼분설의 기개 부분이죠. 분노에 반대 개념이 없는 것은 기개이기 때문이고, 욕망처럼 반대 개념이 있는 것과는 다른 틀에 속합니다. 따라서 이것들을 모두 묶어서 감정이라고 말할 수 있는가? 여기에는 정념으로 번역하는가 감정으로 번역하는가 하는 문제도 있다고 생각합니다만. 앞에서 언급했듯이 감정은 본래 이성에 반대하는 별개의 것인가 하는 문제도 있습니다. 야마우치 선생께서 말씀해 주셨듯이 철학자에 따라 각각 배치가 다른데, 17, 8세기 정도에 그것이 갑자기 초점이 되고 일제히 달려든 것은 틀림없습니다.

나카지마 어째서 그 시대에 정념론이 주목받은 것일까요? 예를 들어 분노라고 해도 그것을 '나의 분노'라고 말해도 좋은지 어떤지는 미묘하지 않습니까? 무언가에 영향을 받지 않는 한 감정은 성립하지 않기 때문이죠.

노토미 그렇지요. 본래 패션passion이니까요.

나카지마 감정이라는 것은 정의상 자신을 넘어가는 것으로 자신이 아닌 것과의 관계 속에서밖에 성립할 수 없습니다. 요컨대 독립할 수 없다는 것이지요. 삶의 감정을 어떻게 도야해 나갈 것인가? 달리 표현하자면, 올바르게 슬퍼한다, 올바르게 분노한다는 것은 어떻게 하면 가능한 것일까요?

중국에는 예라는 개념이 있습니다만, 이는 감정의 도야의 형식을 다루는 것입니다. 인간은 그대로는 올바르게 감정을 표현할 수 없으므로 예를 통해 감정을 풍요롭게 하는 것 말고는 없다는 것이죠. 그것이야말로 (약한) 규범이지요. 그러한 사고방식에 의해서 18세기에 예 개념이 부활하는 것입니다. 이시이 씨가 다룬 대진戴震은 '인간에게서 가장 안 되는 것은 정이 얇은 사람이다. 인간은 정이 두텁지 않으면 안 된다'라는 이론을 전개했습니다. 그때 대진은 그리스도교의 것도 염두에 두고 있었다고 생각합니다. 그는 마테오 리치 등의 영향을 받아 철학의 담론을 근본적으로 바꾸고 경서에 대한 주석이라는 스타일을 그만두었습니다. 그러한 사람이 '정이 얇은 사람은 안 된다'라고 말하는 것은 18세기에서 정이라는 차원이 결정적으로 중요한 장소가 되었다는 것을 보여주지요. 인간을 파악하는 방식이 상당히 많이 달라지고 있다는 느낌이 듭니다.

야마우치 17, 8세기가 되면 감정에 대한 자리매김·평가가 높아지고, 책이 많이 나옵니다. 그 가운데는 데카르트처럼 '지금까지는 정념에 대해 진지하게 논의되지 못했다'라고 비판하는 사람도 있는데, 많이 있는 정념·감정의 어느 것에 초점을 맞추어야 할까요? 예를 들어 스피노자의 슬픔tristitia은 신체성을 동반한 고통이기도 합니다만, 앞에서의 대진처럼 그리스도교를 모델로 하면, 이건 사랑amor이지요.. amor와 caritas, dilectio 등 여러 가지가 있는데, 기본적으로는 대체로 비슷한 것인 까닭에 amor를 베이스로 생각합니다. amor를 파악하는 데서 루소는 amour propre(이기적 사랑)와 amour de soi(자기애)를 나눴습니다. 그는 amour가 그렇게 나쁜 것이 아니며, 인간이 자신의 생명을 유지해 가는 이상에는 반드시 가지지 않을 수 없는, 즉 자신의 존재에 대해 원천이 되는 좋은 원리라고 자리매김했습니다.

라틴어로 돌아오자면 amor proprius(이기적 사랑)라는 것은 16, 7세기에는 나쁜 것으로 여겨졌습니다. 당시에는 프랑스나 영국에서 데카르트가 무시한 것과 같은 정념론이 방대하게 나와 있었지요. 지금은 그런 것을 읽을 수 있게 되었습니다만, 실제로 읽어보면 다소 장황합니다. amor proprius는 나쁘다는 논의가 있는 한편, 루소가 원본이었는지 아닌지가 미묘한 amour de soi(자기애)는 있었는지 어떤지를 조사해보았는데, 그러한 말은 좀처럼 나오지 않습니다.

그러나 아우구스티누스는 그리스도교의 가르침에서 자신에 대한 사랑이라는 것이 나쁜 것이 아니며, 이웃 사랑, 신에 대한 사랑의 기원은 자신에 대한 사랑이라고 말하고 있습니다. 자신에 대한 사랑을 지니지 않는 자가 이웃과 신을 사랑할 수 있을 리가 없다, 모든 인간이 자기애를 지니는 까닭에 나는 강조하지 않는다, 대체로 그와 같은 것을 말하고 있습니다.

근세 초기에 정념론이 방대하게 쓰였다고 한다면, 아우구스티누스의 계보를 발판으로 하여 개념화한 것이 있지 않을까 생각하여 탐구했습니다만, 좀처럼 발견되지 않았습니다. 정념론이라는 것은 예상할 수 있는 것이 아닌지 개별적으로 다양합니다. 그 기준이나 표준은 아리스토텔레스에게는 그다지 없고, 플라톤이 『국가』에서 제시한 영혼 삼분설의 하나인 기개(튀모스)로부터 분노가 생겨난 것이 있습니다만, 기본적으로는 모델이 없는 것이 재미있지요. 조금 전의 흄의 정념론은 도대체 무엇을 기초로 한 것인지 듣고 싶어질 정도로 불가사의한 바가 있습니다.

이성의 불안

나카지마 우리는 이번에 감정을 강조했습니다만, 통상적으로 18세기는 이성에 의한 계몽의 세기라고 말해왔습니다. 물론 그것은 전적으로 틀림이 없습니다. 감정을 다시 읽은 후에, 다시 한번 이성이나 계몽의 문제를 되돌아보면, 어떠한 것을 말할 수 있을까요?

노토미 이토 선생께서 제1장 「계몽의 빛과 그림자」에서 말씀하시듯이 역시 빛과 그림자의 조합·융합으로서 보는 것이 재미있다고 생각합니다. 인간은 이성만으로 움직이는 것이 아니라 그 빛이 강해지면 반대 측면이 떠오릅니다. 애초에 이성에 대한 파악 방식 자체가 단순하지 않지요.

지금 정념은 복잡하다는 이야기가 나왔는데요, 이성도 그에 상응하여 복잡합니다. 세계와 혼도 그러했듯이 하나의 개념으로 포착하는 것이 어려움을 가지고 있었기 때문에, 즉 단순한 개념이 모든 것을 끌어당기는 것이 아니라 어디까지나 배치 안에서 움직이고 있기 때문입니다. 18세기의 철학 상황을 개개의 축으로 볼 경우, 이성과 감정·정념이라는 형태로 빛을 비춤으로써 상당히 분명하게 보이는 것이 있습니다. 제가 흥미를 느끼고 있는 것은 오히려 이성 쪽이 어떻게 다시 파악될 수 있을까 하는 것입니다.

나카지마 우리에게는 사카베 메구미坂部惠 선생의 『이성의 불안』이 중요한 참조 항입니다. 사카베 선생은 이성이 결코 확고한 것이 아니며, 거기에는 불안이 딱 달라붙어 있다고 간파하셨죠.

이 이성이라는 개념 자체가 번역의 역사 안에 놓여 있습니다. 게다가 그것은 단순한 번역이 아니라 여러 가지 굴절을 거친 것입니다. 그에 기초하여 18세기의 이성 개념이 나왔습니다. 그러한 논의를 바탕으로 하여 18세기의 이성과 계몽을 다시 평가한다면 어떠한 기회가 있는 것일까요?

야마우치 18세기에 지성과 이성의 위치 관계가 변화하는데, 중세에는 직관적인 능력인 intellect(지성) 쪽이 상위 개념으로서 존재하는 한편, ratio(이성)는 그다지 나오지 않습니다. ratio라는 말은 정의·비比·이유라는 의미로 사용하는 경우가 많습니다. 오컴도 ratio라는 말을 사용하고 있지만, 제게 있어 이성을 사카베 선생의 모델과 연결하기 위해 중요했던 것은 프란시스코 수아레스 Francisco Suárez이지요.

이것은 수업에서도 가르치고 있습니다만, ens rationis라는 개념이 있습니다. 이것은 '이성의 존재', 혹은 사토 이치로佐藤 一郎 선생의 스피노자 번역에서 '이치상의 존재'라고 번역되고 있는데, 사토 선생의 번역은 궁리 끝에 나온 번역이라고 생각합니다. 저는 허구의 것이라는 측면을 꺼내고 싶어서 '이허적理虛的 존재'라고 번역해 보았습니다. 요컨대 부정·결여·이치상의 관계라는 것은 좌우, 대소 등 상대적인 것인데, 이것은 아까 말씀드린 것과 같은 순수 반성 개념입니다. 어떤 대상을 인식하는 경우, 인식하고 있는 작용 그 자체를 인식함으로써 하나의 내용을 지닌 반성 개념이 생겨나는데, 전혀 대상을 지니지 않는 작용 자체를 대상화하여 나타나는 것이 ens rationis입니다. 요컨대 이성 개념이란 대상을 지니지 않는 것으로 순수 관계성인 것입니다.

그것이 칸트에 이르면 Vernunftbegriff(이성 개념), 요컨대 이념이 되어가지요. 칸트의 경우 이념이란 초월론적인 가상을 불러일으키는 것입니다. 그것은 인식의 피안·한계를 넘어서서 존재하는 것과 같은 세계의 시작, 세계의 끝, 영혼의 불멸, 신의 존재입니다. 이것들은 인간이 인식할 수 없는 대상이기는 하지만, 모르고서는 있을 수 없지요. 여기에서는 인간 지성의 유한성이 나타나는데요, 그러한 비존재, 대상성, 관계성, 지향성의 문제를 설정한 것이 수아레스인 것입니다.

수아레스는 세계의 내부뿐만 아니라 세계에 대한 관계 방식도 고찰 대상으로 합니다. 이것은 토마스 이후 서서히 나타나게 되는 주의주의, 자유 문제의 기초가 되지요. 존재하지 않는 것임에도 불구하고 탐구하지 않을 수 없습니다. 거기에서 이성의 불안이 나타납니다. 독일에서 예수회 전통은 조금 굴절되고 변형되어 칸트까지 흘러갑니다. 저는 기본적으로 이성이 불안을 불러일으킨다는 사카베 선생의 전망에서 영향을 받았습니다.

나카지마 야마우치 선생께서는 보편 논쟁을 다룰 때 실체가 아니라 관계성에 초점을 맞추고 계십니다. 그것이 수아레스를 거쳐 이성 개념이 된다는 것은 재미있네요. ratio이기 때문에 바로 비의 문제이고, 비에서는 비교하는 것 자체보다 그 관계성이 어떻게 기술되는가 하는 쪽이 중요합니다.

그러나 칸트에 이르면 이성이 실체로 향하고 거기서 전도가 일어납니다. 칸트는 흔히 흄에 의해 '독단의 잠에서 깨어났다'라고 말하는데, 과연 정말로 깨어났을까요? 칸트와 같은 방향으로 가지 않고 흄적인 감정에 대한 논의, 요컨대 관계성을 묻는 ens rationis 계열의 논의를 발전시켜 나가는 길도 있지 않았을까요? 그러한 생각도 드는데, 어떻습니까?

야마우치 당시의 사람은 ens rationis라는 개념을 좀처럼 이해할 수 없었으며, 왜 ratio인가라고 생각한 일도 많았습니다. 이 경우 오히려 intellectus와 ratio가 불가사의한 공동 작업을 일으키지요. intellectus는 본래, inter(안쪽을) lego(읽는·인식하는)이므로 사물의 본질을 독해하는 것입니다. ratio는 지금 말씀하신 것처럼 비·대응 관계이므로 내부성과는 조금 다르죠. 수아레스의 경우 지성이라는 것은 인식이 성립하는 장으로, 영화관에서 말하면 스크린입니다. ratio는 그것을 인식하는 것, 관계성에 관계되는 것으로, 필름을 돌려 투영하는 것과 비슷합니다. 지성과 이성은 거기서 역할 분담을 맡는데, 그 가운데 지성은 칸트에게서 지성(오성)이 되고, 점점 지위가 내려갑니다. 나는 그렇게 배웠고 실제로 그렇겠지만, 지성과 이성이 함께 나와서 상호 간의 위치 확인을 하는 장면이라고 하기는 꽤 어렵고, 18세기 요컨대 계몽의 시대가 되면 이성 쪽이 위로 올라갑니다. 이에 대해서는 앞으로도 계속해서 문헌상에서 조사해나갈 가치가 있다고 생각합니다.

계몽과 세속화

나카지마 다음으로 18세기에서 생각해보고 싶은 것은 계몽의 문제입니다. 칸트의 말을 빌리자면 계몽의 적은 종교이고, 종교는 미성년 상태에 있습니다. 거기서 나와 어른이 되라고 하는 것인데, 거기서 실제로는 무슨 일이 일어나고 있었던 것일까요?

예수회는 세계로 나가 성서보다 더 오래된 것을 발견했습니다.

예를 들어 중국에 간 사람은 천지창조보다도 오래된 역사와 만났고, 어쩌면 신 없이도 살아갈 수 있는 것이 아닐까 하는 두려운 사태와 맞닥뜨렸습니다. 18세기 전반 정도까지는 유럽에서 중국의 위치는 제법 높았던 것이죠. 그러나 그 후 커다란 변환이 일어나 중국과 인도는 점점 아래로 밀려납니다. 그러한 구조가 갑자기 나오고, 헤겔 등은 그것을 전형적으로 표현해 갑니다.

요컨대 정신이 모종의 방식으로 전개해 가는 가운데 중국과 같은 유럽의 외부는 원초적인 것으로서 자리매김해 가는 것이죠. 성서보다도 오래된 것을 어떻게든 처리하고 싶었던 것이라고 생각합니다. 칸트도 보편사에 대해 언급하고 있습니다만, 역시 유럽 중심이고, 유럽의 외부는 부록과 같이 있으면 좋겠다는 견해였습니다. 물론 칸트는 지리학을 충분히 연구하고 있던 사람이기 때문에, 세계의 배치를 잘 보고 있었다고 생각하기는 합니다만, 계몽의 구조 속에서 종교가 주변화되어가는 동시에 유럽의 외부도 폄하되어갔습니다. 18세기에 등장한 이러한 짜임새를 우리는 당분간 끌고 가게 됩니다.

애초에 일신교라는 개념이 나온 것은 17세기 무렵으로 이것은 케임브리지 플라톤주의자에 의해 만들어진 것입니다. 18세기에 이르면 일신교 개념이 급속히 힘을 지니게 되고, 다신교는 잘못이라고 하는 잘 이해되지 않는 표현이 이루어지게 됩니다. 18세기의 유럽에서 앎의 배치가 상당히 커다란 전환을 이룬 것입니다. 그 흔적이 칸트의 지성과 이성의 관계 속에도 놓여 있습니다만, 나중에 보는 사람에게는 그것이 보기 어렵게 되어 있지요. 제6권에서는 그러한 문제에도 빛을 비추었는데요, 노토미 선생께서는 계몽의 문제에 대해 어떻게 생각하시나요?

노토미 글쎄요. 예전에는 계몽이라는 단어 자체가 진부하다고 말씀드렸습니다만, 거기서 무슨 일이 일어났는가 하는 것을 정확히 재검토해야만 합니다. 나카지마 선생께서 지금 말씀하신 대로 거기서 표적이 되어 있는 종교가 무엇인지 사실은 그다지 명료하지 않고, 세속화·과학화에 대해서도 예전만큼 우리는 중시하고 있지 않습니다. 조금 전에 논의한 감정이라는 것도 이성의 맞짝인 까닭에 문제가 된다고 생각합니다.

intellectus와 ratio의 관계에 관한 이야기가 있었는데, 철학사·역사적으로 이 시대를 보면 어떻게 될까요? 철학사가 성립한 것은 대체로 이 시대이고, 콩도르세Marquis de Condorcet의 『인간 정신 진보사』도 이 시기에 쓰였습니다. 계몽은 진보적인 틀에서 역사를 자리매김합니다. 역사에서 무언가 일관된 흐름이 있는 경우, 이성의 발현, 정신의 전개와 같은 형태로 자립하는 도식·틀이 나오는 것이지만, 그렇게 하면 그 철학사에서 벗어나는 서아시아·중국 등은 당연히 자리를 잃게 됩니다. 근사한 것을 가지고 있는 타자라도 그 틀·발전 속에 자리매김하지 않으면 필연적으로 하위 또는 외부로 밀려나는 것이지요. 그러한 역사적인 견해가 강해지는 데는 세속화가 연동되어 있다고 느껴집니다. 이 시대에는 중국의 사정에 밝아졌음에도 불구하고 그러한 일이 일어납니다. 실제로 현지에 가거나 직접적인 정보를 얻은 까닭에 환상이 없어지고 지위가 내려갔다는 점도 있을지 모릅니다. 그러므로 단지 계몽이라는 개념 자체가 부적절하다거나 하는 그러한 단순한 이야기는 아니라고 생각합니다.

18세기적 철학사를 넘어서

나카지마 18세기라는 것은 바로 오리엔탈리즘이 성립해 가는 시기입니다. 또한 노토미 선생께서 말씀하셨듯이 역사학이 다루는 역사라는 개념이 정비되는 시대이기도 했죠. 라인하르트 코젤렉 Reinhart Koselleck의 개념사에 따르면 Geschichte(역사)가 집합적 단수로서 성립하는 것은 이 시기로, 우리가 이미지로 떠올리는 역사는 바로 이 시기에 성립했습니다. 우리는 세계철학사에서 역사를 문제로 삼고 있으므로, 어떤 유형의 역사 서술을 염두에 둘 것인가 하는 것은 대단히 중요합니다. 그때 18세기에 성립한 역사학을 어딘가에서 상대화할 필요가 있다고 생각합니다. 18세기에는 중국을 포함한 유럽의 외부가 깔끔한 방식으로 자리매김해 갑니다만, 당시의 역사학은 그것을 허용하고, 그것을 철학이 받아들여 갔습니다. 그 전체가 계몽이라는 구조를 이루고 있습니다. 그것을 어떻게 이해할 것인가 하는 것은 커다란 문제이지요.

야마우치 계몽이라는 개념은 어쩌면 일반적으로 유통되고 있는 철학사 개념과 상당히 친화성이 있는지도 모릅니다. 우리가 여러 가지 방식으로 생각하는 철학사라는 것은 어떤 시대에 성립했습니다. 일본 철학회에서도 예전에 시바타 다카유키柴田隆行 선생께서 철학사는 언제 나타났는가 하는 것을 발표하신 적이 있었지만 말입니다(「철학사 구분 재고哲學史區分再考」, 日本哲学会 편, 『哲学』 50호, 1999년).

지금 이야기를 여러 가지 듣고 있는데, 철학사에는 다음과 같은 세 가지 논점이 있는 것이 아닐까 생각했습니다. 하나는 학설사doxography이지요. 학설사는 그리스나 중세에도 있고, 특히 15세기, 파리대학 장 카프레올루스Jean Capréolus 등의 책을 읽으면 학설사투성이입니다. 거기서는 다양한 학설을 늘어놓고 망라하여 써나가는데, 시대순이 아니라 자신과 가장 적대하는 입장에서 시작하여 자신과 가까운 입장이 마지막이 되지요. 요컨대 자신의 위치로부터의 사상적인 거리를 기준으로 하여 나열하는 것입니다.

예수회도 그렇지만, 그러한 나열 방식은 스콜라적인 학설사의 특징입니다. 그것은 14세기 중반에는 완성되어 있는데, 시대순으로 나열한다는 발상이 나오는 것은 그보다 한참 후로 아마도 17세기 정도가 아닐까 생각합니다. 17세기의 유명론 역사를 다룬 책을 보면(Jean Salabert, 『유명론 철학 옹호Philosophia Nominalium Vindicata』, 1651년) 역시 시대마다 나열되어 있지요. 예를 들어 로스켈리누스Roscellinus로부터 시작하든가 하는 것이죠. 자신의 사상에서 먼 것으로부터 나열하는 철학사, 시대순으로 나열하는 철학사, 나아가서는 하나의 이성·이념에 기초하여 흘러가는 헤겔적인 철학사가 있지요. 이성이라는 것은 대단히 서양적인 개념이므로 그 발전에 관계하지 않거나 공헌하지 않은 것은 타자로서 다루어지는 것이죠.

나카지마 이성의 타자이지요.

야마우치 18세기적인 철학사에는 학설사적인 배열, 시대순의 배열, 서양적인 이성의 발전에 기초한 배열이라는 세 가지 논점이 있습니다만, 우리는 그러한 것과는 다른 형태의 철학사를 낳았다고 말할 수 있는 것이 아닐까요? 좁은 이성이 아니라 좀 더 넓은 이성을 목표로 하고 있는지도 모르겠네요.

7. 『세계철학사 7 — 근대 II. 자유와 역사적 발전』

아메리카의 초월론주의

나카지마 이토 구니타케 선생의 부재가 점점 더 커지게 되었습니다만, 그러면 제7권에서 다룬 19세기로 들어가시죠. 19세기가 되면 유럽에 대한 의심이 나옵니다. 그리고 미국이 등장한 것도 커다란 것이지요. 아시아에서도 일본·중국·인도 등이 유럽과 다시 한번 접속하는데, 이 사이에는 상당히 높은 긴장이 태어났습니다. 19세기를 철학적으로 어떻게 생각할 것인가? 이것은 우리에게 상당히 커다란 주제였다고 생각합니다. 이 제7권을 읽으면 어느 정도 알 수 있다고 생각합니다만, 서양 비판을 상당히 강하게 내세웠습니다. 19세기적인 근대를 전부 그대로 계승하면 좋은 것은 아니라 실은 거기에는 다양하게 엇갈리고 서로 모순된 층들이 있다는 것을 밝힌 것입니다. 이 점에 대해서는 어떻습니까?

야마우치 19세기에는 맑스주의가 나타나고 사회 비판이 높아지는데, 저로서는 피오레의 요아킴Joachim of Fiore이 제시한 것과 같은 종말론적인 세계가 현실적인 이론으로서 나타난 것이 재미있다고 생각합니다. 우선 실마리로서 생각하고 싶은 것은 19세기란 제국주의의 시대였다는 점입니다. 대항해 시대로부터 이미 착취는 시작되었습니다만, 19세기에는 유럽이 중동의 석유를 둘러싸고 지극히 인위적으로 분단하고 더 나아가 대규모 착취에 의해 이슬람의 민족의식에 불을 붙이고 다양한 운동을 일으켰습니다. 거기서 사우디아라비아를 건국한 이븐 사우드Ibn Sa'ud와 나카타 고中田考 선생이 말씀하셨던 살라피주의가 나오지요. 이는 살라프(초기 이슬람의 시대·원시 교단의 상태)를 모범으로 하는 사상으로 무함마드가 말한 것과 같은 세계로 돌아가려고 하는 원리주의적인 움직임이 상당히 강렬하게 나타납니다.

철학사적으로 보면 19세기에는 헤겔과 맑스가 있습니다만, 전체적으로는 어중간한 인상이 있습니다. 몇 가지 특징을 들자면, 19세기는 20세기의 두 차례의 세계대전을 불러일으키는 전제를 만들었죠. 그리고 세기말에는 니체와 쇼펜하우어가 나왔습니다. 계몽의 시대가 빛이었던 데 반해, 19세기는 어둠의 시대처럼 보입니다. 제7권의 부주제는 '자유와 역사적 발전'으로, 제가 19세기에 대해 지니는 이미지와는 정확히 겹치지는 않지만, 그러한 것을 어떤 식으로 머릿속에서 정리하면 좋을 것인지 생각하고 있습니다.

나카지마 이토 선생께서는 퍼스Charles Sanders Peirce라는 미국의 철학자를 중심으로 연구해오셨습니다. 미국의 등장이라는 것은 역시 중요하지요. 여기서도 써주셨는데, 미국의 독립 선언은 모종의 보편성을 소리 높여 외치고 있습니다. 프랑스 혁명에서는 한정된 사람들을 위한 인권 선언이었지만, 미국에는 그것을 확대해 나가는 개방적인 풍토가 있었다는 것입니다.

미국에서 프래그머티즘과 같은 사고방식이 성립되는 배경에는 동해안의 초월론주의transcendentalism 운동이 놓여 있습니다. 이것은 철학을 다시 한번 종교가 아닌 종교성과 연결하고자 하는 운동으로, 퍼스나 제임스William James에 큰 영향을 미쳤습니다. 되돌아보면 18세기 칸트의 계몽은 '종교는 적이다'라고 말하고, 그로부터 세속화가 떠오르게 되었습니다. 프랑스에서는 라이시테laïcité라는 형태로 세속화를 추진해 나가지만, 그것을 밀고 나가면 나갈수록 대극에 놓여 있는 종교성이 다시 보이게 됩니다. 그것은 낭만주의나 미국의 초월론이라는 형태로 나타났고, 도미자와 가나富澤かな 선생께서 써주신 인도의 스피리추얼리티의 문제도 나옵니다(제9장, 「근대 인도의 보편 사상」). 프랑스에서도 스피리추얼리즘이라는 형태로 이성과 계몽에 의해 주변으로 내몰려 있던 것이 떠오르게 되었습니다. 19세기에는 그 대항이

제법 있었던 것입니다.

고대의 발견과 원리주의

나카지마 야마우치 선생께서 말씀해 주셨듯이 19세기 유럽의 열강으로서의 세계 지배 방식은 상당히 가혹하고, 그것이 지금에 이르기까지 화근을 남기고 있는 것은 틀림없다고 생각합니다. 그것은 보편의 이름을 빌려 여러 가지로 전개한 것입니다만, 결과적으로는 억압이 되고, 20세기의 두 개 세계대전의 전 단계를 만들어냈습니다.

노토미 한마디로 19세기라고 해도 여러 단계가 있지요. 시리즈 후반에서는 한 권마다 거의 1세기분을 다루고 있고, 19세기도 초반·중반·후반, 세기말로 어지럽게 변하고 있습니다. 또한 미야케 다케시三宅岳史가 쓴 프랑스의 스피리추얼리즘에 대한 논고(제8장, 「스피리추얼리즘의 변천」)는 지금까지 그다지 알려지지 않았던 영역이었습니다. 이처럼 국가별 단계도 상당히 다른 까닭에 단순히 '19세기는 이러했다'라고는 말할 수 없다고 생각합니다.

야마우치 선생께서 처음에 말한 제국주의의 문제인데요, 흥미롭게도 나카지마 선생께서 앞에서 몇 번이나 강조해 주신 고대의 발견이라는 것은 역시 이 시대입니다. 나폴레옹이 이집트에 원정하여 만든 『이집트지』라는 방대한 사료집이 있는데, 나폴레옹이 실각한 후에도 그의 이름으로 계속해서 출판되었습니다. 프랑스사의 연구자는 모두 이것을 참조하는 듯합니다만, 피라미드의 실측도나 로제타·스톤의 모사 등 여러 가지가 있어 엄청나게 재미있습니다. 계몽주의·합리주의의 화신과도 같은 프랑스가 이집트에서 모든 유물을 수집하고 거기서 처음으로 고대 이집트 문명을 발견하는 것이죠. 게다가 그것은 성서보다 좀 더 오랜 시대의 것이라는 점이 알려집니다.

잘 연결될지 아닐지 알 수 없지만, 이러한 고대 발견에는 원리주의적인 점이 있습니다. 이에 의해 좀 더 순수한 것으로 돌아가고, 순수한 유럽성이란 무엇인가의 물음이 생겨나는 것이죠. 이것은 독일에서 말하면 고대학Altertumswissenschaft인데, 독일은 그리스 문명의 계승자라는 의식이 싹틉니다. 따라서 단지 자본주의와 과학 기술이 발달하여 세계를 정복하고 식민지 지배로 무모한 일을 했을 뿐 아니라 철학에서는 연동하는 이념적인 움직임도 있었던 것이 아닐까 생각합니다. 계몽·이성을 중시한 유럽이 향한 곳은 이집트의 히에로글리프Hieroglyphe(상형문자)나 인도의 산스크리트이며, 그것이 역사주의 속에서 원리주의적인 움직임으로 되어갑니다. 그렇게 앞으로 돌진하는 측면, 쇼펜하우어나 니체의 '의지'와 같은 불길한 측면도 나옵니다. 18세기와 19세기의 움직임은 어떤 의미에서 연속해 있다고 생각되지만, 20세기가 되면 그것이 파탄해버리죠. 이것이 제가 막연하게 품고 있는 구도입니다.

필롤로기의 시대

나카지마　저는 필롤로기^{Philologie}라는 학문이 19세기를 특징짓고 있다는 생각이 듭니다. 조금 전에 이집트 이야기가 나왔습니다만, 예를 들어 프랑스에서는 1663년에 비문^{碑文}·문예 아카데미가 설립되고, 거기에서는 이집트뿐만 아니라 그리스와 중국 등, 옛날의 문제에 관한 연구가 이루어졌습니다. 그러면 옛날을 파악하면 무슨 일이 일어나는 것일까요? 예를 들어 산스크리트어를 발견하고, 이것은 그리스어와 비슷하다고 하는 지적으로부터 비교 언어학이 성립하였으며, 마찬가지로 불교와 그리스도교의 대비 등으로부터 비교 종교학이 성립합니다. 이러한 비교 ○○학이 19세기의 학문을 특징짓고 있습니다. 그 배후에서는 19세기적인 앎의 장치가 알른거리고 있고, 그 중심에 필롤로기가 놓여 있는 것으로 보입니다.

혼히 이것을 '문헌학'이라고 부르지만, 저는 필롤로기가 도무지 그와 같은 좁은 테두리로는 수렴되지 않는다는 느낌이 듭니다. 왜냐하면 그것은 philo+logos이므로 로고스에 대한 기묘한 애착이 필롤로기이기 때문입니다. 니체는 그 전형으로 필롤로그^{philologue}(고전 문헌학자)이면서 고대 그리스와 같은 옛날을 탐구하는 것입니다. 그러한 합체한 곳에서 계보학이 나옵니다.

그러면 19세기를 특징짓는 필롤로기란 어떠한 것인가? 중요한 것은 여기에 다시 등장한 로고스라는 말입니다. 예를 들어 19세기의 프랑스에서는 『노자』를 번역할 때 도道를 로고스로 번역했습니다. 이것은 19세기의 philo + logos, 즉 필롤로기의 하나의 귀결이라고 생각합니다. 물론 19세기의 로고스는 그와는 다른 한편으로 정확하고 치밀한 논리학logic으로도 전개해 갑니다. 하지만 논리학의 로고스와 동시에 애착이 거기에 담긴 로고스가 있습니다. 이것을 어떻게 이해하면 좋을까요?

노토미 필롤로기Philologie는 에라스무스Desiderius Erasmus가 활약한 15, 6세기부터 서서히 발전하여 18세기의 네덜란드와 프랑스에 계승되고, 19세기에 독일에서 한층 더 꿰뚫고 나아가지요. 필롤로기의 발전을 그 근저에서 움직이고 있는 것은 성서 문헌학입니다. 이것은 성서의 교정을 둘러싼 문제로 에라스무스에게서 시작되어 리처드 벤틀리Richard Bentley나 칼 라흐만Karl Konrad Friedrich Wilhelm Lachmann으로 이어지는 학문의 움직임인데, 기본적으로는 교회 권력과의 항쟁이 됩니다만, 거기서 학문을 통해 신의 말씀·로고스를 복원하고 가까이 다가가고자 했다는 것은 결코 무시할 수 없습니다. 단순히 과학적으로 세계를 다루고 세속화해간 것이 아니라 기원으로 돌아가 로고스 자체를 발굴했던 것이죠. 거기에는 종교적인 동기 부여도 있었습니다. 그 문제를 생각해야만 합니다.

그리고 19세기의 독일에서 비판 문헌학이 나옵니다. 비판이라는 단어는 칸트 등 여러 곳에서 나오지만, 인간의 이성이라고 하는 것은 기본적으로 비판 정신이지요. 부정함으로써 정화purify하여 불순한 것을 잘라내고 가능한 한 단순하게 해나갑니다. 필롤로기 자체에 그러한 요소가 있습니다. 19세기 독일 문헌학은 우리가 논의해온 18세기 이전부터의 움직임의 성과이기도 하며, 거기에 제국주의 등을 포함한 근대 문명·근대 사회의 에센스가 담깁니다. 필롤로기의 정의는 어렵습니다만, 문헌학이라는 일본어로 정리하지 않는 쪽이 좋다고 생각합니다. 이시이 쓰요시石井剛 선생이 의식하고 있는 중국의 움직임도 그러하지만, 필롤로기의 실천은 세계의 여러 문명에서 매우 비슷합니다. 일본에서도 사료 편찬의 역사는 있습니다. 그처럼 세계에 공통되게 보이는 것이면서 서양에 특화된 형태로 전개된 학문입니다.

나카지마 필롤로기도 서서히 모종의 실증주의와 어울리게 됩니다. 그렇게 하면 중립적인 학문과 같은 느낌이 들지만, 그 앞을 내다보면, 예를 들어 헤르메스 사상과 필롤로기가 일체화해 있는 면도 있거나 합니다. 그러한 신비적인 것들과 친화적인 면도 있는 것이지요. 그로 인해 19세기는 보통의 방법으로는 다루기 힘들다고 생각합니다. 조금 전에 말씀하신 스피리추얼리티와 같은 문제도 필롤로기와 무관하지 않다는 느낌이 드는 것이지요.

야마우치 필롤로기에는 여러 가지가 있다고 생각합니다만, 독일의 필롤로기 전통은 산스크리트 문헌학으로, 고대의 인도에서 유럽의 그것만큼 정치한 스콜라학을 능가하는 체계가 이루어져 있었다고 하는 것은 그들에게 큰 놀라움이었다고 생각합니다. 필롤로기에서는 시대를 넘어서서 2,000년 이상 이전의 것을 독해하고 이해할 수 있지요. 그와 동시에 비교 언어학이 나와서 세계 각지의 언어에 대한 인식이 확대되어 가자 서로 비슷한 것을 발견하고자 하는 비교 사상이 나옵니다. 사카베 메구미 선생의 수업에서는 헤르더Johann Gottfried von Herder에 대해 집중적으로 여러 해 동안 다루었으며, 저도 그 수업에 계속 출석했는데, 헤르더에게 서는 민화라든지 민요라든지 지역적인 문예가 중시되고 있었습니 다. 이것은 지방의 민화적인 사유, 요컨대 언뜻 보면 문화가 없는 곳에도 고도의 문화가 깃들어 있다는 문화 인류학적인 발상으로 이어져 갔던 것으로 보입니다.

필롤로기라고 하면 이념적으로 단순화한 표현이 되어버립니다 만, 이것은 시대와 지역을 넘어서 새로운 의미에서의 보편성, 세계철학의 세계성을 발견하는 도구가 되어간 것은 아닐까요? 이것은 대학의 학문 안에서는 평가받기 어려운 점도 있습니다만, 실은 중요한 것으로 생각됩니다.

원형 중시의 이데올로기

노토미 저는 지금 야마우치 선생께서 말씀하신 것과는 다른 느낌을 지니는 까닭에, 여기서 일단 논의를 위해 말씀드립니다. 서양과 마찬가지로 중국에서도 일본에서도 문헌을 존중해 가는 문화가 있었던 것은 틀림없습니다만, 거기서의 문제는 대등하게 비교할 수 있는지 어떤지 하는 것입니다.

나카지마 아니, 비대칭적이지요.

노토미 제1권에서 아카마쓰 아키히코赤松明彦 선생이 파울 도이센의 인도 철학 연구를 소개하고 있습니다만(제5장, 「고대 인도에서 세계와 혼」), 인도 사상이라고 하는 것은 서양의 인도학Indology의 틀로 만들어져버렸습니다. 물론 산스크리트는 있었긴 하지만, 기본적으로 유럽의 인도학이 되었습니다. 중국에 대해서도 어느 정도 마찬가지이지요. 인도 철학과 중국 철학을 서양적인 필롤로기, 히스토리로 개조해버렸습니다. 이번의 『세계철학사』의 경우 그 문제가 아무래도 열쇠가 됩니다. 특히 인도 등에 대해서는 그 이외의 이야기 방법이 없는 것입니다. 우리는 그 정도로 의식하고 있지는 않습니다만, 지금 말한 것을 지적하는 것이 중요합니다.

본래 이렇게 역사를 말하는 것 자체가 18, 19세기의 서양적인 정신적 태도일지도 모릅니다. 인도에 대한 저의 지식은 한정되어 있습니다만, 초기 불전으로의 복귀는 분명히 그때까지 그다지 이루어지지 않았던 측면을 유럽적인 관점에서 생각한 결과입니다. 요컨대 붓다가 최초로 불교를 시작한 것이라면, 그 이후의 불전보다 붓다의 말 쪽이 훨씬 중요할 것이라는 발상입니다. 요컨대 이것은 그리스도교에서 말하면 복음서의 발견이지요. 나카무라 하지메中村元 선생 등은 복음서가 없다면 소용없다고 함으로써 초기 불전의 해설과 번역에 정력적으로 몰두했습니다만, 그것은 서양적인 사고입니다. 그때까지는 초기 불전 따위는 불교에서 아무도 상대로 하지 않았지만, 그것을 연구하지 않으면 불교라고는 말할 수 없다고 생각한 것입니다. 이것은 필롤로기가 담아낸 성과이긴 합니다만, 모종의 문화적 편향, 비대칭성의 출현이라고도 말할 수 있습니다.

중국의 경우는 조금 상황이 달라서 전통에 대한 확집이 있는 듯한데, 인도 쪽이 좀 더 강하게 서양의 도식에 짜 넣어져 버렸다는 느낌입니다. 일본에 대해서는 본래 말하는 기반이 거의 없었던 것이지만, 필롤로기는 희망의 별임과 동시에 그리스, 로마 이후의 이데올로기적인 점도 질질 끌고 가고 있다는 점에 주의가 필요합니다.

나카지마 비교 언어학에서는 예를 들어 인도·유럽어족의 조어를 설정하는데, 노토미 선생께서 말씀하셨듯이 이 발상은 비대칭성을 낳기 쉽습니다. 또한 종교에 관해서도 원형을 찾을 수 있을 것이라는 신념이 있는 것이지요.

노토미 그리스의 '아르케'(시원)처럼 단순한 원리가 처음에 있었다는 발상도 서양의 전통입니다. 유대교는 모세밖에 없지만, 그리스도교의 경우에는 예수라는 사람이 있고, 예수가 참으로 말한 것은 무엇이었는가 하는 복음서의 연구가 있어 거기서는 원본을 복원하려고 하지요. 원본 복원에 구애되면 '실은 맹자는 이러했다'라든가 '공자는 수수께끼다'라는 이야기가 되어버립니다만, 처음에는 아무도 그러한 것에 신경 쓰지 않았던 것이죠. 거기에는 좋고 나쁜 것으로 정리할 수 없는 문제가 있는데도 우리는 아직도 그것을 기반으로 하여 사태를 생각하고 있습니다.

진화론의 충격

나카지마 그와 같은 사유가 아직도 계속되고 있습니다만, 19세기는 다윈Charles Robert Darwin의 시대이기도 합니다. 역시 진화론은 상당히 충격적인 것으로, 프래그머티즘도 이것을 빼놓고서는 성립할 수 없었다고 생각합니다. 다윈은 19세기적인 앎의 방식이 전제로 하는 인과율을 잘라 버렸습니다. 요컨대 인과율로 모이지 않는 계기도 있을 수 있는 것이라고 문제 제기한 것입니다. 이 점은 프래그머티즘에서는 듀이John Dewey가 전형적입니다. 그는 원래 헤겔 연구자였는데, 그것을 그만둡니다. 인과율을 강한 것으로서는 설정할 수 없으며, 좀 더 우연성 등에 관해 연구해야만 한다고 크게 전환해 가는 것입니다. 이와 같은 다윈의 충격을 어떻게 측정하면 좋은 것일까요? 베르그송Henri-Louis Bergson도 그러하지만, 다윈의 충격은 우리가 생각하는 것 이상으로 컸던 것이 아닐까요?

야마우치 다윈의 진화론의 영향도 컸고, 프로이트Sigmund Freud의 정신 분석의 충격도 컸습니다. 다윈은 세계의 역사, 생물의 발전을 전부 내다보고 있던 것은 아니지만, 안정적인 그리스도교적인 생물의 발전이라는 세계상에 대해 '그것은 다르지 않을까'라고 대항마를 내놓았습니다. 현대의 우리가 생각하는 것 이상으로 당시의 사람들은 다윈의 진화론과 프로이트의 사상에 대해 두려움을 지니고, 게다가 분노를 지니고서 받아들인 것이 아닐까요?

나카지마 그렇다면 당시의 생물학은 어떻게 생각하면 좋을까요? 다윈은 그 틀 속에서 저만큼의 혁신적인 것을 말한 것인데, 19세기에는 인간도 포함한 생물을 다시 파악하는 움직임이 이미 생겨난 것일까요?

노토미 진화론이 준 충격은 다양한데, 진화 윤리학 등 현대의 다양한 화제·물음, 나아가서는 이성을 어떻게 할 것인가라는 문제로도 이어집니다. 물질로부터 차례대로 온 것이라면, 인간이 특권적이라고 말하지 않더라도 상관없지요. 인간을 포함한 어떤 생물이 그것을 가지고 있더라도 상관없지만, 거기서 이성을 어떻게 설명할 것인지가 다시 문제가 됩니다.

적자 생존적인 합리적 사고 등 우리가 믿고 있던 것은 어떻게 될 것인가? 생물학에서도 인간이란 무엇인가라는 문제에 대해서는 아직 완전히 해결할 수 없었죠. 또는 언어와 이성의 문제를 어떻게 할 것인가? 정적으로 파악하든 진화론적으로 포착하든 지금까지 괄호를 붙였던 '인간, 이성'이라는 문제에 대해 진지하게 생각하면 어떠할 것인가? 이것은 철학에 대해 특히 커다란 도전이 아닐까 생각합니다.

나카지마 19세기는 그와 동시에 휴머니즘의 시대이기도 합니다. 인간은 특별하고 신을 대신해서 인간이 세계의 중심에 있다, 그렇게 소리 높여 선언한 것입니다만, 그 한가운데서 '아니, 그렇지 않고 인간은 중심 따위에 없는 것이 아닌가'라는 비판도 있는 것이지요. 중심에 있는 것은 우연으로, 우연히 그렇게 된 것이 아닐까 하는 것이지요. 우리는 아직까지도 그 충격을 측량하지 못하고 있을지도 모릅니다.

공리주의를 어떻게 평가할 것인가?

나카지마 그리고 또 하나, 19세기에서 신경이 쓰이는 것은 공리주의의 문제입니다. 예를 들어 후쿠자와 유키치福澤諭吉는 '지금부터는 공리주의의 시대이지만, 우리는 에도 시대부터 이미 공리주의를 실천하고 있었다'라고 재미있는 말을 하고 있습니다. 후쿠자와는 여러 가지로 세계를 살펴본 다음 그렇게 생각한 것입니다. 지금 벤담Jeremy Bentham과 밀John Stuart Mill에 대한 대대적인 재검토가 시작되고 있는데요, 19세기의 공리주의를 어떻게 평가하면 좋을까요?

야마우치 윤리학에서 공리주의에 대해서는 비판하는 흐름과 옹호하는 흐름이 있고 아직도 활발하게 논의하고 있습니다. 20세기 후반 이후 공리주의는 쾌락주의hedonism의 측면을 포함하고 있다고 비판받은 일도 있습니다만, 벤담이 내놓은 공리주의는 개인의 쾌락을 추구하는 것이 아니라 사회를 바꾸는 운동이었죠. 사회 전체에서 격차가 확대해 있는데, 가난한 사람들도 여럿 가운데 하나로 한 사람 한 사람에게 발언권이 있고 당연히 공리의 대상이 되지요. 이것은 윤리학에서 개인의 논리로서 보면 비판받기 쉽지만, 실제로는 민주주의라고 할까, 격차를 시정하는 사회 운동이라는 의미가 있었습니다. 이 점은 중요하다고 생각합니다.

이것은 제8권에도 나오는 논의인데, 예를 들어 버나드 윌리엄스Bernard Arthur Owen Williams는 덕 윤리학의 관점에서 공리주의를 비판하지요. 덕 윤리학의 경우 개별주의particularism인 것이지요. 계몽과 이성의 입장, 칸트적인 입장에서 보는 보편화 가능성을 토대로 윤리학을 생각한다는 것이 있었습니다만, 덕 윤리학에서는 인간의 가치 기준은 많이 있다고 생각하기 때문에, 일원적인 가치 기준에 의해 평가하는 것이 아니라 다원적으로 보아야만 합니다. 게다가 어느 가치 기준을 선택하는지는 사람에 따라 다르므로, '나는 이렇게 합니다'라는 결단이 덕 윤리학, 개별주의로서 나타나고, 그것이 버나드 윌리엄스가 말하는 바의 도덕적 운Moral Luck이라는 문제로도 이어져 갑니다.

공리주의를 비판하는 논점은 지금도 많이 있지만, 벤담 자신은 그것과 어긋난 곳에서 생각하고 있었다는 것은 재미있지요. 벤담은 당시 윤리학의 틀, 특정한 엘리트밖에 생각할 수 없는 이야기에서 벗어나기 위해 일반 서민을 윤리학적인 고찰의 주체·대상으로 삼고자 했던 것인데, 역으로 말하자면 이것은 일종의 개별주의이지요. 19세기에 공리주의라는 것은 필연성을 지니는 재미있는 사상이지만, 비판받고 적이 되어 있었습니다. 공리주의의 이야기 방식에 관한 역사의 변천이라는 의미에서 이것은 재미있다고 생각합니다.

나카지마 지금의 일본에서는 그것이야말로 의무론 대 공리주의라는 도식이 되었습니다.

노토미 전 세계에서 그렇게 되었습니다.

나카지마 벤담은 당시 영국의 동성애자에 대한 가혹한 처사에 대해 비판적이었다고 들었습니다. 야마우치 선생께서 말씀하셨듯이 벤담의 공리주의에는 모종의 사회 개량이라는 측면도 있었던 것이죠. 그러나 그것이 잘 보이지 않는 방식으로 이해되고 있습니다. 그것도 우리의 문제일지도 모릅니다. 19세기라는 것은 그 정도로 다양한 힘의 장들이 펼쳐져 있었던 것이지요.

8. 『세계철학사 8 ── 현대 지구화 시대의 앎』

20세기를 어떻게 파악할 것인가?

나카지마 그러면 이제 20세기로 들어가시겠습니까? 20세기는 전쟁의 세기이기도 하고 두 차례의 세계대전이 일어나는데, 이들은 거의 연속해 있다고 말할 수 있을 것입니다. 20세기에는 19세기에 정점을 맞이한 유럽적인 문명에 대한 엄격한 비판이 전개되고 인간 자체를 어떻게 다시 생각하면 좋을 것인지 물어 왔습니다.

히가키 다쓰야檜垣立哉 선생께서 써주신 것처럼(제2장, 「유럽의 자의식과 불안」) 유럽의 불안이라는 것은 상당히 근본적인 것이었습니다. 조금 전의 야마우치 선생의 논의에 덧붙여 말하자면, 20세기에는 대중이 등장합니다. 또한 20세기는 지구화의 시대이기도 하므로, 세계는 높은 밀도와 속도로 연결되었습니다. 여기서는 바로 세계철학에 대해 생각하는 의미가 있다고 생각하는데, 어떠한 각도에서 논의하면 좋을까요?

노토미 20세기에 대해 논의할 것인가 그렇지 않으면 현대에 대해 논의할 것인가? 우리는 21세기에 있는 까닭에 이제 슬슬 20세기를 과거로서 되돌아보는 시기에 와 있다고도 느낍니다. 우리에게 적어도 세기 후반의 포스트모던은 동시대였던 까닭에 역사적으로 말하기 어려운 점은 있습니다만, 21세기에 들어서고 나서 이렇게 '세계철학사'를 추진하고 있는 이상, 이제 슬슬 20세기를 정확히 다시 파악하고자 하는 각오로 발언하고 있는 것이죠.

다른 한편 지금의 우리는 어디까지 20세기에서 빠져나와 있을까요? 또는 우리는 과연 20세기를 내다볼 수 있는 위치까지 와 있을까요? 이에 대해서는 상당히 의심스러운 점이 있습니다. 제8권은 그 전의 제7권까지와는 조금 달리 아직 우리 눈앞에서 진행형으로 전개되는 한가운데서의 글쓰기라는 모습이 많지요. 의도적으로 그런 식으로 쓰고 계시는 분도 있다고 생각하지만 말입니다. 다른 권도 포함하여 과거를 서술하는 것 그 자체가 현대의 철학적 영위입니다만, 제8권에서는 현재성이 상당히 전면에 나와 일체화하고 있고, 그것이 중요한 핵심이 되고 있습니다.

물론 전쟁은 언제나 어딘가에 있었습니다만, 통상적으로 말해지는 두 차례의 세계대전으로부터 80년 가까이 지났기 때문에, 과연 '전후'라고 하나의 묶음으로 말할 수 있을까? '20세기는 전쟁의 시대였다'라고 말하는 단계와 그 후에 여러 가지가 일어난 단계를 하나로 연결하는 것이 적절할까? 또는 20세기 초는 좀 더 세분하는 쪽이 좋은 것이 아닐까? 이제 우리가 20세기를 말하는 데서의 관점은 어디에 놓여 있는 것일까? 그것이 분명하지 않다면 다음으로 나아갈 수 없다는 느낌이 듭니다. 이번에는 집필자 모든 분께서 각각의 관점에서 써주신 것에 기초하는데, 이러한 내용으로 좋았는가 하는 의문도 없다고는 말할 수 없습니다.

나카지마 그것은 어렵지요.

노토미 대부분 문제가 논의되었다고 생각합니다만, 원래 20세기라는 시대가 이러한 내용으로 파악될 것인가? 이에 대해서는 다각적인 반성이 필요하다고 생각합니다.

전체주의와 과학 기술을 뒤쫓은 철학

나카지마 고민스러운 것은 우리가 이 기획을 구상했을 때(2018년)와 지금은 전혀 사정이 바뀌었다는 점입니다. 신형 코로나의 팬데믹 이후, 100년 전의 제1차 세계대전, '스페인 독감' 때의 상황과 아무래도 비교하게 되고, '우리는 그렇게 변하지 않은 것이 아닐까' 하는 반성을 할 수밖에 없습니다. 그러나 그렇게 말하더라도 다시 한번 세계대전을 하고 싶은 것은 아니며, 그런 일은 할 수 없습니다. 그러면 무엇이 20세기에 새겨져 있는 것일까요? 20세기의 최대의 문제는 전체주의로, 나치즘을 필두로 하는 움직임을 이곳저곳에 산출했습니다. 게다가 그것은 철학과 무관하지 않지요. '이성이 다다르는 곳은 파시즘이 아닐까'라고까지 말하는 것이지만, 철학은 어떻게 하면 더 좋은 것이 될 수 있을까요? 그에 대해서는 어떻게 생각하십니까?

야마우치 이것에는 전체의 권 수 균형이 관련된다고 생각합니다만, 여덟 책이 있다면 세 책 정도는 현대로 하고 중세는 한 책으로 하는 방법도 있는데, 지금까지는 그쪽이 주류였습니다만, 우리는 굳이 현대를 한 책으로 정리했지요. 한 권으로 정리한 이상, 전부는 도저히 다 담아낼 수 없지요. 현상학을 다루지 못했다거나 빼놓은 점이 엄청나게 많이 있는 까닭에 반성할 점도 있습니다. 하지만 이것은 우리의 전략이기도 했습니다. 요컨대 '여기에 주목할게요'라는 강한 마음을 지니지 않으면 안 되는 것이죠. 20세기는 제1차 세계대전·제2차 세계대전이라는 두 개의 전쟁을 토대로 하며, 전체주의의 문제는 중대합니다. 그리고 21세기와의 관계에서 말하면 역시 9·11이 있고, 이슬람적 전회라는 말이 나왔지만, 역시 종교의 복권이라는 계기도 있었던 것으로 생각됩니다.

20세기·21세기를 바라보는 방식은 여러 가지가 있는데요, 전체주의도 종교의 복권도 특정한 지역의 사건이 아니라 전 세계를 끌어넣고 있다고 분명히 말할 수 있지요. 우리로서도 그러한 세계를 휘말아 들이는 사상을 선택하고 싶었다는 점은 강조해둘 수 있을 것입니다.

나카지마 확실히 지금은 '포스트 세속화'라는 말도 있고, 이곳저곳에서 종교의 부흥이 보입니다. 그렇지만 그 의미와 의의를 제대로 파악하고 있다고는 말하기 어렵습니다. 종교와 세속에 관해서는 18·19세기적인 앎의 배치를 끌고 가고 있는 점이 있지만, 현실에는 근대의 원리였던 세속화가 크게 의심되고 있고, 사회의 존재 방식도 바뀌고 있지요.

전체주의를 어떻게 파악할 것인가에 관해서는 여러 가지 논의가 있습니다만, 인간이 그렇게까지 철저한 폭력을 흔들 수 있었던 것은 모종의 관료제가 제도적으로 기능했기 때문이라고 생각합니다. 우리는 그러한 사회를 살아가고 있습니다. 하지만 이것은 이미 한 지역의 문제가 아니라 전 세계가 즉각적으로 영향을 받게 되었습니다. 그러한 가운데 철학의 사명이라고 말하면 허튼소리이겠지만, 지금 철학에 묻고 있는 것은 무엇일까요? 이것은 『세계철학사』를 제8권까지 마무리한 후 우리에게 제기되는 물음이기도 한 것이 아닐까 생각합니다.

노토미 이 제8권에도 쓰여 있는 것인데요, 과학 기술과의 균형·거리라는 문제가 중요합니다. 과학 기술 쪽이 계속해서 앞서 나아가고, 철학은 그 자리에 머물러 뒤처졌습니다. 하지만 과학 기술로 모든 것이 해결되었는가 하면 그렇지 않습니다. 이번의 코로나 문제에서도 그렇지만, 가장 앞선 것이 아무것도 할 수 없다고 하는 일은 얼마든지 있습니다.

인간의 이성적인 판단으로 정치가 이루어지고 혁명이 일어나고 과학 기술이 진보하여 생활도 풍부해집니다. 그러한 일체화된 환상이 있었던 것이지만, 전체주의라 하더라도 인간이 의식적·의도적으로 계속해서 전진했던 것만은 아닙니다. 사물 쪽이 앞으로 나아갔기 때문에 대량 파괴가 생겨났고, 누구의 양심도 손상하지 않고서 대량 학살할 수 있었습니다. 그리하여 철학이 그대로 뒤처지는 상황이 계속되었던 것이죠. 그에 대해 나중에 다양한 반성은 했습니다만, '철학에 할 말은 없다'라고 생각하는 사람도 '그것은 철학 탓이다'라고 말하는 사람도 있었습니다. 그래도 실제로 많은 사람은 '아니, 철학은 그렇게 관계없다'라고 생각한 것이 아닐까? 철학이 사회에서 가지고 있는 힘·가능성은 극히 작을지도 모르지만, 할 수 있는 것은 도대체 무엇일까? 20세기에는 그런 문제가 명확하게 되었습니다.

정리하자면, 우선 정치나 과학 기술과의 거리가 생겨나고, 이들을 통제 혹은 관리할 요량이었던 철학은 완전히 뒤에서 쫓아가는 역할이 되어버렸습니다. 지금은 뒤에서 쫓아가는 것조차 하고 있지 않을지도 모르지만, 우리가 한 걸음 더 앞으로 나아가려고 할 때, 철학으로 생각하는 의미는 무엇일까? 새삼스럽게 다시 마주해야 할 때입니다.

거대한 것을 어떻게 파악할 것인가?

나카지마 우리가 현실에 관여할 때, 그 관여 방법을 조금 더 다듬어나갈 필요가 있는 것이 아닐까요? 개념도 포함하여 철학은 현실에 무언가 공헌할 수 있는 것이 아닐까 생각합니다. 우리는 개념적으로 경직된 방식으로 세계를 포착하여 그것을 사람들에게 밀어붙이는 경향이 있습니다. 모두가 의미에 목말라하는 까닭에 손쉽게 그것을 손에 넣고 싶어 하고, 그것이 확고한 것이면 안심합니다. 철학은 그러한 안심·안전이라는 이데올로기에 공헌해왔다고 말할 수 있을 것입니다. 그러나 철학이란 모종의 되물음·비판이기도 하므로, 그와 같은 것에는 안주하지 않는 면도 있습니다. 세계와의 관계 방식은 좀 더 섬세한 방법이더라도 좋지 않을까요? 어쩌면 철학에는 약한 섬세함 같은 것이 요구되는 것이 아닐까요? 어떻습니까?

야마우치 예를 들어 현재의 코로나와 관련하여 니시우라 히로시西浦博 교수는 3월 초부터 '유행 확대를 막기 위해서는 사람과의 접촉을 80% 줄이는 것이 필요하다'라고 제창하고, 인터넷상에서 '80% 아저씨'로 자칭했지요. 이처럼 처음에는 작은 담론·말이었던 정치적·개인적 차원의 행동 원리가 사회적으로 파급해 가는 장면이 있었습니다만, 실제로는 대부분이 시스템화하여 관성inertia으로 움직이기 때문에, 그러한 한마디가 현실을 움직이는 일은 매우 적습니다.

후쿠자와 선생이 게이오 의숙을 만들었을 무렵은 비교적 규모가 작았기 때문에 시스템을 바꾸어도 괜찮았지만, 이것이 지금처럼 수만 명의 규모가 되면, 일단 만들어낸 시스템은 5년, 10년 단위가 아니면 바꿀 수 없게 됩니다. 관성 안으로 들어가면 좋을 테지만, 그것은 밖에서 들어가기 어렵고, 한번 움직인 것은 멈추기도 어렵습니다. 자본주의도 그러한 관성의 거대한 시스템이 되어버렸고, 전체주의나 스탈린주의도 그렇다고 생각합니다. 스탈린주의의 기원의 하나로서 맑스주의가 있고, 그것이 스탈린주의 원인의 몇 퍼센트에 해당하는지 알 수 없지만, 그러한 식으로 커다란 것이 되면 멈출 수 없게 됩니다. 하지만 멈출 수 없게 되어 절망해야 하는가 하면 그렇지도 않습니다. 이미 멈출 수 없는 관성을 지닌 시스템이라고 하더라도 그것에 대해 새롭게 방아쇠를 당기면 됩니다. 직접적인 영향 관계가 미치지 않는다고 하더라도 거기에 씨를 뿌려둘 필요가 있는 것이지요.

탈레스 이후 철학은 도움이 되지 않는다고 말해왔지만, 그렇지도 않습니다. 싹이 나지 않는 씨앗도 있을지 모르지만, 씨앗은 뿌려둔 쪽이 좋지요. 어쩌면 그것은 관성으로서 커다란 것이 되어 있을지도 모르고요. 철학을 하는 인간은 그러한 신념이라고 할까요, 작은 씨앗(아르케·기원)을 찾아 심어보는 것이죠. 싹이 나오지 않더라도 심어보는 것은 즐겁고, 그것은 중요한 작업이 아닐까 생각합니다. 세계 시스템이라는 거대한 것에 대한 우리의 마음가짐이라고 하는 것도 세계철학사의 일부로 들어올 수 있다는 생각이

드는 것이지요.

노토미 지금 크기라는 점에 대해 말씀하셨는데요, 시간 축에서도 그렇다고 생각합니다. 우리는 '세계는 지구화하고 있다' 등으로 말하면서 정말로 좁은 세계·측면밖에 볼 수 없습니다. 어느 시대에도 사람들은 세계를 정확히 파악하지는 못하더라도, 거대한 것을 보는 관점을 어느 정도 확보하지 않으면, 완전히 상황이 여의치 않게 되어버립니다. 무언가가 움직이는 것이 아니라 하더라도 역시 적어도 그것이 무엇인지를 보는 관점은 필요합니다. 커다란 것을 보는 관점, 다양한 각도에서의 다원적인 시야와 시간 축을 지니는 것은 철학이 아니면 할 수 없을 것입니다.

혼에 대한 배려를 다시 한번

나카지마 제8권의 종장 「세계철학사의 전망」에서 이토 선생께서는 '다시 한번 세계와 혼에 대해 생각하시오'라는 숙제를 내놓고 계십니다. 노토미 선생께서 말씀하셨듯이 다른 척도에서 살펴보아 가는 것은 철학의 하나의 역할이지요. 제8권까지 끝난 곳에서 제1권에서 전개한 '세계와 혼'이라는 주제를 되돌아보면, 어떠한 말을 할 수 있을까요? 이토 선생께서는 '세계와 혼은 별개의 두 영역이 아니라 혼에 대한 세계, 세계에 대한 혼이다'라는 메시지를 남기고 계신데, 이것은 어떻게 받아들여야 할까요?

야마우치 세계철학사 가운데서 세계라는 개념이 나왔지만,

세계라는 척도의 크기는 사람에 따라 달라질 수 있습니다. 우리에게 세계와 혼의 관계가 중요한 것은 세계와 타협하며 살아갈 수밖에 없기 때문입니다. 사회 안에 잘 짜여 들어가 있으면, 세계와 타협하며 살아가는 것은 가능하겠지만, 지금부터 세계로 들어가는 젊은 사람들은 우선 세계와 타협해 가지 않으면 안 됩니다. 그 경우에는 여러 가지 준비가 필요하며, 공동체의 원리로서 세상을 부정적으로 보는지 긍정적으로 보는지와도 관련됩니다. 그러면 혼이란 무엇인가? 자기 통제·자기 발견 과정으로서 인생을 생각할 경우, 통제·제어할 수 있는 틀을 한 사람 한 사람이 갖고 있어야만 합니다. 세계철학사는 세계와 혼의 관계라고 하게 되면, 이것은 한 사람 한 사람이 갖추어야 할 도구, 능력일지도 모릅니다.

노토미　처음 말씀드렸듯이 '세계'라는 말은 다양한 의미로 사용되어왔습니다. 그리고 제가 기억하는 한, 20세기 후반에 모두가 일단 '혼'이라는 말을 버리기 시작했습니다. 철학에서의 혼의 문제를 마음·정신 또는 뇌라는 단어로 정리하려고 했지만, 역시 살아남았습니다. 시대에 따라 시야·관점이 다른 까닭에 다른 식으로 보아온 것인데, 해결되지 않은 채로 남아 있는 과제라고 판명되었습니다. 인류가 처음부터 안아온 '세계와 혼'이라는 문제가 지금 다시 문제가 되고 있습니다. 틀을 비켜나면서 생각해온 뒤에 다시 한번 '세계와 혼'이라는 말로 무엇을 생각해야 하는가, 그 점을 보면서 말하지 않으면 지금 논의하고 있는 것과 앞으로 해야 할 것을 보지 못할 수도 있습니다.

조금 전에 공리주의 이야기가 나왔습니다. 문제를 국부적으로 생각해버리면, 공리주의와 의무론의 어느 것이 좋은 것인가의 선택이 됩니다만, 그러한 이야기를 계속해도 어쩔 수 없습니다. '세계와 혼', '자유와 초월', '이성과 정념' 등과 같은 틀은 우리가 생각하는 커다란 지평으로 지금도 살아 있으며, 이렇게 해서 철학을 활성화하는 기축이 됩니다. 좀 더 말하자면, 그것은 서양·유럽에 한정되지 않고 열린 철학의 문제, 가능성으로서 있는 것이 아닐까 느끼는 것이죠. 하지만 우리는 서양과 필로소피라는 틀을 모두 떼어낸 곳에서 '세계와 혼'에 대해 이야기할 수 있었을까요? 그것은 우리 인간의 한계일지도 모르지만, 다양한 역사의 굴절을 토대로 한 다음 그러한 문제를 다시 포착합니다. 그러한 마음가짐이 필요하다고 생각합니다.

저 자신은 혼이라는 말을 이전부터 자주 사용하고 있습니다만, 학생이나 철학자를 향해 '좀 더 혼에 관해 이야기하라'라고는 말하지 않지요. (웃음) 그것은 현대에는 어려울 것으로 생각하기 때문입니다. 저는 고대 철학의 배경을 바탕으로 하여 이야기하고 있는 까닭에 의미를 부여받고 있습니다만, 현대의 우리 생활의 현장에서 혼에 대해서 잘못된 독해가 아닌 형태로 이야기하는 것은 상당히 어렵지요. 그만큼 기폭력이 있는 개념이라고는 생각하지만 말입니다.

나카지마 이 시대에 혼에 대한 배려를 다시 한번 생각하는 것은 중요할지도 모릅니다. 혼에 대한 배려를 다시 함으로써 인간 중심주의적이지 않은 형태로 인간을 다시 물을 수 있을지도 모릅니다. 이것은 세계를 좀 더 나은 형태로 일으켜 세우는 계기가 될 수도 있습니다.

노토미 지금 나카지마 선생께서 말씀하신 것은 훌륭하다고 생각합니다. 세계는 변함없이 우리를 붙들어 매는 것과 같은 것으로서 이미 있습니다만, 우리 쪽이 세계를 일으켜 세워간다는 것이죠. 이렇게 말하는 것도, 관여·행동하며 살아가는 것도 세계를 일으켜 세움입니다. 그러한 형태로 세계를 포착하지 않으면 너무나도 숨이 막힙니다. '이제 이러한 경직화된 세계로는 안 됩니다' 따위밖에 말할 수 없다고 한다면, 철학이 되지 않습니다.

야마우치 세계는 너무 거대한 까닭에 좀처럼 조작할 수 없는 점이 있지만, 여러 가지 분과와 학문이 각각 세계에 관여하고 또한 조작하고 있습니다. 철학에는 세계를 나누어보고 음미하며 대응할 수 있는 것으로 해나가는 도구가 많이 갖추어져 있지요. 철학적인 개념 가운데는 낡아져 사용하지 않게 된 것도 많이 있습니다만, 그것들은 각각의 세계를 나누어 나가고 자신에게 맞는 것으로 설정해 나가기 위한 실마리가 됩니다. 세계에 관여해 나갈 때, 철학적인 개념은 중요한 오르가논·도구라고 생각합니다.

일본 철학의 가능성

나카지마 우리는 『세계철학사』에서 인류가 지금까지 다양한 실마리를 발명해온 흔적을 조금씩 소개했습니다. 그 가운데는 쓸 만한 것도 있고 쓸 만하지 않은 것도 있을지 모릅니다. 그럼에도 선인들이 지그재그로 걸으면서 해온 것의 얼마간은 보여줄 수 있었지 않았을까 생각합니다.

노토미 『세계철학사』라는 제목을 듣고서 일반분들은 통일적인 하나의 프로젝트에 준거하여 모든 것을 망라하는 도표화 같은 것을 떠올리고 기대할 수 있었다고 생각합니다. 그것은 어디에도 없지요……. 우리는 처음부터 그렇지 않다고 말했지만 말입니다. 게다가 한 사람 한 사람의 집필자는 그 분야의 전문가인 까닭에 국부성이나 한정도 있습니다. 우리 편자들도 그러한데, 한 사람이 전부를 보고서 위로부터 무언가 커다란 것을 말할 수는 없지요. 자신이 가지고 있는 부분을 들고 모여 '여기는 어떻습니까', '여기는 쓸 만합니까'라는 식의 형태로 여러 가지 것을 음미하면서 공유해 가는 방식으로밖에 세계를 말할 수 없다고 느껴집니다. 그러나 각자가 부분을 말함에 있어 세계철학의 전체를 의식하고 그것을 말하는 것을 지향하는 것입니다. 지금 시리즈는 100분 이상의 집필자가 관여하고 있습니다만, 이것도 전혀 충분하지 않겠지요. 좀 더 많이 있으면 충분하다고도 생각하지 않습니다. 하지만 하나의 표본으로서 '이렇게 하면 이 정도가 나온다'라는 것을 보여줄 수 있었다고 생각합니다.

나카지마 이 프로젝트는 다행히도 이것으로 일단락했습니다. 제8권까지 해온 것을 바탕으로 이후의 전망에 대해 여쭙고 싶습니다. 한 말씀씩 부탁드립니다.

야마우치　이번에는 가능한 한 젊은 분들에게 써줄 것을 부탁한다는 방침을 세웠고, 30~40대의 분들도 많이 써주셔서 좋았다고 생각합니다. 이번으로 각각의 분야에 관한 연구가 끝나는 것이 아니라, 젊은이들에 대한 숙제라고 할까 '나는 이러한 일을 하고 싶다'라는 선언과 같은 형태로 써주셨습니다. 이후 그와 같은 젊은 분들께서 새로운 기획 아래 좀 더 나아간 철학사를 쓰기 위한 하나의 발판이 되면 좋지 않겠나 생각합니다.

그리고 저는 일본주의자는 아니지만, 우리가 일본인인 이상, 일본인이라는 것을 배울 수는 없는 까닭에, 일본 사상·일본 철학의 가능성이 나오게 된다고 생각합니다. 토마스 카술리스Thomas P. Kasulis 선생은 일본의 종교와 철학을 전공으로 하고 있습니다만, 그의 인티그러티Integrity(성실·진지·고결)와 인티머시Intimacy(친밀)라는 분류에는 조금 저항감이 있고, 그렇지 않은 새로운 일본 철학의 가능성이 있다고 생각합니다.

일본 철학이 성립하기 위해서는 철학이란 도대체 무엇인가를 다시 생각할 필요가 있습니다. 그것은 본래 일본 안에 있었던 것인가 어떤가, 그렇지 않으면 지금부터 만드는 것인가? 거기에는 다양한 사고방식이 있다고 생각합니다. 그리고 우리가 일본에서 앞으로도 살아가는 이상, 일본 철학을 조금 더 내세우는 쪽이 안심할 수 있다고 생각합니다.

어쨌든 이번에는 세계 수준에서 여러 가지 철학을 다루었습니다.

이러한 기회가 없으면 접할 수 없는 아프리카의 철학(제8권, 제10장) 등, 여러 가지가 나왔지요. 일본 철학도 충분할 수 있을 것이고 앞으로 그러한 것이 나오면 좋지 않을까 생각합니다.

언어를 어떻게 넘어설 것인가?

노토미 지금 야마우치 선생께서 말씀하신 것과 관련해서 한 말씀 드리겠습니다. 젊은 분들도 포함하여 이번에 기고를 부탁할 때 '세계철학사 속에서 당신은 자신의 연구 대상을 어떻게 자리매김하십니까'라고 하는 우리 편자의 물음을 던졌습니다. 그런데 지금까지 그러한 물음을 들은 적이 있는 연구자는 한 사람도 없었지 않을까 생각합니다. 예를 들어 근대의 데카르트를 연구하고 있는 사람은 '세계철학사 속에서 데카르트가 한 일은 무엇이었는가'라고는 생각하지 않으며, '데카르트의 『성찰』 몇 쪽 몇째 줄에 이러한 논의가 있습니다'라는 이야기로 시종일관하고 있었습니다. 현대의 우리가 대학에서 하는 철학이 모종의 자가 중독에 빠져 있었던 것은 우리가 발한 물음이 반드시 명료하게 의식되지 않았기 때문입니다. 물론 그 가운데는 그러한 문제의식을 지니는 사람도 있었을지 모르지만 말입니다.

이번에 우리의 그러한 물음에 대해 잘 대답해 주신 분도 있고 또한 고생하신 분도 있었습니다. 또는 그것에 곧바로 대답할 수 없다고 생각하신 분도 있을지 모릅니다만, 그것도 포함하여 이번의 성과였다고 생각합니다. 앞으로도 그렇게 계속해서 물음으로써 세계철학·세계철학사가 일어서게 되는 것이 아닐까요? 저 자신은 선생님들로부터 그러한 물음을 받은 적이 없습니다. 야마우치 선생과 함께 가르침을 받은 사카베 메구미 선생님만 하더라도, 그러한 것은 생각하고 계셨을지도 모르지만, 명시적으로는 말씀하시지 않았습니다. 저 자신의 전문 분야도 포함하여 그와 같은 물음을 대단히 많은 분에게 제기하여 이 넓은 마당으로 초대한 것은 하나의 성과이고, 이것은 앞으로도 계속되어야만 한다고 생각합니다.

또 하나 저는 제2권을 작업하면서 '이것은 미처 다하지 못했구나'라고 생각한 것이 있습니다. 그것은 야마우치 선생께서 말씀하신 일본 철학과도 관계가 있는데, 다름 아닌 번역의 문제이지요. 보편성이 어디서 확보되는가 하는 것에 대해 저는 제2권에서 그것은 번역을 통해서가 아닐까 하는 것을 잠정적으로 제안했습니다. 하나의 언어·문화를 넘어선 세계의 모두에 걸친 법칙과 같은 것이 있고, 트랜스컬처·트랜스링구얼trans lingual하게 보편성이 태어나 그것이 다른 문화에 활용됨에 따라 점차 퍼져 나가는 것이죠. 그런 의미에서 서양 철학은 상당한 보편성을 지니고 있고, 일본 철학과 미국 철학 등도 다양한 번역을 거침으로써 보편화해 갑니다. 그러한 역동성이 있다고 생각합니다.

이번에 우리는 오만하게도 일본어로 세계 속의 것을 전부 쓰겠다고 하는, 그러한 형태의 번역은 했지만 (웃음) 이후에는 이것을 역수출하든가, 프랑스어로도 영어로도 중국어로도 좋겠습니다만, 던져 보아야만 합니다. 지금 영어는 세계 공통이 되어 있으므로 세계철학이라고 하는 경우, 영어로 하지 않을 수 없는 상황이 있습니다. 그 점을 안타깝게 느끼면서도 보편성이라는 문제를 어떻게 생각할 것인지를 물어가고 싶습니다. 중국 등 동아시아에는 한자 문화권이 있지만, 서양의 경우는 라틴어·프랑스어, 학문 세계에서는 한 시기의 독일어와 과거에는 링구아 프랑카가 있었습니다. 우리는 이번에 그러한 언어들을 모국어로 하지 않는 사람들이 있는 주변부에서 일어난 새로운 사상에 대해서도 살펴보았습니다만, 언어를 어떻게 넘어갈 것인가? 새로운 언어를 만들어가는 것은 세계철학의 과제입니다.

운동을 계속해야만 한다

나카지마 세계철학이라고 해도 세계철학사라고 해도 그것이 무엇인지 편집위원인 우리가 잘 알지 못합니다. (웃음) 그러한 두려운 곳에서 시작한 것이 대단히 좋았다고 생각합니다. 철학은 알고 있는 것을 묻는 것이 아니라 모르는 것을 묻는 것이기 때문입니다. 이 이외에 아무것도 없다고 생각합니다. 모르는 것을 묻는 것이므로 묻는 쪽도 잘 알지 못하고, 그것 자체를 발명해야만 합니다. 이것은 대단히 유쾌하고, 이토록 재미있는 것은 없는 경험입니다.

세계와 철학, 이 두 가지는 관계가 없다고도 말할 수 있지만, '세계철학'이라는 복합어로 하고, 게다가 거기에 역사까지 덧붙였습니다. 그렇다면 그사이에 긴장이 많이 생겨나고 안심할 수 없는 개념이 됩니다. 안심할 수 없는 것에 몸을 던지고 칠전팔기했다는 것이 실제의 일인 것이지요. 게다가 100명을 넘는 집필자분들이 한 사람의 탈락도 없이 떠맡아주셨습니다. 이것은 너무나도 기쁜 일입니다.

철학은 한 사람의 영웅적인 개인이 영웅적으로 사유하고 체계를 만드는 모델에는 맞지 않지요. 이 전 8권은 100명이 넘는 집필자들의 모종의 누스nous의 활동이랄까, 불가사의한 작품이 되었다는 느낌입니다. 이것이 다른 방식으로 분리 독립해 나가거나 좀 더 주의 깊고 신중하게 하는 등, 여러 가지 형태가 있어도 좋다고 생각합니다. 한국어 역, 중국어 역의 제안이 온 듯합니다만, 번역의 시련에 노출되면 오역도 나올지도 모릅니다. 하지만 그렇게 되면 새로운 기회가 열릴 것입니다. 그러한 가운데 좀 더 동료가 늘어나고, 조금 전에 말씀드렸던 혼에 대한 배려의 스타일이 공유되어 갈 수 있다고 생각합니다.

조금 물러난 곳에서 철학을 보면, 다른 학문과 비교해 서양 중심주의에서 빠져나오는 것이 늦었다는 생각이 들어 견딜 수 없습니다. 철학은 도움이 되지 않는다고 말하는 한편, 지나치게 도움이 되는 면도 있습니다. 자신이 하는 일에 대해 거리를 두고 비판해 나가는 것은 정말로 중요하다고 생각합니다. 이를 위한 하나의 시도가 이 『세계철학사』였습니다.

혼에 대한 배려의 스타일을 우리가 어떤 방식으로 보여줄 수 있었다고 한다면 정말로 기쁜 일이지 않을 수 없습니다. 이것은 계속되어야만 하지요. 이것이 결정판이라고 할 것은 아니라고 할까, 애초에 결정판을 만들고 있는 것은 아니기 때문입니다. 이것은 하나의 운동으로, 이 운동을 계속하는 자체가 어떤 종류의 철학적인 의미를 지닌다는 생각입니다. 아마 우리가 한 일의 한계도 분명히 보이겠지요. 그것을 발판으로 하여 좀 더 나은 방식으로 혼에 대한 배려의 스타일을 다듬어나갔으면 하는 생각입니다.

(2020년 8월 25일, 야마노우에 호텔에서)

제2장

변경에서 본 세계철학

야마우치 시로 山內志朗

1. 변경에서 본 세계철학

변경의 새로움

세계철학이란 어떠한 개념일까? 아니, 그러한 물음의 방식 자체가 세계철학을 좁게 만들고 있을지도 모른다. 세계철학이란 개념이라기보다 칸트가 말한 의미에서의 이성 개념=이념이다. 이념은 기술적인 명제의 술어로 수습되는 그러한 것이 아니다. 이성은 지성의 한계를 넘어서 돌진하려고 한다. 이념의 본질은 경험적 인식의 외부에 있고 현실에 존재하지 않는다고 하더라도 비존재인 채로 현실을 움직이는 추동력을 갖추고 있다는 점에 놓여 있었다.

세계철학이 이념이라고 한다면, 세계철학사도 과거 사실의 집적으로서의 역사에 머무는 것이 아니라 미래를 향하여 존재하는 과제 추구의 영위로 생각할 수 있다. 오랜 사적에 눈길을 보낼 뿐 아니라 새로운 것을 정립해서야 비로소 과제 추구라는 영위는 성립한다. 변경이 중심에서 벗어난 주변부로서뿐만 아니라 외부와 접하는 새로운 것이 옮겨 들어오는 영역으로 파악될 때, 변경이라는 개념은 세계철학과 관계를 지닐 수 있다.

전 세계를 가리켜 라틴어로 오르비스 테라룸Orbis Terarum이라고 한다. 다양한 지역(테라룸)이 원형(오르비스)으로 배치되어 있는 이미지이다. 세계가 원형으로서 표상됨으로써 거기에 중심과 주변이라는 개념 구성이 담기게 된다. 이러한 틀이 철학사에서는 변경이라는 문제 설정을 불러들인다. 옛날부터 변경은 새로운 사상 조류의 원천으로서 자주 철학사에 모습을 나타내 왔다. 변경은 혁신성이라는 속성을 감추고 있는지도 모른다.

변경이란 내부와 외부가 교차하는 영역이다. 짐멜Georg Simmel (1858~1918)은 다리와 문에서 외부와 내부를 둘러싼 분리와 결합의 도식을 발견했다. 벽은 말이 없지만, 문은 말한다는 표현에서 그 일단이 제시된다. 유비적인 표현을 해본다면, 변경이란 무언의 영역인 것이 아니다.

그렇지만 중심에서 먼 곳에 있을 뿐이라고 한다면, 거기서 새로움은 나타나기 어려워 보인다. 변경이 산출하는 새로움이란 어떠한 것인가?

나그네로서의 정신

바쇼芭蕉(1644~1694)의『깊은 오솔길』의 서두 '세월은 영원한 과객이며, 오가는 해 역시 나그네러라'는 사람들 입에 오르내리고 계속해서 입꼬리를 홍청거리게 하고 있다. 그 문장이 당나라 이백李白(701~762)의 한시에서 유래한다는 것도 잘 알려져 있다. 서양 중세 신학에서도 인간은 나그네로 파악되고 있었다. 천국=아버지의 나라=고향을 떠나 현세를 걸어가는 자는 '나그네viator'로 포착된 것이다. 현세는 살기 불편한 여행이라고 하는 표상은 과학·기술·의학이 발달한 근대 이후에는 잊히기 쉽지만, 그것은 현세의 본질이다.

나그네viator의 비아란 길을 의미한다. 길을 걷는 자가 나그네이며, 주거domus를 떠나 계속해서 걷는 자이다. 인생을 길을 걸어가는 것으로 파악하고 그것을 걷는 자로서 나그네=인간으로 파악하는 것은 인간의 삶의 방식에 대한 표상으로서 보편성을 지니는 듯하다. 찾아도 찾을 수 없는 '자기 찾기'의 여행으로서 인생을 파악하는 것은 방랑자를 목표로 하는 인간 마음의 모습을 묘사하고 있다. 나그네는 정든 주거에서 벗어나 숙식이나 복장에도 불편한 상태가 되고, 비일상성 속에서 여러 가지로 어려움을 겪게 된다. 동서양을 불문하고 많은 사람은 영지나 성지를 목표로 하여 여행길에 발을 디뎠다. 인생의 본질은 여행이다. 여행은 공리주의적으로 구체적인 효용을 요구하여 이루어지는 것이 아니다.

여행이란 정해진 목적으로 이루어지는 장소의 이동, 물자의 운반이라는 것과는 달리 특정한 목적 실현이나 효용 이익에서 떠나 이루어지는 것이었다. 순례의 목적지인 성지에서 소원 성취를 빌기 위해 향해 가는 일은 있어도 여행이라는 과정 중에 목적이 있는 것이다.

순례란 페레그리나치오peregrinatio라고 한다. 페레(전면에 미친다는 뜻의 접두사)+아게르(밭), 요컨대 자신의 영지를 모두 둘러보는 것이었는데, 먼 곳의 목적을 목표로 하여 둘러보는 것이 순례였다.

학문을 이루는 것에서도 변경에 있는 것은 독학자로서 배우고 중앙의 아카데미즘의 영향을 받지 않는 채 자신의 연구를 진행하기 쉬운 환경이다. 그러한 의미에서 파악되는 변경의 독학자에게는 부족함이 없다.

변경은 학문에만 주어진 환경인 것이 아니다. 예수 그리스도는 나사렛에서 태어났다. 유대 민족을 구원하는 왕은 베들레헴에서 태어난다는 전승에도 불구하고, 예수는 변경인 나사렛에서 태어났다. 그리고 나사렛 가까운 다볼산에서 변용을 이루는데, 이 이야기는 동방정교회 계보에서 결정적으로 중요한 사건으로서 계속해서 이야기되었다. 변경에 빛이 있으라!

아우구스티누스에게서 하나의 원천을 지니는 서방 가톨릭의 원죄를 중시하는 흐름과 동방정교회의 빛과 성령의 힘이 인간에게 미치는 것을 강조하는 흐름의 다름의 기원을 거기서 발견할 수도 있다. 그렇다면 나사렛의 바로 이웃에 다볼산이 있었던 것은 우연이 아닐지도 모른다. 변경은 내부와 외부의 경계로서 있을 뿐만 아니라 커다란 두 흐름의 분수령 역할을 완수할 수도 있다.

2. 변경이란 무엇인가?

중심과 변경

변경이란 무엇인지를 정의하기 위해서는 우선 중심에서 멀리 떨어진 장소라고 모호하게 설명함으로써 시작할 수밖에 없을 것이다. 그리고 그 중심도 어떠한 의미에서 중심인 것인지, 다양한 견해가 가능하기 때문이다.

옛날부터 헤르메스 트리스메기스토스 전통 속에서 우주란 중심이 이르는 곳마다 있고 주변이 어디에도 없는 구체로서 표상되어왔다. 그러나 세계 속에서의 보편적 전달 가능성을 생각하는 경우, 세계의 중심에 '나'라는 주체가 있기 때문이 아니라 오히려 변경이 도처에서 비슷하고, 변경이 외부에 한층 더한 변경을 생성해 간다고 생각해야 하는 것이 아닐까?

서양의 전설에 지중해가 대서양으로 열린 출구 지브롤터 해협에는 헤라클레스의 기둥이 두 개 서 있어 유럽의 서쪽 맨 끝으로 여겨지고 '이 앞으로 나아가서는 안 된다Non Plus Ultra'라는 표지가

있었다고 한다. 실제로 표지가 있었는지 아닌지와는 별개로 세계의
한계에 대한 표상으로서 사람들이 그렇게 이미지를 그리고 있었다
는 것은 중요하다.

지구가 구체가 아니라 평면이라고 하는 이해에서는 세계의
끝으로 가면 바다의 물이 흘러넘쳐 나락으로 떨어지고, 그 가장자
리 앞에 '이 앞으로 나아가서는 안 된다'라는 표어가 쓰여 있는
삽화가 게재되거나 한다. 세계의 끝, 한계는 멸망의 징표였다.

지브롤터 해협의 바깥쪽에 아틀란티스 대륙이 있어 강대한
번영을 자랑하면서 물질주의로 치달아 황폐화했고, 전쟁에도 패
배한 후에 바다로 가라앉아 멸망해 갔다는 전설이 있다. '이 앞으로
나아가서는 안 된다Non Plus Ultra'라는 규칙을 지키지 않았던 민족의
멸망 이야기라는 교훈의 의미가 담겨 있었을 것이다.

한계를 넘어서서 탐구로 나아가는 존재 방식을 제창한 프랜시스
베이컨Francis Bacon(1561~1626)이 『뉴 아틀란티스』를 저술하고 표
지에 헤라클레스의 기둥 사이에 '더 멀리 나아가라Plus Ultra'라는
표어를 내건 것은 너무나도 당연한 결과였다.

이성을 거부하는 것으로서의 무한성

무한이라는 것은 그리스 이래로 몹시 혐오되었다. 이해를 거부
하고 이성을 업신여기기 때문일 것이다. 무한대라는 것은 최대라고
도 생각된다. 그러나 최대라는 것은 아무리 큰 수라도 무언가를

더 덧붙이면 더 큰 것이 생겨난다. 곧바로 역설에 빠진다. 아무리 크더라도 한계가 없는 부정적인 것으로서 생각되게 된 것, 이 경우 무한은 가능성에 머무르고 현실이 될 수는 없다. 무한이란 앞이 있는 것이고, 경험 안에 주어지는 것이 아닌 것이었다. '죽음' 과 마찬가지로 경험할 수 없는 경험의 외부에 있는 것으로 여겨진 것이다. 중세에는 진공 공포뿐만 아니라 무한에 대한 금기가 존재하고 있었다. '무한히 나아간다'라는 것은 비합리라는 것이었다.

최대라는 의미에서의 무한, 제한이 없다는 의미에서의 무한에 더하여, 더 나아가 어디까지나 조작을 계속할 수 있다는 적극적인 의미에서의 무한을 생각하게 된 것은 17세기의 라이프니츠Gottfried Wilhelm Leibniz(1646~1716)에게서였다. 중세에도 신에게 갖추어진 무한은 부정적인 것이 아니라 적극적인 것이었는데, 피조물의 세계에서는 발견되지 않는, 논리를 초월한 것으로 다루어졌다. 근세에 들어서 적극적인 의미에서의 무한이 피조물이나 인간 측에서도 발견되게 되었다. '무한의 내재화'가 생겨난 것이다. 이것은 바로크 시대에 생겨난 일이다.

이 시기에는 스페인 국왕 카를로스 1세(신성로마제국 칼 5세, 1500~1558)가 '플루스 울트라'를 1516년에 문장으로 채용했고, 이것은 그의 야망을 나타내는 어구가 되었다. 중세 철학에서 무한은 혐오되었지만, 바로크 시대에 도입되었다. 천동설에서 지동설로, 닫힌 세계에서 열린 무한의 우주로 표상의 틀이 변화해 간 것이다. 그것을 전형적으로 보여주는 말이 '플루스 울트라'였던 것이다.

이것은 내부와 외부를 나누는 것, 경계·한계·문턱을 내재화하고자 하는 시도이기도 했다.

3. 원천으로서의 변경

변경을 요구하는 마음

철학적으로 보면 변경도 주변도 비-가치이지만, 교역자나 모험자에 따라서는 부와 영예의 원천이었다.

중세에도 지도는 수많이 만들어졌다. 그 많은 지도 작성자는 약속의 땅이 지상이나 대양의 한가운데나 그렇지 않으면 원격의 땅에 있고, 접근하기 어려운 장소에 있을 것이라고 믿고 있었다. 지상의 낙원은 아시아의 동쪽에 그려지는 일이 많았다. 미답의 땅은 괴물이 사는 공포의 땅으로 표상되고 있었던 것이 아니다.

동서양을 불문하고 사람들은 미지의 땅terra incognita에 동경을 지녀왔다. 여행기 종류는 방대하게 쓰이고 간행되어 유통되었다. 마르코 폴로Marco Polo(1254~1324)는 동방 교역의 개척자이며, 그의 『동방견문록』은 동방과 세계의 발견으로 이어져 갔다. 미개와 야만의 땅, 괴이와 위협이라는 옛날부터의 동방 이미지는 붕괴하고, 동방은 포교와 통상의 장소가 된 것이다.

오리엔트는 말 없는 타자; 스스로 자신을 대표할 수 없고 타자에 의해 대표되어야 하는 타자였으며, 적어도 오랫동안 그렇게 파악되어왔다. 오리엔트는 역상으로서 동방을 보는, 요컨대 거울에 비친 뒤집힌 자신의 모습으로서 인식하고 이를 위한 도구로 활용되어왔다. 사이드$^{\text{Edward Said}}$(1935~2003)는 『오리엔탈리즘』에서 말 없는 타자로서 폄하된 오리엔트(사이드에게 오리엔트는 중근동이지 인도나 극동은 포함되지 않지만)의 모습을 끄집어냈다. 교역과 착취를 위한 영역으로서 오리엔트는 오랫동안 생각되어왔다.

중심과 주변이라는 도식 그 자체가 격차의 남용을 도입하고 있는지도 모른다. 중심과 주변이라는 도식은 중심이 성립하지 않는 한 성립하지 않는다. 권력의 집중과 그 중심으로의 인구 집중이 성립하지 않으면 중심과 주변은 성립하지 않는다. 그런 의미에서 야스퍼스가 세계 문명이 각지에 성립하고 있던 시대를 '축의 시대'라고 불렀던 것은 납득할 수 있는 일이다. 몇 개의 중심을 생각하는 경우, 분산(디아스포라)으로서 파악할 수 있다. 하나의 민족이 단일 국가를 형성할 수 없고 무역에 종사하여 흩어지는 경우 분산으로서 생각하지 않을 수 없다.

모험담과 전설로 구성되는 이미지에서는 동방이나 서방 바다 위에 낙원이 상상되었다. 동방의 낙원에 관해서는 알렉산더 대왕의 원정이 이미지의 원형으로서 놓여 있었다.

그러나 동방에 대해서는 몽골의 침입이 서구인의 의식을 변화시키며, 환상적인 낙원으로서가 아니라 교역의 상대로서 파악하고,

13세기 이후 아시아에 대한 문을 열게 되기도 했다. 시대가 변하고, 15세기에 세계에 관한 표상은 변한다. 서로 향한 새로운 문을 연 것이 콜럼버스에 의한 아메리카 도착이었다.

대항해 시대에 들어서서 변경으로 향하여 현지 사람들과의 교역에 관계한 사람들이 '변경 외 진출자'라고 불리지만, 그들의 공동체가 17세기의 남아메리카에서 자주 보였다. 장거리 교역 상인은 세계의 변경으로까지 향하고, 분산형의 생활 형태를 만들어냈다. 대항해 시대란 핵심 나라들이 세계 경제의 변경(주변) 지역을 수탈하는 틀 속에서 종속 지역인 변경을 어떻게 확보할 것인가라는 경쟁 시대의 시작이었다.

변경·주변이 수탈의 역사와 강하게 결부되어 있다고 하더라도, 철학의 활동에서는 대학과 종교 조직 등을 핵으로 하여 일이 이루어지고, 중심과 주변이라는 도식은 유효한 분류이다.

표상하는 힘은 중심과 주변이라는 도식으로 생각하기 쉽다. 자신을 중심으로 생각하기 쉽기 때문일 것이다. 주변은 사방팔방으로 모든 방향에서 똑같이 성립하는 것이 아니다.

세계 체제론에서의 변경

윌러스틴Immanuel Maurice Wallerstein(1930~2019)의 세계 체제론이 변경이라는 것을 중시하고 있는 것은 재미있다. 그 이론에서는 주변과 반주변과 핵심으로 지역이 분류된다. 노동 관리 형태에서 보면, 핵심에는 임금 노동과 자영이 배치되고, 반주변에는 분익 소작제, 요컨대 소작제이면서 수확량이 많아지면 소작자의 몫도 늘어나는 제도가 배치되며, 주변에는 노예제(환금 작물 재배를 위한 강제 노동)와 봉건제가 배치된다고 한다. 반주변의 존재 방식은 중세까지의 서구의 봉건적 장원 제도를 생각하면 좋을 것이다. 노동 부역을 포함하는 농노와 같은 신분으로부터 생산물과 화폐 지대에 의해서만 구속되는 신분까지 폭이 넓다. 주변이란 근대에서 급속히 성장한 식민지 지배의 형식이다.

경제적 교역에서 보면, 변경은 부의 격차가 나타나는 곳이다. 거리의 크기와 획득할 수 있는 물자의 희소성은 그것 자체가 가치를 지니고 있었다. 거리와 시간의 격리와 단절은 그것 자체가 가치를 산출한다. 경제 행위는 격차가 크면 클수록 교환이 활발해지고, 경제의 본질은 유통과 교환인 까닭에 거대한 부를 낳는다. 변경이란 문화가 끝나는 땅으로서만 있는 것이 아니다. 변경이란 프런티어이며, 새로운 것이 유입하는 경계 지역이기도 했다. 사람들이 경쟁하듯이 변경을 목표로 한 것은 금은보석이나 교역품을 수취할 수 있는 곳이기 때문이긴 하지만, 변경을 지향하도록 인간이 조건 지어져 있기 때문인 것이다.

변경이란 경제적 가치의 원천이다. 따라서 서양 중세에서는 눈부시게 빛나는 변경이 동방에서 구해졌다. 마르코 폴로의 『동방견문록』이나 존 맨더빌Sir John Mandeville(?~1372)의 『동방여행기』는 14세기에 쓰이고 15세기에 인쇄되어 널리 읽혔다. 거기에는 동방의 경이와 그로부터 얻어지는 막대한 부에 대한 원망이 담겨 있었다. 그에 기초하여 선교에 대한 이상이 이국땅을 향해 방출된 것이다.

정신에서의 변경을 구하는 사람들

물류가 활발해지고 사람들이 이동하게 되면, 도로와 이동 수단이 발달하고, 도중의 숙박지도 정비되며, 교역을 목적으로 하지 않는 사람들의 이동도 쉬워진다. 변경이란 하나의 층으로 성립하는 것이 아니며, 오래 살아 정든 중심으로서 표상되는 거주지에서 떨어짐에 따라 몇 차례의 월경을 반복하고, 행동권은 확대해 간다. 그리고 이동에 따라 생겨나는 외부와 내부의 교류는 언제나 새로운 사건을 불러일으킨다.

사람들은 때때로 일상생활을 격렬하게 혐오하고 여행에 나서려고 한다. 그것이 사람이 살지 않는 황야라면, 더욱더 비일상성의 강도는 높아진다. 그리고 정신적인 편력을 거쳐 정신의 황야 속에서 빛이 나타나는 일은 많다. 철학은 광막한 황야의 광대함 속에서의 정신의 발걸음이다.

인간에게 버림받은 땅에서도 신의 은총은 아무것도 버리지 않고 미치는 것이므로 편재하는 것이 된다. 어둠 속에서도 빛이 있는 것같이 말이다. 그러므로 인간의 빛이 닿기 어려운 장소야말로 은총의 빛을 확인하기 쉬운 장소였다. 수도사가 본래 모나쿠스 monachus=고독하게 지내는 자이고, 여행이 황야나 변경으로의 발걸

음이었던 것은 인간에게서 벗어나기 위해서만이 아니라 자신이
구하는 것을 만나기 위해서였다. 수도원이 험준한 바위산 위에
세워지거나 불교의 사찰이 심산유곡에 건축된 것은 거기서 정신적
인 풍요를 찾아내고 있었기 때문이다.

　황야는 인간에게서 떨어진 장소에만 있는 것이 아니다. 정신의
온갖 도깨비가 나타나는 장면도 황야이다. 신비주의는 정신의
핵심에서 황야를 발견한다. 그 전형적 사상가로서 우리는 이즈쓰
도시히코井筒俊彦를 꼽을 수 있다.

4. 철학에서의 변경

정신의 변경

　문화는 구심적으로 대도시나 도시 또는 대학에 모인다고 사람
들은 생각하기 쉽다. 그러나 철학의 흐름, 특히 새로운 관점의
등장이 변경에서 나타나는 일은 드물지 않다. 새로운 것이 변경에
서 나타나는 경우, 왜 그런지 의외성을 수반하는 일이 많다.
망라할 수는 없지만, 나의 관심이 향하는 대로 거론하자면, 요한네
스 에리우게나Johannes Scotus Eriugena(810~877년 이후, 아일랜드), 아
비센나Avicenna(이븐 시나, 980~1037, 중앙아시아의 부하라), 이븐
아라비Ibn al-'Arabi(1165~1240, 스페인 무르시아), 아베로에스Averroes

(이븐 루쉬드, 1126~1198, 스페인 안달루시아), 피오레의 요아킴 Joachim de Fiore(1135년경~1202, 이탈리아의 칼라브리아), 둔스스코투스Duns Scotus(1265년경~1308, 스코틀랜드 보더 지방), 칸트(1724 ~1804, 쾨니히스베르크), 안도 쇼에키安藤昌益(1703~1762, 아키타현), 미우라 바이엔三浦梅園(1723~1789, 오이타현) 등이다.

그리스도교는 고대 로마에서 보면 변경인 팔레스티나에서 발생했다. 예수 그리스도는 그 지방에서도 변경인 나사렛에서 태어났다. 변경에서 태어난 혁신자에게는 부족함이 없다. 카롤링거 르네상스의 조상인 알쿠이누스는 잉글랜드의 요크 출신이었다. 근세철학의 단서라고도 생각되는 요한네스 둔스스코투스가 태어난 곳은 잉글랜드와 스코틀랜드가 경계를 접하는 베릭셔의 둔스라는 마을이었다. 칸트는 프로이센 동쪽 끝의 쾨니히스베르크에서 첨단적인 철학을 구축했다.

물론 새로운 사상이 모두 변경에서 태어난 것은 아니다. 그러나 변경에 새로운 사상이 싹트게 된 일은 드물지 않다. 중심이나 도시가 아니라 변경이나 황야가 사상의 무대로서 요구되어온 것이다.

아베로에스(이븐 루쉬드)는 스페인 안달루시아의 코르도바에서, 이븐 아라비는 스페인의 무르시아에서 태어났다. 두 사람 모두 아라비아의 문화적 중심에서 떨어진 장소에 나타났지만, 화려한 활약을 보였다.

코페르니쿠스Nicolaus Copernicus(1473~1543, 폴란드의 토루인 생),

스코틀랜드 상식학파의 비조 토머스 리드Thomas Reid(1710~1796)는 스코틀랜드의 애버딘에서 활약했다. 서구권에서는 언제나 변경 취급받아온 러시아 사상에는 변경 철학의 특색이 여실하게 표현되어 있다. 솔로비요프Vladimir Sergeyevich Solovyov(1853~1900)가 거론된다. 도스토옙스키Fyodor Mikhaylovich Dostoyevsky(1821~1881)나 레닌Vladimir Ilich Ulyanov Lenin(1870~1924)으로 흘러내리는 러시아 중심성의 사상은 중요한 논점을 포함한다.

변경을 의식하면서 역으로 중심성을 발견하는 이론으로 '제국의 전이'라는 것이 있었다. 다니엘서의 '하나님은 때와 계절을 바뀌게 하시고 왕을 폐하기도 하시고 세우기도 하신다'(「다니엘」, 2: 21)라는 구절은 로마 제국이 다른 민족에게 전달 계승되는 것의 근거로 여겨지며, 서양 중세에서는 샤를마뉴Charlemagne(742~814)의 로마 황제로서의 대관을 뒷받침하는 근거가 되었다. 이 연장선상에 러시아적 정신이 있다. 로마, 콘스탄티노플의 다음에 오는 제3의 로마인 모스크바라는 틀은 동방 변경에서의 세계의 중심성 주장으로 연결되며, 러시아 혁명의 기폭제가 되었다. 변경이 중심이라는 것이 추구되고 정당화되어왔다

인도나 중국에서의 변경의 사상가에 대해서는 여기서 거론하지 않지만, 변경은 뒤늦게 사상이 도달하는 장소가 아니라 첨단의 사상을 중앙으로 보내는 장소가 되었다는 것이 수많이 발견된다는 점은 확실할 것이다. 물론 변경 쪽이 새롭다고는 말할 수 없을 것이다. 다만 변경에서 나타난 새로움은 때때로 시대를 구획하는

것으로 되었다는 점에 눈길을 돌리고자 하는 것이다.

편재성이라는 것

변경이 지니는 새로움을 지식 사회학적으로 뒤쫓아가 보는 것은 설득력이 있을 것이다. 여기서는 선험적인 설명 방식을 생각해보려고 한다. 편재성이라는 것을 생각해보고 싶은 것이다. 지식이 편재한다는 것이 아니다. 편재라는 개념의 틀은 변경에서 사상이 영위되는 장면과 형태를 나타내고 있는 것으로 보이는 것이다.

편재성이라는 것은 중세 철학에 관련된다고 옛날부터 이야기되어 온 것으로 생각된다. 그리스도교 신학의 근본을 이루는 삼위일체가 구성하는 성령은 우리가 모두 받아들이고 모든 사물을 채우며 실체에서 단순하고 역능으로 가득 차 있으며 모든 것에 자신을 나누어 주고 전체가 손상되지 않고서 편재하며 어느 장소에나 있다고 생각된 것이다.

필립 K. 디크^{Philip Kindred Dick}(1928~1982)가 『유비크<i>UBIK</i>』에서 그린 것과 같은 편재성이 성령론에서 이야기되고 있었다. 성령의 활동은 '발현'(프로케시오^{processio})으로서 이야기되었다. 발현이란 안에서 밖으로 나가는 것과는 다르다. 성령의 선물이 성령이라는 표현으로 이야기되었지만, 미디어 그 자체가 메시지라는 것이고, 전해진 것이 그 자체로 미디어로서 활동하고 다른 곳으로 전해진다는 것이다. 자기 전달적인 미디어이며, 수취하는 인간이 사라지더라도 영원히 계속해서 흘러가고, 모든 사람에게 미치는 매체로서 생각되고 있었다. 이것이 이웃 사랑이라는 것이며, 영원히 불어오고 세계에 두루 불어대는 바람으로서 생각되고 있었다.

바람 같은 성령은 빛으로서 표상되기도 했다. 이 빛은 물질적인 것보다는 영적인 것으로서 파악되고, 형태를 지니지 않고 눈에도 보이지 않는 것으로 생각되었다. 눈에 보이지 않는 상태가 룩스Lux 이며, 눈에 보이게 된 것이 루멘Lumen이다. 어느 것이든 현재 광도의 세기로 사용된다. 룩스는 중심에서 주변을 향해 확산하는 성질을 가지며, 그것이 변경의 한계에까지 미치면, 원심적으로 확산하는 힘이 역전되어 구심적으로 응집하기 시작한다고 생각되고 있었다. 룩스는 한계에까지 미침으로써 방향을 바꾸어 중심으로 향하는 과정에서 물질화하는 것이다. 이러한 빛의 형이상학은 중세의 프란체스코회의 신학자 로버트 그로스테스트Robert Grosseteste(1175 년경~1253)에서 볼 수 있지만, 바로 철학사에서의 '변경'의 활동을 매우 멋들어지게 표현하고 있다고 생각한다.

그로스테스트는 독자적인 빛의 형이상학을 전개하고, 비물질적인 빛(룩스)과 물질화한 것으로서의 '빛'(루멘)을 대극적으로 사용하여 특징적인 우주론을 펼치고 있다. 빛(룩스)은 자기 힘으로 자기 자신을 모든 방향으로 균등하게 무한히 증식시킨다. 가장 바깥쪽 부분을 최고도로 희박하게 하고, 가장 바깥쪽 구에서 질료의 가능성을 완성한다. 그 가장 바깥쪽 영역이야말로 빛의 구체를 지탱하는 울타리로서의 천궁이다.

천궁인 제1물체가 완성되면, 그것은 스스로의 모든 부분에서 자기의 빛(루멘)을 전체의 중심을 향해 방출한다. 즉, 빛(룩스)은 제1물체의 완전성이며 본성적으로 제1물체에서 자기 자신을 증식시키는 것이므로, 필연적으로 빛은 전체의 중심으로 확산시킬 수 있는 것이다. (로버트 그로스테스트, 「빛에 대하여」, 『그리스도교 신비주의 저작집 3. 생 빅토르파와 그 주변キリスト教神秘主義著作 3 サン・ヴィクトル派とその周辺』, 教文館, 2000년)

주변·변경이 사상 전파에서의 종착점처럼 보이고, 거기서 전회가 생김으로써 중심점이 된다는 것이 제시되는 것이다. 변경의 중심성이란 사상사의 역사에서는 결코 드문 일이 아니다. 어디에도 있고 어디에도 없는 편재성은 이것들로부터 철학이 가르쳐지고, 아직 철학이 없어 보이는 지역도 변경으로서 기다리고 있다는 것이다. 이념이란 그와 같은 보편성을 말하며, 일원적인 전체를 구성하지 않는 보편성인 것이다.

외부와 내부, 경계란 외부와 내부가 이질적인 것인 경우, 이질성이 격차와 폭력으로서 현현하는 영역이다.

내부와 외부의 형이상학

내부와 외부를 둘러싼 정치적 도식에 대해서는 칼 슈미트Carl

Schmitt(1888~1985)와 조르조 아감벤Giorgio Agamben(1942~)의 논점을 살펴보아야 할 것이다.

슈미트가 말하는 바에 따르면, 모든 정치는 경계를 설정하고 이쪽 편과 저쪽 편으로 나누는 것, 요컨대 '친구와 적'으로 나누는 것에서 시작되었다. 폭력과 정의가 '질서의 문턱'을 넘어서는 곳에서 무효가 되고, 식별 불가능한 영역으로 들어간다고 생각되었다.

합법적인 정의의 폭력으로서의 권력과 비합법적인 정의를 벗어나는 폭력을 구별하는 것이 아감벤 프로젝트의 단서였다. 아감벤은 외부의 삶을 보호받지 못하는 노출된 삶, 벌거벗은 삶으로서 파악한다. 이 틀에서 외부는 살해 가능성의 영역이 된다. 권력이라는 폭력의 틀을 제시하는 데서 아감벤의 사상은 날카롭다. 확실히 아감벤이 생각하는 '문턱'은 이방인에 대한 정치라는 면에서는 재미있지만, 주변부라는 도달 가능성의 외부에 대한 이해로서의 변경이라는 것에 반드시 적용될 수 있는 것은 아니다.

만리장성도 하드리아누스Publius Aelius Trajanus Hadrianus(76~138)의 성벽도 그리고 예외자를 만들어내는 경계에서도 외적인 적의 침입을 저지하는 것이라기보다 변경의 사람들에게 고용을 제공함으로써 회유하고자 하는 정책으로 생각해야 하는 것이 아닐까? 아무리 벽이 장대하더라도 외적인 침입을 저지하는 효과는 적었다. 변경과 프런티어는 외부를 불러들이는 요소인 것이다.

중심으로서의 변경

양자는 거리·멂에 의해 관계지어질 뿐 아니라 가까움에서, 때로는 직접성이 나타난다. 중심부에서는 다양한 잡음을 포함하여 전개되는 사상이 주변부에 전파되는 과정에서 순수화되고 때로는 선명하고 치열한 문제의식이 담겨 강도를 늘려서 주변부에서 꽃피우는 예도 있다. 세계철학의 묘미 가운데 하나는 거기에 놓여 있다.

가장 먼 것을 자기 자신보다 가까이에서 감지하는 것, 이것은 합리성에서는 받아들이기 힘들어도 심정의 논리에서는 역사를 통해 곳곳에서 이야기되어왔다. 신비주의도 모티브는 거기에 놓여 있었다. 무함마드는 신이 목젖보다도 가까이 있다고 말하며, 일본에서도 신앙심이 두터운 사람은 아미타 보살을 '어버이'라고 부르고 가족이나 다름없이 마주 대했다. 이러한 직접성의 계기는 종교가 체계화하여 복잡한 것이 되고 조직이 거대한 것으로 될 때, 원초적인 모습으로 돌아가고자 하는 경향으로 언제나 나타난다. 사상도 조직도 거대해지면 일반 서민에게는 돌파할 수 없는 장애가 되고 만다.

중세의 그리스도교 신학에서는 신과의 직접적 대면과 그 행복한 상태를 표현하는 '지복직관至福直觀'(Beatific Vision), 그 인식론적 기초로서의 직관적 인식, 공덕 없이 구원받는 도리로서의 '신의 절대적 능력' 등, 직접성과 무매개성의 계기가 강조되는 사상이

잇따랐다. 그 흐름이 철학에서는 '유명론'으로서 총괄되지만, 철학적 이론이라기보다는 서민을 중심으로 한 사회 종교 사상으로서 파악하는 쪽이 그 흐름을 전망하기 쉽다.

유명론도 신비주의와 결부시켜 이야기하는 것은 기묘한 것이 아니라 당연한 일이다. 유명론 조류의 기본 정신을 회의주의, 이성과 신앙의 분리, 논리성, 파괴성 등으로서 특징짓고자 한 것은 괴리되어 버린 신과 피조물의 거리를 감축하고자 하는 시도였다는 것을 은폐하기 위해서였다. 종교 개혁이 정교분리와 관용의 정신을 가져옴으로써 종교를 비합리성에서 정리하는 흐름이 나오고 말았다. 그리하여 일차원적 정신에 물든 과학주의가 횡행하기 시작했다.

분단과 분리야말로 서구적 근대정신의 특징이었다. 러시아의 사상가 블라디미르 세르게예비치 솔로비요프가 말하는 '전일성' 이란 모든 개체의 개체성을 폐기하는 것이 아니라 거두어들이는 방식에서의 전체성이었다. 요한네스 다마스케누스Johannes Damasce-nus (676년경~749)의 '실체의 무한한 바다'라는 발상은 끊이지 않고 계속해서 숨 쉬고 있다. 시공간의 소격 관념의 소실은 개체성의 소거에 기초하는 보편성이 아니라 개체성을 보존한 전체성으로서의 '전일성'에 이르는 길을 여는 것이다. 그 연장선 위에 세계철학사가 있다.

5. 비중심에 대한 회구로서의 세계철학

과제로서의 비중심

인간 사회는 언제나 격차를 보존하고 때로는 확대하며 그 격차로 괴로워하는 사람들을 착취함으로써 고도한 문화를 영위해왔다. 그러한 인간 사회의 변경에서 살아가는 사람들을 구원하는 것이야말로 보편 종교의 본래적인 소원이었다. 성서에서 '땅의 사람들'이라고 불리는 사람들, 세리, 병자, 이방인과 같은 인간 사회의 변경으로 밀려난 약자 구원이야말로 그 목적이었다. 그 점은 불교에서도 이슬람교에서도 마찬가지다. 변경에까지 미치는 자비와 은총과 사랑을 이야기하고, 그것을 제도화하고 실천함으로써 현세와 내세의 쌍방에서의 구원이라는 소원이 실현된다. 내세에서만 구원을 꾀하는 자는 파괴성과 악마성투성이가 된 이단이 되지 않을 수 없으며, 현세에서의 구원에만 마음을 두는 종교는 부패하지 않을 수 없다. 비중심에 대한 기원을 보편적 종교의 핵심에서 발견하는 것은 불가능하지 않다.

변경의 본질이란 무엇인가? 중심에서 공간적으로 벗어난 가장 주변부라는 것밖에 아닌 것인가? 변경의 변경인 본질은 그리스도교의 성령론에서 볼 수 있다고 생각한다. 암브로시우스Sanctus Ambrosius(339~397)는 『성령론』에서 성령의 성질을 다음과 같이 정리했다.

'본성적으로 접근 불가능한 것이면서 선성으로 인해 우리가 모두 그것을 받아들일 수 있고, 그 힘은 모든 사물을 채우며, 의로운 사람에 의해 분유되고, 실체에서 단순하며, 힘에서 풍요롭고, 각자에게 현전하며, 각각은 그것을 분유하고, 이르는 곳마다 전체가 있다.'

이 논점은 페트루스 롬바르두스^{Petrus Lombardus}(1100년경~1160)가『명제집』제1권 제5장에서 인용함으로써 서양 중세에는 정형적인 표현이 되어 있었다. 그리고 전체가 이르는 곳마다 있다는 것은 세계철학사라는 것의 본질을 표현하는 개념이다.

물자·경제뿐만 아니라 앎에서도 유통이라는 측면을 간과하면 그 실태를 보지 못하기 쉽다. 철학에서도 그 개념 구성과 콘텐츠에만 주목하는 것은 일종의 천사주의인 것이다. 유통이라는 측면은 중요하다. 대학과 같은 교육 조직·앎의 재생산 시스템, 출판·인터넷과 같은 미디어, 책이나 개인용 컴퓨터와 같은 매체, 교수 방법과 커리큘럼, 배우고 떠받치는 사람 숫자, 장소가 중요한 것이다. 아무리 고차적이고 치밀하며 체계적인 철학이라고 하더라도, 유통되지 않는 철학은 존재한다고는 말할 수 없다. 앎은 흐름으로서 있다. 그리고 그 흐름은 변경도 끌어들이면서 흐른다. 변경이란 흐름의 끝이 아니라 외부와의 임계이기도 하다.

무한성과 유한성이 접하는 곳에서야말로 중세 스콜라 철학의 지평이 놓여 있었다. 칸막이벽과 같은 생명이 없는 구획이 아니라 영속하는 생명의 교류의 장인 것이다.

철학이란 변경에 머무르고자 하는 의지에서 출발하는 앎의 형태이다. 앎의 중심에 안주하는 철학이 당연히 쇠퇴해온 것은 역사가 전해 주는 선물로서의 교훈이다.

변경이란 지역적이고 문화적인 것에 한정되는 것이 아니다. 정신의 변경이란 현실화하고 있지 않은 것, 현실성의 한계를 넘어가고자 하는 정신의 기운이다. 아프리카도 남아메리카도 변경이라고 하고, 나아가 세계철학이 변경을 지향하고 세계철학사가 시간에서의 변경을 지향하는 시도라고 한다면, 시간적으로도 공간적으로도 세계를 뒤덮는 철학이야말로 세계철학사라고 말할 수 있을지도 모른다.

판도·변경·외부, 그것들이 아무리 광대하고 그것들 사이에 알력과 격차가 있더라도, 그것들의 대지는 공통된 기반으로서 놓여 있다. 세계철학이란 그와 같은 대지성도 겸비하고 있다. 전체적이고 정태적인 보편이 아니라 생성하고 있는 동태적인 보편이 세계철학이라고 한다면, 설사 그것이 자그마한 프로젝트라고 하더라도 커다란 것을 간직하고 있다고 말할 수 있다고 생각한다. 그것이 세계철학사라는 시리즈의 기원인 것이다.

☞ 좀 더 자세히 알기 위한 참고 문헌

— 에드워드 W. 사이드Edward Wadie Said, 『오리엔탈리즘オリエンタリズム』 상·하, 이타가키 유조板垣雄三·스기타 히데아키杉田英明 감수, 이마자와 노리코今澤紀子 옮김, 平凡社ライブラリー, 1993년. 서구에 대해 오리엔트란 무엇이었는가? 동양과 서양 사이에는 본질적인 차이가 있고, 동양은 서양과는 전혀 이질적인 모호성, 적대성, 원격성의 상징으로 생각되었다. 동양은 '말 없는 타자'이고 스스로 자신을 대표할 수 없고 누군가에 의해 대표되어야만 하는 존재로 여겨졌다. 변경에서 나타나는 새로움을 현대에 제시하는 중요 저작이다.

— E. H. 칸토로비치Ernst Hartwig Kantorowicz, 『왕의 두 신체王の二つの身体』 상·하, 고바야시 이사오小林公 옮김, ちくま学芸文庫, 2003년. 국왕에게는 가사적 신체와 불사적 신체의 두 가지가 있다는 근세 초의 정치 이론 배후에서 중세에서의 그리스도의 신비적 신체로서의 교회라는 발상을 꿰뚫어 보고, 중세의 신학과 근세 정치사상의 신비주의적인 연관을 제시한 명저. 성과 속이라는 대립을 매개하는 장대한 이론을 해독하는 틀은 전율을 일깨운다.

— 호이징가Johan Huizinga, 『중세의 가을中世の秋』 상·하, 호리코시 고이치堀越孝 一 옮김, 中公文庫, 1976년. 판 에이크로 대표되는 북방 르네상스는 플랑드르를 중심으로 전개하며, 그 회화는 신비주의와 결부되어 있었다. 신비주의는 정신의 중심부에서 자신에게서 가장 먼 것의 현출을 직접적으로 감지하는 종교 형태이다. 중세 말기 민중의 광란과 신비주의의 양립을 선명하게 보여준다.

— 다니 스미谷壽美, 『솔로비요프의 철학 — 러시아의 정신 풍토를 둘러싸고

ソロヴィヨフの哲学―ロシアの精神風土をめぐって』, 理想社, 1990년. 러시아의 정신성은 도스토옙스키와 솔로비요프로 결정화하고 있는 것으로 생각된다. 솔로비요프의 '전일성'이라는 개념의 모습을 생생하게 보여주는 저작이다.

제3장

세계철학으로서의 일본 철학

나카지마 다카히로^{中島隆博}

1. 구카이에 대한 반복 악구

구카이는 모든 것을 알고 싶어했다

'구카이는 모든 것을 알고 싶어했다.' 이것은 토머스 카술리스 Thomas P. Kasulis(1948~)가 그의 『일본 철학 소사』(하와이대학출판회, 2018년)에 적은 말이다. 카술리스는 계속해서 일본의 철학 전통이 란 '구카이에 대한 반복 악구'(반복되는 음악의 악구)라고 말한다. 그것은 알프레드 노스 화이트헤드Alfred North Whitehead(1861~1947)가 『과정과 실재』(1929년)에서 말한 '유럽 철학 전통의 가장 안전한 전체적 특징은 그것이 플라톤에 대한 주석 시리즈라고 하는 것이 다'를 염두에 둔 것이다. 요컨대 일본 철학은 구카이에 대한 주석이 아니라 구카이에 대한 헌정 연주라고 하는 것이다.

이 시리즈 제3권에서 아베 류이치阿部龍一가 말했듯이 세계철학사에서 보면 구카이空海(774~835)는 유교가 불교를 보좌한다는 구상을 동아시아에서 처음으로 실현했다는 점에서 대단하다고 할 수 있다. 대학에서 유교를 공부한 구카이는 그것에 만족하지 못하고, 불교와 더 나아가 밀교로 향하며, 유교를 포섭함으로써 모든 것을 알려고 한 것이다.

복합어와 즉의 논리

그러면 구카이는 어떻게 해서 모든 것을 알려고 한 것인가? 고바야시 야스오小林康夫에 따르면, 그것은 복합어와 즉卽의 논리를 생각함으로써이다. 복합어라는 것은 산스크리트어 문법에 나오는 개념으로 서로 다른 말을 복합함으로써 새로운 의미를 낳게 하는 것이다. 구카이는 그의 『성자실상의聲字實相義』에서 이 복합어 문제를 대단히 길게 논의하고 있는데, 그러나 그것은 단지 문법적인 논의를 하고 있는 것이 아니다. 고바야시에 따르면, 구카이는 『성자실상의』라는 제목에 놓여 있는 성聲·문자文字·실상實相의 셋을 복합어로서 파악하고, 그것들을 즉卽이라는 개념에 의해 연결했다. 그때 즉은 단지 'A는 B이다'라는 형식 논리학적인 등호가 아니라 여기에는 모종의 실천이 놓여 있다. 그것은 전적으로 다른 차원에 놓여 있는 서로 다른 개념을 실천적으로 연결하는

관여이다. 그 관여가 없으면, 성·자·실상이 같다는 것은 전혀 의미를 지니지 않는다. '그렇다 하더라도 이 무슨 비약, 아니 이 무슨 놀라운 독창인가요?'(고바야시 야스오小林康夫·나카지마 다카히로中島隆博, 『일본을 해방하다日本を解き放つ』, 東京大学出版会, 2019년, 67쪽)

이러한 복합어와 즉의 논리는 신身·구口·의意 즉 신체·언어·마음이라는 '삼밀三密'에도 적용되고, 또한 진언眞言으로서의 산스크리트와 중국어·일본어의 관계에도 적용된다. 중요한 것은 연결함으로써 열리는 앎의 존재 방식이다. 세계철학이 이렇게 관여하는 앎의 존재 방식을 보여주는 것이라고 한다면, 구카이는 바로 세계철학이라는 실천을 행한 사람이 된다.

카술리스에 따르면, 그 후의 일본 철학은 그 '과격'한 구카이를 주석의 대상으로서 경전화한 것이 아니라 각각의 방식으로 계속해서 재연했다. 그것은 구카이를 문헌 실증적으로 이해하는 것이 아니라 음악이나 무용이 그러하듯이 함께 음을 연주하고 춤을 추는 상대로서 보았다는 것이다. 음은 내놓고서 맞추어 보지 않으면 음악이 되는지 어떤지를 알 수 없으며, 한바탕 춤을 추지 않으면 무용이 될지 어떨지 알 수 없다. 이것은 텍스트와 그 독해라는 학문적인 자세에 대해 대폭적인 태도 변경을 독촉하는 것이다.

2. 필롤로지

로고스와 도

우리는 여전히 19세기적인 앎의 배치 속에 있다. 그 중요한 하나가 필롤로지(필롤로기)이다. 필롤로지는 종종 문헌학으로 번역되지만, 그것은 조금 오해를 부르는 번역일 것이다. 왜냐하면 필롤로지는 필로 로고스, 즉 로고스에 대한 사랑이라는 상당히 특수한 태도에 기초하여 텍스트를 다루는 학이기 때문이다. 그것은 반드시 중립적인 실증 연구가 아니다.

예를 들어 프랑스의 근대 중국학의 제1세대인 장-피에르 아벨-레뮈자Jean-Pierre Abel-Rémusat(788~1832)를 살펴보자. 그의 저작인 『기원전 6세기 중국의 철학자인 노자의 인생과 주장에 대하여 ― 노자는 퓌타고라스, 플라톤 그리고 그들의 제자들에 공통된 주장을 했다』(1823년)는 그 긴 제목에서 명백히 드러나듯이 『노자』를 그리스와 로마의 철학과 비교하여 논의한 것이다. 필롤로지는 비교 연구와 '기원'에 대한 욕망에 의해 뒷받침되고 있었던 것이다.

그리고 아벨-레뮈자는 『노자』의 도道를 바로 로고스로 번역했다. 그 로고스는 '지상의 존재, 이성, 언어라는 세 개의 의미'를 아울러 지닌 복잡한 개념이다. 게다가 흥미롭게도 거기에 헤르메스 사상이라는 신비 사상까지도 도입되고 있었다. 이에 의해 19세기 필롤로지의 독특한 분위기가 조금 엿보이는 것이 아닐까?

오래됨이라는 문제

그러나 왜 필롤로지는 중국으로 향했던 것일까? 하나의 힌트로서 아벨-레뮈자가 '비문·문예 아카데미'의 회원으로 1816년에 선출되었다는 것을 지적해두자. 이것은 현재도 프랑스 학사원을 구성하는 네 개의 아카데미 가운데 하나인데, 1633년에 La Petite Académie로서 만들어지고 아벨-레뮈자가 회원이 된 해에 현재의 명칭으로 되었다. 그 목적은 고대의 탐구이며, 거기에는 오리엔트와 그리스·라틴 그리고 중세가 포함되어 있었다.

유럽은 16세기 이후 적극적으로 밖으로 나갔는데, 거기서 만난 이집트, 인도 그리고 중국은 그리스도교가 전제하고 있던 신에 의한 세계의 창조보다 오랜 역사를 지니고 있었다. 이것은 신학적으로는 중대한 문제이다. 구체적으로는 '신에 선행하는 것'이라는 귀찮은 문제를 생각해야만 했기 때문이다. 그리고 태고라든가 고대와 같은 오래됨을 어떻게 생각할 것인가 하는 것은 그 존재 이유에 관계되는 물음이 되었다. 필롤로지가 고전학으로 향할 필연성은 여기에 놓여 있다.

니체가 그리스를 연구하는 필롤로그(고전 문헌학자)였다는 것을 떠올려보자. 이 시리즈의 제7권에서 다케우치 쓰나우미竹內綱史가 니체의 '신의 죽음'에 대해 시사적인 분석을 수행하고, '신의 그림자' 즉 형이상학 타도의 의미를 묻고 있었다. 흥미롭게도 그 '신의 죽음'이나 '신의 그림자'는 붓다의 죽음을 염두에 둔 것이다. 인도와 만난 쇼펜하우어로 인해 동요하게 된 일에서 생각하면, 니체가 붓다를 언급하는 것은 이상한 일이 아니다. 대문자의 근거를 잃어버린 인간이 니힐리즘을 넘어서서 '신의 그림자'를 뿌리치고 삶을 다시 긍정하기 위해서는 어떻게 하면 좋을 것인가? 이 물음에 니체가 답할 수 있었는지는 알 수 없다. 그러나 적어도 필롤로지가 탐구한 '신에 선행하는 것'은 필롤로지의 내부에서는 처리할 수 없다는 것만큼은 확실했다.

3. 세계 붕괴와 자아의 축소

도겐과 고불

일본 철학으로 돌아가자. 구카이는 그 '기원'이 아니며, 필롤로지가 주석을 베풀어야 할 텍스트도 아니다. 거기에는 대문자의 의미와 그에 의해 뒷받침된 하나의 세계 따위는 없기 때문이다. 달리 말하자면, 신·구·의와 같은 신체나 언어 또는 마음의 어느 것인가가 세계의 주요한 구성 요소인 것은 아니다. 세계는 무언가에 의해 근거 지어지는 거대한 상자가 아니라 그것들의 실천적인 상호 관여에 의해 틈이 엿보이는 장 이외에 다른 것이 아니다.

일본 철학이 구카이에 대한 반복 악구라고 한다면, 계속해서 반복되어온 것은 이와 같은 의미와 세계에 대한 태도일 것이다.

도겐道元(1200~1253)은 『정법안장正法眼藏』에서 '고불심古仏心'을 논의하고 있었다. 문제가 된 것은 '고불'이라는 좀 더 오래된 부처라는 개념이다. 그것은 '신에 선행하는 것'이 아닌 '부처에 선행하는 것'이라는 물음을 연다. 어떻게 해서 '고불'을 알 수 있을 것인가? 여기에는 직접적인 통로가 곧바로 놓여 있는 것이 아니다. '고불이 있는 곳을 아는 것은 고불이다'라고 도겐은 말한다. 스스로가 '고불'로 변용하지 않으면 '고불'은 알 수 없다는 것이다. 바로 선문답이다.

다른 한편으로 도겐은 '고불심'이라는 복합어를 해체하고 자유롭게 다시 조립한다. '고심古心', '불고仏古', '심고心古', '심불心仏' 등이다. 다시 조립된 복합어의 의미를 확정하는 것이 중요한 것이 아니다. 의미가 성립하는 장면 그 자체를 다시 물음으로써 세계 그 자체를 다시 파악하고자 하는 것이다. 핵심은 여기서 '고불심은 어떠한 것인가'라는 물음(이것이 what의 물음이 아니라 how의 물음이라는 점에 주의해야 한다)에 대해 '세계 붕괴'라고 대담하게 하고 있다는 점이다. 물론 여기서 말하는 '세계'는 world의 번역어가 아니라 산스크리트어의 'lokadhātu'(로카=인간과 그가 사는 장소, 다투=구성 요소, 층)의 번역어이며, 세상과 같은 뜻으로 생각되는 것이다. 또한 '붕괴崩壞'도 (호카이가 아니라) '호에'로 읽히는 것이기 때문에 '세계 붕괴'의 이미지는 현재와 약간 다를지도 모른다.

그럼에도 그 충격은 조금도 줄어드는 것이 아니다. '고불심'을 묻는 실천 그 자체가 '세계 붕괴' 이외에 다른 것이 아니라는 것이다.

그러면 '세계 붕괴'의 구체적인 이미지란 무엇인가? 그것은 '담장의 기와 조각牆壁瓦礫', 요컨대 깨어져 부서진 조각이다. 도겐은 그 조각이 몸이자 마음이기도 하다고까지 말한다. 조각난 것에 눈길을 돌린 발터 벤야민Walter Benjamin(1892~1940)을 방불케 하는 태도이다. 그러면 도겐이라면 벤야민이 추구한 '구원'을 어떻게 실천하고자 한 것인가? 그것은 단지 조각을 접착시키고 세계와 의미를 회복하는 것이 아니다. '세계 붕괴'를 견디면서 조각난 몸과 마음을 통해 스스로 '고불'이 되거나 스스로를 '고불심'으로 하는 일인 것이다. 도대체 그것은 어떠한 일인 것일까?

직하승당

그 하나의 힌트가 『학도용심집学道用心集』(1234년)의 '직하直下에 승당承當하기'라는 구절에 놓여 있다.

사람은 모두 몸과 마음을 가지고 있으며, 그 작용에는 반드시 강약이 있고, 용맹하거나 둔하게 열등하거나 역동적이거나 느긋 하거나 한다. 이 몸과 마음으로 곧바로 부처를 실증한다. 이것이

승당이라는 것이다. 말하자면 지금까지의 몸이나 마음의 자세를 특별한 상태로 바꾸는 것이 아니라, 다만, 다른 이(스승)가 실증한 길을 따라가는 것을 '직하'라고 명명하고 또한 '승당'이라고 명명하는 것이다. 다만 다른 이를 따라가는 것이기 때문에, 자신의 지금까지의 오랜 생각이 아니다. 다만 승당해 가는 것이기 때문에, 새로운 거처를 만들어내는 것이 아니다. (「영평초조학도용심집永平初祖学道用心集」, 『도겐 선사 전집道元禪師全集』 제14권, 이토 슈켄伊藤秀憲·쓰노다 다이류角田泰隆·이시이 슈도石井修道 역주, 春秋社, 2007년, 73쪽)

여기서 말하고 있는 것은 몸과 마음의 변용인데, 그것은 무언가 '특별한 상태로 바꾸는' 것이 아니라 '다른 이를 따라가는' 것으로, 자신의 오랜 생각을 버리되, 그러나 새로운 자신의 생각을 지니는 것이 아니다. 그것은 타자를 위해 공간을 열고, '이 몸과 마음으로 곧바로 부처를 실증하는' 일인 것이다. 미야가와 게이시宮川敬之는 이러한 자아의 던져버림을 '자아를 축소한다'라고 표현했다(미야가와 게이시宮川敬之, 「'혼신'이란 무엇인가?'渾身'とは何か」, 『本』 2013년 9월호, 講談社, 60~61쪽). '세계 붕괴'에서 '고불'로 변용하기 위해서는 타자를 받아들이고 자아를 축소하는 수밖에 없는 것이다.

4. 오래됨은 몇 개 있는 것일까?

하나와 여럿

오래됨이라는 문제는 그 후의 일본 철학에도 계속해서 따라다녔다. 구카이나 도겐은 불교를 통해 산스크리트어나 중국어와 같은 타자의 언어에 직면해 있었는데, 그것은 일본어와 견줄 만한 자연 언어임과 동시에 언어 일반, 나아가서는 성스러운 언어이기도 했다. 그렇다면 거기에 내장된 오래됨은 특정한 오래됨임과 동시에 오래됨 일반, 나아가서는 성스러운 오래됨이라는 것이 되기도 한다.

달리 말하자면, 아무래도 '오래됨은 몇 개 있는 것일까'라는 물음이 나온다는 것이다. 그러나 그 대답이 하나라고 하더라도, 아니면 여럿이라고 하더라도 어려움이 줄어드는 것은 아니다. 그 경우에 하나의 의미가 좀 더 물어져야만 하며, 여럿이라고 한다면, 역시 어떠한 의미에서의 여럿인가(하나하나 그 수를 셀 수 있는 복수성인가 아니면 수를 세다가 숨이 끊어질 듯한 그러한 복수성인가)가 물어져야만 하기 때문이다.

그것은 세계의 존재 방식과도 연동되어 있다. '고불'과 같이 '오랜 세계'라고 말할 때, 그 세계는 어떠한 의미에서 하나인가, 그렇지 않으면 여럿인가? 그리고 이 물음은 '고불'의 개물성 또는 개체성과도 관계되는 까닭에, 중세의 그리스도교 신학이 물은 개체화의 원리와도 교차하게 된다.

오규 소라이와 선왕의 도

오규 소라이荻生徂徠(1666~1728)는 이 물음에 대해 하나의 대답 방식을 발명했다. 그것은 오래됨을 유일한 성스러운 오래됨이라고 하면서, 동시에 그것을 모든 맥락에서 반복 가능하다고 말한 것이 다. 어떻다는 것인가? 문제가 되는 것은 고대 중국에서 만들어진 '선왕先王의 도道'이다. 조금 전의 '고불'과 마찬가지로 성인 가운데 도 '선왕'이라는 좀 더 오랜 성왕聖王이 있다. 그 선왕이 도를 '제작'한 것이다. 이 '제작'에 대해서는 신에 의한 세계의 창조를 되풀이하거나 마루야마 마사오丸山眞男(1914~1996)처럼 정치적인 상상력을 읽어 들인다거나 하는 것이 이루어져 왔다. 그렇지만 '선왕'은 역사적인 존재이고 게다가 여럿이 존재하고 있을 것이다. 소라이가 커다란 영향을 받은 『순자』는 더 나아가 '후왕後王'이라는 개념을 내놓고 현재의 성왕에 의한 '제작'까지 인정하고 있었다.

그러나 소라이는 '선왕의 도'의 유일성을 보증하기 위해 '후왕' 을 물리친다. 『순자』가 '후왕'에 의한 이름의 제작·개변의 가능성 을 인정하고 있었던 데 반해, 소라이는 '생각건대 이름이라는 것은 성인이 세운 것으로 변경할 수 없는 것이다'(오규 소라이荻生徂 徠, 『독순자讀荀子』, 정명 편)이라고 강하게 비판하고, 더 나아가 '후왕'에 대해서도 '주해하자면, 후왕은 당시의 왕이라고 하고 있지만, 그것은 잘못이다. 후왕이란 주의 문왕·무왕이다'(같은 책, 성상^{成相} 편)라고 하여 어디까지나 이상적인 고대인 주나라의 왕에 한정한 것이다. 소라이는 '선왕의 도'를 옛날에 일격에 만들어진 성스러운 오래된 도로 만들고 싶었던 것이다.

그것은 '선왕의 도'를 상당히 강력한 원리로 만드는 것이다. 그러나 그러면 왜 언어와 역사를 달리하는 일본에서 그 '선왕의 도'를 반복할 수 있는 것일까? 물론 소라이로서는 중국어와 중국의 역사라는 멍에로부터 '선왕의 도'를 해방하고 성스러운 도 일반으로 만듦으로써 다른 맥락에서의 반복 가능성을 열고 싶었을 것이다. 정치적으로 소라이는 '선왕의 도'의 하나의 표현인 '봉건'이라는 제도가 도쿠가와 치세에서 올바르게 반복될 수 있기를 바라고 있었다.

그렇지만 실제로 소라이에게 가능했던 것은 한문 훈독이 아니라 중국어를 중국어로서 이해함으로써 '선왕의 도'를 투명하게 이해하는 방법밖에 없었다. 그리고 그와 같이 이해된 '선왕의 도'는 일본어로 올바르게 번역될 필요가 있다. 요컨대 중국의 오래됨과 같은 질을 지닌 일본어 문장을 소라이는 필요로 했던 것이다.

모토오리 노리나가의 '옮기기'

하지만 소라이의 이와 같은 투명하고 순수한 오래됨의 반복은 다른 오래됨과 다른 반복 가능성을 미리 배제함으로써만 성립한다. 그러나 만약 오래됨이 여럿이라고 한다면, 게다가 성스러운 오래됨 자체가 여럿이라고 한다면 어떻게 될 것인가? 이 물음을 생각한 것이 모토오리 노리나가^{本居宣長}(1730~1801)이다. 고대 중국이 아니라 고대 일본에서 성스러운 오래됨을 인정하고, 그것을 반복하면 좋은 것이 아닐까?

'한의^{漢意}'(중국적 사고방식)이라는 사고방식은 '선왕의 도'를 하나의 특수한 것으로 간주하고 그것을 비판하는 것이다. 그에 맞서 '모노노아와레를 앎'을 둠으로써 노리나가는 고대 일본에 오래됨의 근거를 두고, 그것을 '옮기기'(옮기다, 베끼다)에 의해 반복하고자 했다.

하지만 그렇게 되면, '모노노아와레를 아는' 것이 일본 이외에서도 반복되지 않으면, 그것은 아무래도 일본 안에 갇히게 될지도 모른다. 노리나가는 『시분요료^{紫文要領}(겐지 이야기를 읽는 요령)』에서 『겐지 이야기^{源氏物語}』를 공자가 보고 있다면, 『시경』을 대신했을 것이라고 말했고, '모노오아와레를 앎'의 보편화 가능성을 상정하고 있었다. 그러나 '모노노아와레를 아는' 것이 다른 언어나 맥락에서 반복되는 일은 거의 없었으며, 굳이 말하자면 이러한 노리나가의 논의는 일본의 특수성과 우위성을 보강하는 방향으로 사용되었던 것이다.

5. 반복하라, 그러나 반복해서는 안 된다

근대와 반복

오래됨과 세계라는 문제는 근대에 이르러 더욱더 복잡한 것으로 되어갔다. '근대'라는 것은 '후왕'과 마찬가지로 본래는 가장 가까운 시대라는 의미이다. 그러나 그것은 이제는 modernity나 modern의 번역어이기도 하다. 요컨대 오늘임이라든가 새로움으로의 기울어짐과 같은 의미가 담기게 되었다. 그것은 동시에 오래됨에 대한 새로운 태도이기도 했다. 요컨대 새롭게 오래됨을 다시 만들고, 더 나아가 그 오래됨으로부터 스스로를 구별하는 태도이다.

필롤로지를 다루는 데서 보았듯이, 세계에는 많은 오래됨이 있다. 아니, 오래됨과 같은 만큼의 세계도 있다고 말하는 편이 좋을 것이다. 만약 그 오래됨을 어떤 방식으로 정렬하고 질서를 잡을 수 있다면 어떻게 될 것인가? 세계는 그 근본적인 복수성에서 벗어나 하나의 세계로 통합될 수 있는 것이 아닐까? 필롤로지를 이용한 비교 언어학, 비교 종교학이 이루고자 한 것은 그러한 것이다. '조어'라든가 '세계 종교'라든가 '민족 종교'와 같은 개념에 의한 정리는 그 전형이다. 그리고 그러한 식으로 정리하는 유럽의 학문적 앎이야말로 근대적이라고 여겨졌다.

근대의 일본 철학은 이러한 배경에서 전개되어갔다. 그 숨겨진

표어는 '반복하라, 그러나 반복해서는 안 된다'이다. 근대가 세계를 하나로 만드는 이상, 근대를 반복해야만 한다. 그러나 그것은 동시에 일본의 그것 이전의 사상적 유산을 전근대로서 청산하는 일이기도 하다. 정말이지, 그것들은 '사상'이지 '철학'이 아니다. 그렇다면, 만약 스스로의 사상적 유산을 잃고 싶지 않다면, 근대는 결코 반복해서는 안 된다. '근대의 초극'이 반복해서 논의된 것은 이 모순된 명제 '반복하라, 그러나 반복해서는 안 된다' 때문이다.

성가신 것은 이 명제를 유럽과 미국에서도 동시에 묻고 있었다는 점이다. 미국이 그랬다는 것은 보기 쉬울 것이다. 유럽을 반복하라, 그러나 반복해서는 안 된다. 프래그머티즘이 반철학이었다는 것을 상기하고 싶다. 그러나 그것은 동시에 진화론이나 스피리추얼리티라는 가장 새로운 논의의 돌출이기도 했다. 유럽에서는 그리스나 로마라는 오래됨의 반복이 물어지는 것과 더불어 서구 나라들 사이에서의 상호 모방이 중요하다. 예를 들어 그리스의 데모크라시나 로마의 공화국의 이상을 어떻게 반복할 것인가? 그리고 '국민'이라는 개념을 독일과 프랑스가 서로 어떻게 모방할 것인가 따위이다.

그렇다면 일본에서 '반복하라, 그러나 반복해서는 안 된다'라는 명제는 그 자체가 '반복하라, 그러나 반복해서는 안 된다'라는 마트료시카 구조로까지 되어버렸다. 그 옥죄는 듯한 속박을 피해 좀 더 낭만화된 외부로 나가려고 해도 그 낭만주의 자체가 다시 되풀이된다. 이것이 '근대의 초극'과 낭만주의의 기묘한 공범 관계의 의미이다.

와쓰지 데쓰로와 부서진 불상

필롤로지에 대해 열쇠가 되는 개념의 하나는 로고스이다. 와쓰지 데쓰로和辻哲郎(1889~1960)는 '자신은 로고스 사상에 공명을 느낀다'(『일본 정신사 연구日本精神史硏究』, 『와쓰지 데쓰로 전집』 제4권, 岩波書店, 1962년, 162쪽)라고 그의 『사문 도겐沙門道元』(1920~1923년)에 쓰고 있었다. 도겐의 '인격과 사상'을 문제로 한 이 텍스트는 그리스도교적인 로고스와 그 전개를 일본 불교에서 발견하면서 거기에 도겐을 자리매김하고자 한 것이다. 구체적으로는 『정법안장正法眼藏』에 있는 '도득道得'(불법을 익혀서 그것을 충분히 드러내는 일) 즉 '말할 수 있다'란 '로고스의 자기 전개'라고 해석된다(같은 책, 238쪽). 도겐은 근대에서 반복되어야만 한다.

그 조금 전에 와쓰지는 『고사순례』를 출판했다(1919년). 그것은 1917년에 나라를 둘러보았을 때의 기록이기도 하다. '내가 순례하고자 하는 것은 고미술에 대해서이지 중생 구제의 부처에 대해서가 아니다.'(와쓰지 데쓰로和辻哲郎, 『초판 고사순례初版 古寺巡礼』, ちくま学芸文庫, 2012년, 37쪽) 이 인상적인 구절이 말하고 있는 것은 와쓰지에게서 보아야 할 것은 '고미술'로서의 불상이지 이미 도겐이 말하는 의미에서의 '고불' 따위가 아니라는 점이다. 이 말을 이야기했을 때 와쓰지는 나라의 여관에 있으면서

그곳의 식당에 외국인이 모여 있던 광경을 보고 있었다. 조금 전의 문장 바로 앞은 초판에서는 향락적인 시선이 강조되고 있었지만, 나중에 이렇게 개고되었다. '나라라는 고도에 고찰 순례를 와서 이러한 국제적인 풍경을 재미있게 보는 것은 조금 이상하게 느껴질지도 모르지만, 나 자신의 마음에는 조금도 모순이 없었다.'(『고사순례古寺巡礼』, 『와쓰지 데쓰로 전집』 제2권, 岩波書店, 1961년, 28쪽)

그러나 개고까지 해서 이야기하듯이 정말로 '조금도 모순이 없었던' 것일까? 와쓰지는 『고사순례』의 종반에서 페놀로사Ernest Francisco Fenollosa(1853~1908)가 열게 한 호류지法隆寺 몽전의 구세관음 보살입상을 언급하고, 페놀로사의 '발견'에 '감사'를 표현했다. 그러나 그 뒤에는 다음과 같은 기술이 놓여 있다.

지붕이 낮은 휘는 회전繪殿의 복도를 지나 그 뒤쪽의 전법당傳法堂으로 갔다. 그곳에도 많은 불상이 늘어서 있는데, 그러나 비불秘仏을 본 후에는 거의 눈에 들어오지 않는다. 먼지가 많은 마루판 위를 걸으면서 페놀로사의 책 삽화에 있는 부서진 불상의 퇴적을 떠올리고, 본존 뒤편의 복도 같은 곳에 발을 디뎠다. 부서진 불상은 아직 꽤 많이 남아 있었다. 특히 머리와 손등이 먼지 속에 여기저기 나뒹구는 것은 일종의 이상한 재미가 있었다. (와쓰지 데쓰로, 『초판 고사순례初版 古寺巡礼』, 285쪽)

근대 일본에서 많은 불상이 파괴되고 또한 '고미술'로서 팔려나갔다는 것을 와쓰지가 모를 리도 없다. 마치 '담장의 기와 조각'처럼 부서진 불상이 '여기저기 나뒹굴고 있는' 것이다. 그것은 '일종의 이상한 느낌이었음'에도 불구하고 와쓰지는 그 '세계 붕괴' 속으로는 들어갈 수 없다. 마치 눈을 피하기라도 하듯이 그는 다음의 츄구지中宮寺로 향하여 거기서 성모 마리아상과의 비교를 다시 행한다.

6. 세계 전쟁과 삶

량치차오의 유럽 순례

순례는 단편들을 서로 잇는 실천이다. 그것이 반드시 하나의 전체로 향할 필요는 없다. 도겐은 그렇게 생각했던 데 반해, 나라의 고사를 순례한 와쓰지는 어떻게 해서든 인도, 그리스, 그리스도교라는 다른 오래됨과 합일시켜 단편화를 넘어서고자 했다. 그것은 제1차 세계대전으로 불린, 세계 그 자체가 전쟁 상태로 들어간 시대에서는 긴급한 과제였을 것이다.

『고사순례』나 『사문 도겐』과 같은 시기에 량치차오梁啓超(1873~1929)는 유럽으로 향하여 1919년부터 1920년에 걸쳐 말하자면 순례를 수행했다. 그 기록인 『구유심영록歐遊心影錄』(1920년)에서 그는 이렇게 말하기에 이르렀다.

　　이제 그 [과학의] 공적은 거의 완성되었고, 백 년에 걸친 물질적인
진보는 그 이전의 삼천 년 동안 획득한 것의 몇 배나 되었다.
그러나 우리 인류는 행복을 얻지 못했을 뿐만 아니라 오히려 많은
재난이 초래되었다. 마치 사막 속에서 낙타를 잃은 나그네가 아득
히 먼 곳에서 커다란 검은 그림자를 보고 열심히 앞으로 달려가
그것을 의지하면 된다고 생각하고, 얼마간의 거리를 달리다 보면
그림자는 도리어 보이지 않게 되어 크게 슬퍼하고 실망하는 것과
같다. 그림자가 누군가 하면 바로 '과학 선생'이다. 유럽의 사람은
과학이 만능이라는 커다란 꿈을 꾸고 있었지만, 이제 과학은 파산
했다고 말하기 시작한 것이다. (량치차오, 『구유심영록歐遊心影
錄節錄』, 『음빙실합집飮冰室合集』 제7, 전집 23, 中華書局, 1989년, 12쪽)

만능이어야 했을 과학은 행복을 가져오기는커녕 재난을 초래했
다. 그러면 파산한 과학을 어떻게 하면 좋을 것인가? 량치차오는
여기서 동양 문명을 도입하여 과학을 주체로 하는 서양 문명을
중화하고 마음과 물질의 조화를 도모할 것을 제안한다. 그 동양
문명의 구체적인 내용은 유식이나 선과 같은 불교이다. 량치차오는
과학의 지나침을 종교에 의해 완화하고자 한 것이다.
　　그렇지만 량치차오가 상정하는 종교로서의 불교는 서양 근대가
말하는 종교, 즉 '내세만을 중시하는' 것이 아닐 뿐만 아니라

'심원한 것에 대한 고답적인 논의를 펼치는' '유심파의 철학'도 아니다. 그것은 '인간의 삶의 문제'에 다가갈 수 있는 종교이다.

세계가 전쟁 상태에 들어갔다는 것은 조르조 아감벤이 말하듯이 삶이 공공연히 드러나는 상태가 된다는 것이다. 20세기의 철학이 삶을 문제로 삼지 않을 수 없었던 것은 그 때문이기도 하다.

니시다 기타로와 삶

삶을 문제로 삼은 근대 일본의 철학자 가운데 역시 첫째로 손꼽아야 할 사람은 니시다 기타로西田幾多郎(1870~1945)일 것이다. 1902년 2월 24일의 일기에서 그는 '학문은 필경 life삶를 위함이고 life가 가장 중요한 일인바, life 없는 학문은 무용하니, 서둘러 책 읽기에 시들어버린다'(『니시다 기타로 전집西田幾多郎全集』 17권, 岩波書店, 2005년, 82쪽)라고 쓰고 있다. 20세기 초에 젊은 니시다는 '라이프'를 사유의 중심에 두고 있었다. 말년에도 니시다는 유고가 된 「장소적 논리와 종교적 세계관」과 함께 미완으로 끝난 「생명」을 쓰고 있었다.

니시다가 『선善의 연구』를 출판한 것은 메이지가 종언을 맞이하고 있던 1911년이었다. 그 전해에는 한국 병합과 대역 사건이 있었다. 고토쿠 슈스이幸德秋水 등이 처형된 것은 1911년 1월이지만, 그와 같은 달에 『선의 연구』가 출판된 것이다. 덧붙이자면, 『청탑青鞜』이 출판된 것은 같은 해 9월이며, 10월에는 중국에서 신해혁명이 일어났다.

　'경험한다는 것은 사실 그대로 아는 것이다. 완전히 자기의 세공을 버리고 사실에 따라서 아는 것이다.'(니시다 기타로, 『선의 연구』, 『니시다 기타로 전집西田幾多郞全集』 제1권, 岩波書店, 2003년, 9쪽) 이러한 '순수 경험'을 말한 『선의 연구』 서두의 한 구절에서 니시다의 철학은 모두 다 드러나 있다고도 한다. 이것을 삶의 관점에서 다시 말해본다면, 니시다는 '순수 경험'에 의해 인간의 노골적인 삶을 제시했다고 말할 수 있을 것이다. 인간의 삶에 대한 종류의 전통적인 의미 부여가 붕괴하고, 그러나 새로운 근대의 과학에 의한 의미 부여로는 여전히 불충분한 때에, 니시다는 인간의 삶의 원점인 의미를 박탈당한 '순수 경험'으로까지 거슬러 올라가 거기에 숨어 있는 구조를 밝히고 새롭게 인간의 삶에 의미를 회복하고자 한 것이다.

　　이 책을 특히 '선의 연구'라고 이름 지은 까닭은 철학적 연구가 그 전반부를 차지하고 있음에도 불구하고 인생의 문제가 중심이고 종결이라고 생각했기 때문이다. (같은 책, 6쪽)

　『선의 연구』가 본래는 『순수 경험과 실재』라는 서명으로 구상되었고, 기히라 다다요시紀平正美(1874~1949)의 조언을 받아들여 『선의 연구』로 되었다는 것은 잘 알려져 있다. 요컨대 '인생의 문제'를 고찰한 후반의 「제3편. 선」과 「제4편. 종교」를 중시하여 『선의

연구』라고 이름 지었다고 서문에서 말하고 있지만, 니시다의 의도
로서는 '인생의 문제' 즉 인간의 삶에 의무를 부여하기 위해서도
전반의 「제1편. 순수 경험」과 「제2편. 실재」에서 논의되는, 인간의
노골적인 삶의 구조를 파악하고 그로부터 의미를 구성해 가는
철학도 중요하다고 생각한 것이다.

종교적 세계관

그 후 니시다는 두 차례의 세계대전을 경험해 간다. 접근
방식에 변화는 있어도 라이프, 즉 '인생의 문제'가 중심에 놓여
있다는 점에 변화는 없었다. 말년의 니시다가 무타이 리사쿠務台理
作(1890~1974)에게 보낸 1943년 7월 27일의 편지에는 이렇게 쓰여
있다.

> 나의 장소의 논리를 매개로 하여 불교 사상과 과학적 근대정신을
> 결합하는 것은 내가 가장 염원하는 바이며 최종 목적으로 하는
> 바이지만, 이제 그럴 여력도 없어진 것 같습니다. (『니시다 기타로
> 전집西田幾多郎全集』 제23권, 岩波書店, 2007년, 123쪽)

마치 량치차오를 방불케 하듯이 니시다는 과학과 종교, 특히
불교를 '장소의 논리'라는 철학을 통해 서로 연결하려고 분투하고
있었다. 그렇지만 그것은 결코 쉽게 실현되는 것이 아니었다.

유고가 된 「장소적 논리와 종교적 세계관」(1946년)이라는 제목이 잘 보여주고 있듯이 '장소의 논리'가 이 세계를 종교적으로 만들어야만 했던 것인데, 거기에 몰래 들어온 것은 국가였다.

참된 국가는 그 근저에서 스스로 종교적이어야만 한다. 그리고 참된 종교적 회심의 사람은 그 실천에서 역사적 형성적으로서 스스로 국민적이어야만 한다. (…) 국가란 이 땅에서 정토를 비추는 것이어야만 한다. (니시다 기타로, 「장소적 논리와 종교적 세계관」, 『니시다 기타로 전집西田幾多郎全集』 제10권, 岩波書店, 2004년, 366~367쪽)

세계 전쟁이라는 전쟁 상태가 된 세계에 등장한 것은 국가주의 또는 초국가주의였다. 니시다가 삶에 진지하게 향하고자 하면 할수록, 그 단편화된 삶은 국가를 갈구한다. 왜냐하면 과학은 삶을 구원할 수 없을 뿐만 아니라 그 단편화를 밀고 나갔으며, 종교도 역시 '신의 죽음'을 넘어설 수 없는 채 니힐리즘을 심화시킬 뿐이었기 때문이다. 그러면 이 두 가지를 복합적으로 연결하여 기사회생을 도모해 보면 어떻게 될 것인가? 량치차오도 니시다 기타로도 그것을 시도했겠지만, 그 복합을 실천하는 것은 실로 어려운 일이었다.

7. 전후 일본 철학의 방위

스즈키 다이세쓰와 영성

전후의 일본 철학은 니시다의 '종교적 세계관'을 다른 방식으로 다루는 것이 하나의 목표였다고 생각할 수도 있을 것이다. 이를 위해서는 어떻게든 종교를 다시 정의해야만 한다. 그것은 근대적인 종교 개념의 재검토임과 동시에, 그것을 토대로 재편되어 있던 기존 종교로부터도 벗어나는 일이다. 이 시리즈 제7권에서 도미자와 가나^{富澤かな}가 밝혀준 것과 같은 근대 인도에서 다듬어진 스피리추얼리티는 개념의 여정을 거쳐 스즈키 다이세쓰^{鈴木大拙}(1870 ~1966)의 일본적 영성에 들어와 있었다. 『일본적 영성』이라는 책이 공간된 때가 1944년이라는 것을 생각하면, 영성은 당시의 야마토다마시이^{大和魂}나 일본 정신이 만들어내는 사회적 상상에 대한 하나의 저항이었다. 그것은 일찍이 우치무라 간조^{内村鑑三} (1861~1930)가 일본적 기독교라는 개념으로 다른 보편성으로의 통로나 다른 국가상을 구상하고 있었던 것과 서로 겹쳐지는 것이다. 덧붙여 우치무라가 평민에 자리 잡은 기독교를 가장 좋은 '국가적 종교'라고 말했던 것도 상기해두고자 한다.

다이세쓰로 돌아오면, 전후 직후에 『영성적 일본의 건설』(1946년)과 『일본의 영성화』(1947년)를 차례차례 발표한다. 『일본의 영성화』는 국가 신도화한 신도를 비판하면서 전후 일본 사회를 뒷받침하는 영성이란 무엇인지를 검토한 것이다. 다이세쓰는 영성 없이 민주화가 가능하다고 생각하지 않은 것이다. 그 서문에는 이렇게 적혀 있다.

　　신헌법의 발포는 일본 영성화의 첫걸음이라고 해도 좋다. 이것은 정치적 혁명을 의미하는 것만이 아니다. 전쟁 포기는 '세계정부' 또는 '세계국가' 건설의 복선이다. 이것은 단지 일본 헌법의 조문 속에 편입되었다는 것만으로 끝나지 않는, 영성적인 것이 그 이면에 놓여 있다. 이것을 깨닫지 못하는 한 일본의 갱생은 기대할 수 없다. 그리하여 이 갱생에는 크게 세계성이 놓여 있다는 것을 잊어서는 안 된다. (스즈키 다이세쓰, 『일본의 영성화』, 『스즈키 다이세쓰 전집鈴木大拙全集』 제8권, 岩波書店, 1999년, 227~228쪽)

　영성에 의해 갱생하는 일본이 그에 의해 세계성을 지니게 된다. 그러나 다이세쓰의 이러한 제언이 전후 일본에 울리는 일은 별로 없었다. 왜냐하면 국가와 종교 또는 국가와 종교성의 관계 자체를 다시 묻지 않았고, 거기에 깊은 문제가 남아 있다는 것을 계속해서 느끼고 있었기 때문이다.

　이즈쓰 도시히코와 '신에 앞서는 것'

　또 한 사람, 다이세쓰의 정신적인 후계자인 이즈쓰 도시히코井筒

俊彦에 대해서도 살펴보자. 이 시리즈 제8권에서 안도 레이지가 지적했듯이, 이즈쓰는 모토오리 노리나가, 히라타 아쓰타네平田篤胤 (1776~1843), 오리쿠치 시노부折口信夫(1887~1953)와 같은 샤머니즘 계보에 놓여 있다. 동시에 그 구카이에 대해 계속 언급했던 예사롭지 않은 관심을 생각하면, 이즈쓰도 '구카이에 대한 반복 악구'를 연주한 사람이기도 하다. 그에 더하여 젊은 날에는 오카와 슈메이大川周明(1886~1957) 밑에서 국가와 종교의 관계를 끝까지 파고들며 생각하고 있었다. 그러한 이즈쓰가 전후에 제출한 것은 신에 선행하는 신비였다. 그것은 종교 아닌 종교성으로서의 신비인 동시에 19세기의 필롤로지가 그 주위에서 계속 생각해온 '신에 앞서는 것'이었다.

이즈쓰는 다이세쓰가 행한 것과 마찬가지로 『노자』를 해석해 간다. 초점은 『노자』 제4장의 '오부지수지자, 상제지선吾不知誰之子, 象帝之先'이다. 다이세쓰는 폴 케러스Paul Carus(1852~1919)와 함께 내놓은 『노자』의 영어 역(1898년)에서 그것을 이미 '도 즉 이성이 누구의 아들인지 알지 못한다. 그것은 신에 앞서 있는 듯하다'라고 번역하고 있었다. '신에 앞서는 것'을 여기에 읽어 들이고, 그것을 일찍이 부르짖고 있던 마이스터 에크하르트Meister Eckhart(1260년경~1328년경)에 대해서도 다이세쓰는 언급하고 있었다. 그것을 토대로 하여 이즈쓰는 다음과 같이 번역했다.

즉, 누구도 그것이 정말로 무엇인지를 알지 못하지만, 시원적인

primordial '象像'으로서, 그것은 이 세계의 존재 이전부터 거기에 있다는 것. 그렇다면 그것은 시원적이고 신비의 '상'으로서밖에 표현할 수 없는 것이다. '제왕'이라는 말에 의해, 초대의 신화에서의 '제왕' 또는 '천제'나 '신'을 의미하고 있다.

다른 해석. '그것은 '제왕'에 앞서기까지 하는 듯하다.' 또는 '그것은 저 사람 자신, '천제'의 선조라고까지 말할 수 있을지도 모른다.' (이즈쓰 도시히코, 『노자 도덕경老子道德経』, 고가치 류이치 古勝隆一 옮김, 慶應義塾大学出版会, 2017년, 30쪽)

이즈쓰는 다른 해석에서 다이세쓰를 계승하고 '신에 앞서는 것'의 문제를 생각하고 있다. 그러나 이즈쓰가 강조한 것은 '象象'을 '象像' 즉 이마주로 해석하는 방향이다. 요컨대 신에 선행하는 신비를 적극적으로 이마주로서 정립하고자 한 것이다.

이마주

왜 이마주인가? 그것은 이즈쓰가 샤먼이 지니는 '원형적 이마주'(이즈쓰 도시히코, 『수피즘과 노장사상スーフィズムと老莊思想』 하, 니고 토시하루仁子壽晴 옮김, 慶應義塾大学出版会, 2019년, 20쪽)의 탐구를 근본에 두고 있었기 때문이었다.

절대로 만질 수 없고 안으로 들어갈 수도 없는 이 '신비'가 그 자신의 어둠에서 한 걸음 내디디고, '이름'을 띠기에 어울리는 단계에 이른다. 자기 자신을 드러내는 이 단계에서의 그것은 어렴풋한, 또한 그림자 같은 '상·이마주'이다. 이 '상' 속에 우리는 두렵고 신비로운 '무언가'가 눈앞에 있음을 어렴풋이 느낀다. 하지만 우리는 그것이 무엇인지를 아직 모른다. '무언가'라고 느껴지지만, 아직 '이름'은 지니지 않는다.

본서 제1부에서 이븐 아라비의 형이상학적 체계에서 절대성의 상태에 있는 절대자가 어떠한 방식으로 '이름을 결하는' 것인지를 보았다. 그러한 상태에 있는 절대자가 어떠한 방식으로 알라라는 이름으로 적절히 의미 표시되는 단계조차도 넘어서는지도 보았다. 이븐 아라비의 경우와 마찬가지로 노자도 이 '무언가'를 신(문자 그대로는 천제天帝)조차도 앞선다고 간주한다. (같은 책, 143쪽)

그렇지만 주의해야만 하는 것은 이즈쓰가 '이름을 결하는' 이마주에 만족하고 있는 것은 아니라는 점이다. 그것은 어떻게든 '이름'에 접속하여 새로운 '말'로 변모해야만 한다. 여기서 이즈쓰가 호소한 것이 구카이이다.

또다시 구카이에 대한 반복 악구

이즈쓰는 「언어 철학으로서의 진언眞言」(1984년)이라는 강연에서 구카이의 진언밀교의 핵심을 '말의 "심비深秘"에 생각을 숨겨 왔다'(이즈쓰 도시히코, 「의미 분절 이론과 구카이 ― 진언밀교의 언어 철학적 가능성을 찾다意味分節理論と空海 ― 眞言密教の言語哲学的可能性を探る」, 『이즈쓰 도시히코 전집井筒俊彦全集』 제8권, 慶應義塾大学出版会, 2014년, 387쪽)는 것에서 보았다.

깨달음의 경지는 말로 되지 않는다고 끊임없이 주장하는 통설에 맞서 깨달음의 경지를 언어화하는 것을 가능하게 하는 다른 차원의 말의 활동을 그것은 설명한다. 말을 넘어선 세계가 스스로 말을 이야기한다고 말할 수도 있을 것이다. 또는 또한 말을 넘어선 세계가 실은 그 자체로 말인 것이라고 말해도 좋다. (같은 책, 392쪽)

'존재는 말이다' 또는 '모든 것이 말이다'(같은 책, 388쪽)라는 비상식적인 명제를 구카이는 계속해서 생각하고, 그 끝에서 '다른 차원의 말의 활동'을 발견했다. 이것이야말로 진언밀교의 '심비'이다.

그리고 이 '다른 차원의 말의 활동'은 이 세계, 이 존재자의 세계에 울리고 있어야만 한다. 따라서 이즈쓰는 계속해서 다음과 같이 말했다.

주의해야 하는 것은 깨달음의 경지를 언어화한다고 하더라도 인간이 인위적으로 언어화하는 것이 아니라는 점이다. 오히려 깨달음의 세계 그 자체의 자기 언어화 과정으로서의 말을 생각하는 것이다. 그리고 그 과정이 또한 동시에 존재 세계의 현출 과정이기도 하다고 생각하는 것이다. (같은 책, 392쪽)

'심비'로서의 '말'의 과정이 세계를 현출하게 한다. 이것이 현대 판 '구카이에 대한 반복 악구'이다. 그러나 그것은 오랜 시간을 걸쳐 개념이 여행해 옴으로써 가능해진 반복 악구이다. 일본 철학에서 우리는 21세기에도 여전히 '구카이에 대한 반복 악구'를 계속하는 것인가, 그렇지 않으면 전혀 새로운 소리를 연주하는 것인가? '세계철학사'가 묻는 것은 이 물음이다.

☞ 좀 더 자세히 알기 위한 참고 문헌

— 고바야시 야스오小林康夫·나카지마 다카히로中島隆博, 『일본을 해방하다日本を解き放つ』, 東京大学出版会, 2019년. 일본 철학을 종래의 본질주의적인 독해로부터 해방하고, 좀 더 넓은 세계적인 맥락에서 다시 읽은 것이다. 또한 철학이 대화라는 것을 새삼스럽게 다시 확인하기 위해서도 일독해 주기를 바란다.

— 나카지마 다카히로中島隆博, 『사상으로서의 언어思想としての言語』, 岩波書店, 2017년. 이것 역시 졸저이지만, 일본 철학을 언어에 관한 논의에서 독해한 것이다. 구카이로부터 이즈쓰 도시히코로라는 본론의 흐름을 좀 더 상세하게 확인할 수 있다.

— 미야가와 게이시宮川敬之, 『와쓰지 데쓰로 ― 인격에서 사람 관계로和辻哲郎 ― 人格から間柄へ』, 講談社学術文庫, 2015년. 와쓰지 데쓰로는 자기의 원고를 자주 개정했는데, 그것을 더듬어가면서 와쓰지 데쓰로 윤리학의 핵심에 다가간 노작. 그중에서도 와쓰지의 『정법안장正法眼藏』 독해에 대한 해석은 출중하다.

— 이즈쓰 도시히코井筒俊彦, 『수피즘과 노장사상スーフィズムと老莊思想』 상·하, 니고 토시하루仁子壽晴 옮김, 慶應義塾大学出版会, 2019년. 탄생 100년을 기념한 『이즈쓰 도시히코 전집』에 이어서 이즈쓰의 영문 저작 번역이 '이즈쓰 도시히코 영문 저작 번역 선집'으로서 출판되었다. 게이오기주쿠대학 출판회의 위업이다. 그 가운데서도 번역의 노고가 어떠했을지 생각되는 이 책을 군이 들어두고자 한다. 일본 철학은 이와 같은 번역을 통해 풍부해졌다.

제4장

세계철학의 스타일과 실천

노토미 노부루納富信留

1. 철학의 스타일

철학의 자명성

세계철학·세계철학사를 생각하는 데서 현재 '철학'으로 불리고 있는 영위가 무엇인지 새삼스럽게 재검토하는 것이 필요하다. 세계철학이란 기성의 '철학'을 다양한 측면에서 비판적으로 쇄신하고 재구축하는 운동이기 때문이다. 우리가 자명하다고 생각하는 '철학'의 존재 방식이 사실은 역사적으로 성립한 특수한 것이라는 점, 구체적으로는 서양 근대의 대학과 학문 제도에 자리매김해온 형태에 지나지 않는다는 점을 인식하는 것이 우선은 중요하다. 그 인식에서는 세계철학사의 관점을 살리는 것과 동시에 거기서 서양 철학에 머무르지 않는 세계철학에의 시야가 열린다.

21세기의 현재 일본에서 '철학'이라고 하면, 대학의 문학부나 각종의 학술·연구기관에서 전문적으로 연구되고 학생에게 가르치는 학문의 하나로 여겨진다. 그리하여 '철학'은 인문 과학의 한 부문으로서 역사학, 문학, 사회학, 심리학 등과 동렬에 자리매김한다. 20세기 말에 일반적으로 '철학'이라는 명칭을 피하여 복합적인 명칭을 붙인 시대도 있었지만, 학술 부문으로서는 변함없이 학문 서열의 맨 앞에 놓는다. 철학의 연구자는 기본적으로 그러한 연구·교육 기관들에 자리를 가지는 전문가를 가리키고, 학술 잡지에 논문을 게재하거나 국내외의 학회에서 연구를 발표하거나 한다는 점에서 이공계를 비롯한 다른 전문 분야와 마찬가지의 연구 활동으로 평가를 받고 있다. 철학은 이제 특별한 학문이 아니라 대학에서도 매몰되기 쉽다.

다른 한편 전통적으로 '철학은 모든 학문의 조상이다'라든가 '모든 학문은 철학을 기초로 하고 있다'와 같이 이야기하고, 형식적일지라도 현재도 경의를 보내고 있다. 그러한 견해는 어디서 발생했고, 얼마만큼이나 우리의 철학에 타당한 것인가? 철학이 현대 사회에서 어떠한 의의를 지니는 것인지, 현 상황을 생각할 필요가 있다.

서양 철학이 일본에 본격적으로 도입된 것은 에도 막부 시대 말기·메이지 시기이지만, 1877(메이지 10)년에 도쿄대학이 창립되었을 때는 이미 문학부의 두 학과로 '제일 사학, 철학 및 정치학과가 포함되어 있었다. '필로소피'의 번역어로 몇 개의 제안이 있었던 가운데 대학의 학과명으로 '철학'이 채택된 것은 니시 아마네^{西周}(1829~1897)의 영향력에 의한 것으로 짐작된다. 19세기 후반의 일본이 모델로 한 유럽의 학문, 특히 독일의 대학은 근대 학문의 완성 형태이고, 도쿄대학에서의 학과 편성도 그 모델에 따라서 시작되었을 것이다.

메이지 초기의 철학은 영국의 공리주의와 진화론, 프랑스의 실증주의를 적극적으로 소개한 계몽사상으로부터 메이지 23년경을 전기로 하여 독일 관념론 철학으로 중점을 옮겨갔다고 이야기된다. 도쿄대학 철학과의 초기 졸업생인 이노우에 엔료^{井上円了}(1858~1919)는 '4성인'으로서 고대 철학자 소크라테스와 나란히 근대 철학자 칸트를 숭경했는데, 칸트는 일본 근대를 통해 계속해서 철학의 모델이었다. 그 철학과에서 가르친 독일인 교수 부세^{Ludwig Busse}(1862~1907), 그 후에 일본에 와서 21년간 교편을 잡은 독일계 러시아인 쾨베르^{Raphael von Koeber}(1848~1923)는 독일 철학을 일본에 뿌리내리게 하며, 독일 관념론은 서양 철학의 주류로서 일본에 받아들여져 갔다. 쾨베르 박사는 인격적인 존경을 받았으며, 와쓰지 데쓰로^{和辻哲郎}, 구키 슈조^{九鬼周造}(1888~1941), 아베 지로^{阿部次郎}(1883~1959), 하타노 세이이치^{波多野精一}(1877~1950) 등 제자들은 다이쇼·쇼와의 교양주의를 통해 일반에 대한 영향을 미쳤다.

이것이 일본에서 자명하게 생각되는 '철학'의 모습이지만, 그것이 어디까지 당연한 것이고 역사를 거슬러 올라가 타당하다고 여겨지는 것인지는 신중하게 검토되어야 할 문제이다.

대학과 학회에서의 철학

그러면 오늘날 철학이 영위되고 있는 '대학'과 '학회'라는 조직은 어느 정도나 철학과 결부된 것일까?

옛날과 지금의 철학자 전기를 펴서 읽으면 알 수 있듯이 철학자가 반드시 '대학'에서 가르쳤던 것은 아니다. 파리대학이나 옥스퍼드대학 또는 케임브리지대학 등에서 철학은 중세 이래로 왕성하게 논의되었다. 하지만 많은 철학자는 다른 직업을 갖고 재야에서 활동했으며, 대학에서 철학을 배우는 과정도 필요조건은 아니었다. 국가나 문화에 따라 차이는 있지만, 철학을 배우고 사상을 강의하거나 서적으로 출판하거나 하는 활동은 대학을 떠나서도 충분히 성립했으며, 적어도 근대의 전반부까지 대학은 철학의 거점이라고는 말할 수 없었다.

'학회'는 각 나라 각자의 사정에 따라 성립하여 자연 과학이나 인문·사회 과학에서 연구를 주도해왔다. 1660년에 설립된 영국의 왕립학회(뉴턴 등)나 1666년에 창립된 프랑스의 과학아카데미(콩도르세 등)와 같은 자연 과학 진흥을 위한 학술 조직이 왕립이나 민간 설립으로 전개되었지만, 철학은 비교적 개인 차원에서 행해지고 있었던 듯하다. 미국에서는 벤저민 프랭클린Benjamin

Franklin(1706 ~1790)이 '유용한 조직의 촉진'을 내걸고 1743년에 '철학학회'를 설립했다. 오늘날에는 1900년에 창립된 아메리카철학협회APA가 1만 명이나 되는 회원을 지니는 세계 최대 규모의 철학학회가 되었다.

학회가 현상 과제를 내걸고서 학자들에게 논의를 촉구한 시기도 있다. 프로이센의 프리드리히 대왕이 베를린 왕립 학술 아카데미에 내걸게 한 현상 과제가 칸트나 멘델스존Moses Mendelssohn(1729~1786)에게 '계몽이란 무엇인가'의 논의를 촉구한 것은 잘 알려져 있다. 1771년의 '언어 기원'에 관한 현상 논문은 헤르더(1744~1803)가 세상에 나오는 계기가 되었는데, 그 주제는 이윽고 1866년에 파리 언어학협회가 논의의 금지를 발표하기에 이른다. 학회가 실제의 철학 논의를 이끌고 방향을 규정한 예이다. 오늘날에도 학회는 심포지엄의 주제나 학술지에서 특집을 마련하여 특정한 주제를 촉구하는 일이 있지만, 영향은 제한되어 있다.

일본에서는 도쿄대학 문학부 철학과에서 1884(메이지 17)년에 '철학회'가 설립된 이래, 전후인 1949년에 창립된 일본철학회가 중심이 되어 각 분야와 주제마다 크고 작은 다수의 철학 관련 학회가 활동하고 있다. 그러한 학회들은 연구자나 학생이 학회원으로 등록하여 연회비를 내고, 해마다 1회 이상의 연구 대회에서 발표와 논의를 수행함과 동시에 학회지라고 불리는 학술 잡지를 발행하여 거기에 회원으로부터 기고받은 논문이나 공모 논문을 게재하고 있다. 그러한 학회들의 활동은 전문 분야로서의 철학의 연구를 발전시키고 동업자들 사이에서 최신의 정보나 의견을 교환하는 마당이 됨과 동시에, '동료 평가'라고 불리는 논문 평가를 수행하여 채택된 논문을 학술 수준에 도달한 것으로 보증하는 기관이 되었다. 이 점에서도 철학은 다른 학술 전문 분야와 마찬가지의 태도를 취하고 있다.

개별 영역에서 실질적인 연구나 논의를 수행하는 학회 위에는 '학회 연합'으로 불리는 조직이 있고, 거기서는 각 학회의 대표가 모여 활동의 연대를 도모하는 일이 있다. 일본학술회의를 장으로 하여 철학 계열의 학회들이 모인 '일본 철학계열학회 연합JFPS'은 유엔 유네스코의 하부 조직인 '철학계열학회 국제연합FISP'에 회원 조직으로서 소속돼 있다. 이와 같은 다층적인 학회 활동에 의해 최종적으로는 세계 규모에서 철학자의 공동 체제가 구축되어 있다.

같은 전문 주제를 연구하는 사람들이 지역을 넘어서서 모여 논의하는 국제학회도 다양한 형태로 활동을 펼치고 있다. 내가 오랫동안 관여해온 국제플라톤학회IPS는 세계에 약 500명의 회원을 거느리고 있으며, 1989년의 창립 이래로 3년마다 세계 각지에서 플라톤 심포지엄을 개최하고, 그 논의 성과를 중심으로 연구서를 발간하고 있다. 사용 언어는 영어·프랑스어·독일어·이탈리아어·스페인어이지만, 최근에는 영어의 비중이 높아지고 있다.

일반에게는 잘 알려지지 않은 그러한 학술 조직의 활동은 개개의 대학 틀을 넘어서서 전문가들이 함께 절차탁마하는 장이며, 연구

수준을 관리하는 권위의 역할도 수행하고 있다. 하지만 이러한 대학, 학회의 존재 방식에서는 철학도 다른 인문·사회 계열의 학문이나 자연 과학과 마찬가지로 독자적인 특색은 거의 없다. 오히려 자연 과학의 연구 기준에 동화되어버린 것이 현대 우리의 '철학'의 영위라고 말할 수 있을 것이다.

오랜 역사에 걸쳐 축적되고 학문의 자유나 담론의 자유로서 지켜져 온 '철학'의 영위는 그 자체로 존중된다. 다른 한편 거기에 틀어박혀 그것만이 철학이라고 믿는 폐해는 참된 철학에서 우리를 멀리 떼어 놓을지도 모른다.

고대 그리스 철학자의 삶의 태도

대학이라는 장에서 철학이 집중적으로 연구되고 가르쳐지게 된 것은 18~19세기의 유럽, 특히 독일의 대학과 학문의 영향이 크다. 19세기 독일의 학문 상황에 대해서는 근간에 검토가 진행되고 있어 전문 연구에 맡기기로 하고, 여기서는 일거에 시대를 거슬러 올라가 고대 그리스에서의 철학의 존재 방식을 살펴보고자 한다. 근현대에 이르러서도 철학의 원–이미지는 그리스에서 찾아지고 있기 때문이다.

먼저 고대 그리스에서 오늘날 '철학자'라고 불리는 사람들은 어떠한 삶의 방식을 하고 있었는가? 기원전 6세기의 그리스에 등장한 최초의 철학자들은 직업적으로 철학에 종사했던 것이 아니다. 출신 폴리스의 지도를 맡은 유력자가 지식인으로서 연구나 저술에도 임했을 것이다. 각지를 편력하는 시인이었던 크세노파네스(기원전 570년경~기원전 470년경)의 예가 있지만, 대체로 재산에 어려움을 겪지 않는 자유로운 상류 시민으로서 사유나 논의에 몰두하고 있었던 듯하다.

고대 그리스에서 철학이 번영을 누린 것은 노예에게 노동을 맡긴 자유인들의 여가(스콜레) 덕분이라는 속설이 있지만, 만약 그것이 이유라면 이집트나 바뷜로니아에서 더욱더 강대한 힘과 여유를 지닌 유한계급이 마찬가지의 철학을 행했을 것이다. 그리스 폴리스의 자유 시민들은 각자 직업을 가지고 스스로 일하고 있었으며, 소크라테스는 석공으로서 조각 제작에 임하고 있었다. 결코 노예 노동에 의존하여 여유를 즐기고 있었던 것만은 아니다.

돈을 받고서 직업으로서 지식을 교육한 것은 기원전 5세기 후반의 소피스트들이 최초이었는데, 지식을 돈과 바꾸는 것에 대한 사회에서의 충격과 반발은 컸다. 소크라테스는 철학이 자유로운 대화 활동이며 돈을 받는 영위는 부자유하다고 비판했으며, 제자 플라톤은 그 정신을 살려 개인 재산을 털어 개설한 학원 아카데메이아에서는 수업료를 일절 받지 않았다. 하지만 유력자로부터의 기부는 받았던 듯하다. 이렇게 해서 공동으로 생활하고 학문을 연구하는 '학교'가 성립한 것은 기원전 4세기의 아테나이에서였다.

헬레니즘 시대에는 프톨레마이오스 왕가의 비호 아래 도서관을 충실화한 알렉산드리아에서 학자들이 문헌학과 과학과 철학의 연구에 부지런히 힘썼다.

그러면 그들 그리스 철학자는 어떻게 철학을 밀고 나가고 있었던가? 철학의 중심에 담론과 사유가 있긴 하지만, 그것을 글로 써서 나타내는 것은 필수적인 조건이 아니었다. 탈레스는 저작을 남기지 않았다고 생각되지만, 그 밖에도 퓌타고라스나 시노페의 디오게네스(기원전 405년경~기원전 323)처럼 저작을 썼는지가 분명하지 않은 철학자도 많다. 소크라테스는 아테나이에서 평판이 있는 지자였지만, 생애 동안 아무것도 쓰지 않았다. 그것은 얼굴을 대하고서 나누는 살아 있는 대화야말로 철학이라고 생각하고, 그것을 문자로 써서 나타낼 필요를 느끼지 않았기 때문이다. 마찬가지의 의도적인 저작 거부는 엘리스의 퓌론Pyrrho(기원전 360년경~기원전 270년경)과 중기 아카데메이아의 카르네아데스Carneades(기원전 214~기원전 129) 등, 회의주의자에게서 보인다. 모든 독단을 배제하는 회의의 태도는 이런저런 생각을 써서 기록하는 고정화조차 도그마로 간주했기 때문이다.

그렇게 해서 아무것도 쓰지 않은 철학자들도 저작을 남긴 철학자들보다 한층 더 영향을 주고, 오늘날에 이르기까지 존경받고 있다. 그것은 그들의 언행을 제자들이 써서 남겼기 때문이다. 소크라테스의 경우는 플라톤과 크세노폰Xenophon(기원전 430년경~기원전 354년경) 등이 다수의 '소크라테스 문학'의 작품을 저술하여 그 일부가 오늘날에 전해지고 있다. 퓌론의 철학은 제자인 티몬Timon(기원전 325/320년경~기원전 235/ 230년경)이 보고하고, 카르네아데스는 클레이토마코스Kleitomachos(기원전 187/186~기원전 110/109)가, 로마 시대의 스토아학파 철학자 에픽테토스Epiktetos(50년경~135년경)의 경우는 청강자였던 아리아노스Lucius Flavius Arrianus(기원후 2세기)가 『어록Discourses』, 『제요Encheiridion』라는 두 종류의 언행록을 남겨 주었다. 제자들의 기록 덕분에 우리는 그들 철학자의 삶의 방식을 알 수 있는 것이다.

흥미로운 것은 시노페의 디오게네스의 경우이다. 고국에서 추방당해 아테나이와 코린토스에서 부랑자와 같은 생활을 보내고 있던 디오게네스는 사람들과 격렬하게 다투는 철학을 주고받음과 동시에 행동이나 삶의 태도로 사람들의 상식에 도전하는 철학을 실천했다. 그의 언행은 '크레이아Chreia'(유용한 것)라고 불리는 일화나 금언으로 정리되어 퀴니코스학파나 스토아학파에 대해 철학자의 모델이 되었다. 디오게네스 라에르티오스Diogenes Laertios (기원후 3세기)의 『유명한 철학자들의 생애와 사상』 제6권 제2장에 수집된 그러한 다수의 일화는 오늘날에 이르기까지 '철학자'의 모종의 이미지를 형성하고 있다.

길모퉁이의 큰 옹기에 살고, 주머니 하나로 생활하는 모습이나 한낮에 램프를 켜고 거리의 광장을 걸으면서 '인간을 찾고 있다'라고 말한 모습 등은 근대 회화의 주제가 되기도 했다.

담론 스타일의 경합

고대 그리스에서 현대에 전해진 철학의 영위는 결국 문자로 표현된 책으로 남겨져 왔지만, 그들이 쓴 저술의 스타일도 실로 다양했다. 그리스에 한정되지 않고 고대 문명은 구전의 세계로, 호메로스, 헤시오도스 등의 시는 암송되고 사람들 앞에서 낭송되었다. 서사시를 노래하는 육각운hexametros은 신들의 말을 인간에게 전하는 특별한 리듬이었다. 그것을 사용하여 신의 관점에서 말하기를 거부한 것이 산문, 요컨대 운율이 없는 '벌거벗은 말'로 쓴, 아낙시만드로스Anaximandros(기원전 610년경~기원전 546년경)에게서 시작하는 이오니아의 탐구였다. 인간의 견지에서 탐구와 사유의 성과를 짓는 산문으로의 저작은 많은 철학자와 과학자에게 채택되어 아리스토텔레스의 강의록으로 대표되는 고대 철학의 기본 스타일이 된다.

다른 한편 산문이 주류가 된 시대에도 군이 육각운으로 말함으로써 신의 관점에 몸을 두고서 철학하는 자들이 있었다. 여신이 들려준 진리를 언어로 말한 파르메니데스, 자신이 신이 되었다는 말투로 높은 곳에서 사람들에게 이야기하는 엠페도클레스Empedocles(기원전 490년경~기원전 430년경). 공화정 로마에서는 루크레티우스Lucretius(기원전 99년경~기원전 55)가 에피쿠로스 철학을 장대한 라틴어 서사시로 표현했다. 또한 운문은 아니지만 아폴론 신탁을 고답적인 수수께끼 같은 잠언으로 써서 남긴 헤라클레이토스Heracleitos(기원전 540년경~기원전 480년경)도 통상적인 논문과는 전혀 다른 스타일로써 사람들을 사유를 향해 도발했다.

기원전 5세기 후반에 소피스트들은 모의 변론의 형식을 철학적 사유에 응용하고, 담론의 기법이나 다양한 지식을 앞다투어 논의했다(고르기아스 『헬레네 찬가』 등). 기원전 4세기에 들어서면 소크라테스를 주인공으로 하는 희곡 형식의 대화편으로 많은 철학 저작이 쓰이며, 같은 시기에는 이소크라테스(기원전 436~기원전 338)가 서간 스타일을 본격적으로 도입하여 자기의 학설을 전개하고, 기원전 3세기의 에피쿠로스(기원전 341~기원전 270)의 서간으로 계승된다. 그리하여 쓰는 말에 의한 철학은 서로 다른 스타일에 의한 경합을 통해 발전했다. 그러한 스타일들은 결코 어느 것을 사용하더라도 내용은 변하지 않는 것과 같은 그릇이 아니고, 또한 편의나 장식을 위한 것도 아니며, 사유를 어떻게 전개하고 어떠한 관점에서 어떻게 말할 것인가, 누구에게 무엇을 어떻게 전할 것인가 하는 철학의 본질에 관계하는 언어 활동의 실험이었다.

고대 그리스 철학의 가장 커다란 매력의 하나는 이러한 다채롭고 생생한 담론 스타일의 주고받음이다. 그것은 논문과 전문서라는 현대의 획일적인 학교 철학과는 멀리 떨어진 살아 있는 철학의 현장, 아니 살아 있는 현장의 철학을 우리에게 선명하게 보여준다. 서양 철학의 시작점을 움직인 다양한 스타일의 경합은 중국이나 인도 등 다른 철학 전통들과도 많은 공통성을 지닌다. 이는 이후

검토되어야 할 과제이다.

2. 텍스트와 번역

쓰인 철학을 읽고 이해하기

고대로부터 계승된 철학은 어떠한 형태이든 문서로서 전승되었다. 100년 전의 것이 있을 뿐만 아니라 2,400년 전의 것도 있다. 그것들을 현대에 읽는다는 것은 어떠한 영위인가?

오래된 책을 읽고 이해한다는 것은 하나의 비유를 들자면 냉동하여 창고에 보존해둔 철학의 말을 몇 세기나 지나고 나서 끄집어내 해동시키는 것과 비슷하다. 그렇게 하여 다시 생생하게 말하게 하고 음미하는 것이 철학 연구자의 역할이다. 다른 비유를 사용해보자. 악보에 적힌 음표나 지시서의 약간 휘갈겨 쓴 필적을 읽고 이해하여 그 음악을 콘서트홀에서 연주하는 것, 그것이 철학 연구자의 일이다.

하지만 이러한 비유들로도 다 드러내지 못한 점이 두 가지 있다. 우선 그렇게 해서 고대의 사유를 되살려내 지금 여기서 다시 말하는 것은 그것 자체가 지금을 살아가는 철학자의 철학적 행위라는 점이다. 작곡한 바흐와 연주하는 굴드는 서로 다른 행위를 하고 있는지도 모르지만, 현대의 철학은 고대의 철학자와 마주하고 대화함으로써 자신의 철학을 이야기해간다. 이상적이라고 할 수 있는데, 그것이 철학사 연구가 철학 그 자체로 되는 장면이다. 또 한 가지 점은 철학책의 다수는 몇 세기나 잠자다가 부활한 것이 아니라 그사이에 계속해서 읽혀왔다는 점이다. 플라톤이나 아리스토텔레스는 라틴 중세에서는 읽히지 않게 되더라도 비잔틴에서는 연면히 계속해서 읽히며 사본이 만들어져왔다. 그때마다 되살아나 새로운 모양으로 다음에 읽을 수 있도록 전해지는 과정을 반복해온 것이다. 그렇게 해서 성립한 주석의 전통이 오랜 담론을 읽고 이해하는 지혜의 축적이자 기법의 전승이었다.

어떤 시대에 철저한 사유나 논의를 전개하여 그것을 사람들에게 말하거나 써서 남긴 철학자의 영위에는 우선은 2,000년에 걸쳐 전승되는 과정이 필요했다. 그 사정을 검토하여 현재에 남아 있는 중세 사본에서 원본 텍스트를 가능한 한 복원해 보여주는 것이 문헌학(필롤로지)의 작업이다. 철학사도 역사의 일종인 이상, 시대와 사회 상황에 대한 충분한 고려 없이 그 복원 작업을 할 수는 없다. 플라톤이 쓴 대화편의 텍스트, 아리스토텔레스가 말한 강의록의 텍스트를 가능한 한 삶의 형태로 현재의 사유에 던져 넣으면, 양자가 서로 맞부딪치는 것이 새로운 철학을 산출할 것이다.

세계철학사에서 소개된 서로 다른 시대, 서로 다른 지역에서의 다양한 사유는 오히려 우리 현대의 사고방식과는 크게 다른 까닭에, 그만큼 더 커다란 자극을 준다. 그러한 타자와의 만남과 사귐을 '대화'라고 부를 수 있다면, 대화로서 성립하는 철학은 과거 철학의 말과 마주 대하는 대화로서 지금 여기서 수행되게 된다.

서간을 읽고 이해하는 기법

쓰인 것을 읽고 이해하기 위해서는 일정한 약속된 것을 이해하는 것과 읽고 이해하는 기법을 몸에 익히는 훈련이 필요하다. 몇백 년 전에 쓰인 다른 나라의 철학 문헌을 읽고 곧바로 그 문맥이나 내용을 알 수 있는 사람은 없다. 철학사와 문헌학이 필요한 이유이다. 현재는 거의 잊혀버린 글의 스타일로서 '서간'에 의한 철학을 예로 생각해보자.

17세기에는 데카르트가 730통 이상의 서간을 동료나 철학자들과 교환하는데(『데카르트 전 서간집』, 知泉書館), 거기서 영원 진리 창조설이나 과학들을 둘러싼 중요한 고찰이 표명되었다. 또한 17세기 후반에서 18세기 초에 라이프니츠는 홉스(1588~1679)나 스피노자 등과 1,000통이나 되는 왕복 서간을 교환했다(『라이프니츠 저작집 제II기 제1권 철학 서간』, 工作舍). 공간된 저작이 적은 라이프니츠의 연구에 있어 서간이 지니는 의미는 대단히 크다. 고대부터 20세기까지 이어지는 철학자들 사이의 서간에 의한 논의는 읽고 이해하기 위해 배워 능숙해질 필요가 있는 약속된 것들로 가득 차 있다.

누군가 특정한 상대를 향해 쓴 서간 형식에서는 그 상대가 누구인지, 언제 쓰였는지, 왜 그러한 논의를 하고 있는지, 그 이전에 어떠한 주고받음이 있었는지에 대한 이해가 빠질 수 없다. 나아가 왜 서간으로 주장을 써서 남겼는지, 개인에게 보낸 서간인데 어떻게 해서 이렇게 누구나 읽을 수 있는 것인지와 같은 소박한 물음도 나오게 되는 것은 틀림없다. 누군가에게 펜으로 편지에 적은 문장은 통상적으로는 보내고 나면 상대방에게 건너간다. 그 사람이 보존할 수도 있지만, 다른 서류에 뒤섞이는 일도 있을 것이다. 하지만 지금과는 달리 지식인 사이의 커뮤니케이션이 극히 제한되어 있던 시대에 서간은 의견 교환의 기본적인 매체였다. 지금이라면 이메일 등으로 즉시 주고받는 것이 옛날에는 오랜 시간과 수고를 들여 서로 멀리 떨어진 장소 사이에서 교환된 것이다. 그렇게 해서 자기의 생각이나 상대에 대한 반론이나 의문을 쓰는 것은 신중하게 준비된 중요한 의견 표명이었고, 쓰는 사람은 수중에 사본을 남겨 두고 답장에서 이전의 서간을 언급하거나 인용하기까지 한 것이다.

더 나아가 두 사람 철학자 사이에서의 최첨단의 논의는 아마도 동시대 동료들의 커다란 관심을 끌었을 것이며, 양자 사이의 서간은 베껴져 회람됨으로써 좀 더 많은 사람에게 공유되어 사유나 논의를 촉진하고 있었다. 서간을 집필하는 목적은 자신의 주장을 설명한다거나 옹호한다거나 상대의 논의에 반론한다거나 새로운 문제를 제기하여 물음을 던진다거나 교육하려고 한다거나 하는 등으로 다양했겠지만, 그것들이 사교적인 말투에 매몰되어 있는 모습이 읽힌다.

저명한 철학자들 사이의 서간은 후에 정리되어 '왕복 서간집'이라는 형태로 공간되기도 한다. 주의해야 할 것은 그것들이 생전에 얼마만큼이나 공표를 의식하여 쓰였는가 하는 점과 나아가서는 거기에 포함되지 않은 다른 서간이 어느 정도나 있었는가 하는 잃어버린 고리의 문제이다. 어느 쪽이든 철학의 자료를 읽고 이해하는 기법은 각 철학자의 저작 스타일에 따라 다르며, 시대나 문화의 다름을 포함한 배경에 대한 숙지가 필요하다.

철학 언어의 번역

철학의 저작을 읽어 나가는 데서 또 하나 피할 수 없는 것은 각각의 언어로 쓰인 텍스트를 어떻게 독해하고 번역해갈 것인가 하는 문제이다. 많은 언어를 배운 사람이라도 모국어로 읽는 것이 무엇보다도 부드러우며, 신뢰할 수 있는 번역이 있으면 접근은 좀 더 쉬워진다. 실제로 일본은 전통적으로 외국어 문헌을 번역으로써 받아들이는 것에 뛰어난 문화이며, 고대나 근현대의 서양 철학으로 말하자면 기본적인 철학 문헌은 대부분 일본어로 읽을 수 있다.

여기서 우선 생각해야만 하는 것은 철학을 수행하는 언어는 어떠한 것인가, 그것은 번역될 수 있는가 하는 문제이다. 자연과학 연구가 수식이나 기술적인 표현으로만 이루어지고, 나아가 세계 공통으로 영어로 논문 집필이나 논의가 이루어지는 것과는 크게 달리, 철학의 사유와 표현은 각각의 자연 언어에 깊이 뿌리를 내리고 있다. 나 자신은 영국 대학원에서 박사 논문을 집필하고 있을 때 5년에 걸쳐 영어로만 논의하고 생각해서 쓰는 상황에 있었다. 하지만 영어로 머리가 회전하여 입에서 자연스럽게 발하는 사고와는 별개로, 정말로 근원적인 문제를 곰곰이 스스로 생각해야만 할 때, 문득 나의 사유가 그 근저에서는 일본어로 움직이고 있는 것이 아닐까 (영어로) 느끼기도 했다. 어딘가 깊은 바탕에서 일본어로밖에 사유할 수 없는 기저의 부분이 있다는 감각이다. 2개 국어를 모국어로 하지 않는 이상, 철학에서도 사물을 깊이 생각할 때의 언어가 다름 아닌 모국어라는 점은 매우 흥미롭다.

더 나아가 그러한 각 언어에 의해 사유나 표현의 스타일이나 패턴이 서로 다르다는 것도 잘 알려져 있다. 모든 논술을 논리적으로 연결하면서 정확한 동시에 간결하게 쓰는가, 아니면 같은 아이디어를 다채로운 표현으로 반복해서 전개하여 쓰는가, 또는 행간에 담긴 의미나 암묵적인 비약을 중시하면서 쓰는가, 그것은 언어문화나 시대나 개인차에 의하지만, 어느 언어인가에 의존하는 부분도 크다. 덧붙이자면 지금 예로 든 세 개의 패턴은 내가 대략적으로 파악하는 영어, 프랑스어, 일본어의 글쓰기 방식의 특징이다.

자신의 모국어로밖에 철학이 가능하지 않다면, 그것은 매우 좁은 범위에 머무르고, 또한 보편성으로 확대될 여지가 제한된다. 또한 모국어로도 수백 년 전의 말은 분명히 외국어와 같은 거리를 유지하고 있고, 일본에서도 구카이나 도겐의 저작을 읽기 위해서는 언어적 훈련도 필요하다. 세계철학은 각각의 언어에서의 철학의 영위를 살리면서 그것을 넘어서 이어가는 종합적인 장의 창출이다. 우리가 많은 언어를 구사할 능력이 없는 이상, 번역이 필수적인 유대가 된다.

철학의 지구화는 '영어'로 작성된 논문·연구 발표라는 일원화를 전제로 하고 있지만, 철학의 영위가 원래 언어와 불가분인 이상, 일본어나 베트남어와 같은 개별 언어와 무관하게 풍요로운 철학을 만들어 낼 수는 없다. 세계철학에서의 각 철학은 그 언어와 문화의 역사 위에서 비로소 독자성을 발휘한다. 하지만 국제학회에서 다수의 언어를 동시에 상호적으로 주고받는 것은 실천적으로 불가능하다고 생각된다. 또한 국제 저널 등에서도 영어로 투고하지 않으면 독자와 평가를 얻을 수 없다는 사정도 있다. 철학을 세계화하여 공통의 장에서 대화할 때의 '링구아 프랑카lingua franca'인 영어의 편리성과 철학에서의 언어의 기저성이라는 딜레마는 철학적으로 고찰해야만 하는 문제이다.

서로 다른 문화, 서로 다른 사상적 전통들 사이에서 과연 철학적 사유는 번역 가능한가 하는 문제는 철학적으로는 콰인Willard Van Orman Quine(1908~2000)의 '번역의 불확실성'이라는 논의로 이어지고 있다. 하지만 세계철학의 역사에서 철학의 언어는 언제나 가뿐히 다른 언어로 번역되어 융통성 있게 사용되어왔다는 것을 잊어서는 안 된다. 지금 이렇게 철학을 논의하고 있는 일본어가 그 좋은 예이다.

자연 과학과 같이 하나의 언어로 통일할 수 없는 철학의 수행에는 좀 더 큰 어려움이 기다리고 있다. 하지만 언어 사이에 가로놓인 차이는 불필요한 방해물이 아니라 우리를 서로 다른 방식으로 세계의 진리로 향하게 하는 가능성이며, 그것들 사이에 마치 마찰처럼 생기는 위화감이 어디에 철학의 문제가 놓여 있고 어떠한 사유가 가능한지를 보여줄 것이다. 번역은 그러한 근원적인 차원에서의 철학 가능성이지 단지 기술적으로 해결되어야 할 사실상의 장애가 아니다.

3. 세계철학의 실천

살아 있는 철학의 실천

고대 그리스로 거슬러 올라가 서양 철학의 원상을 보면, 오늘날 우리가 자명하다고 생각하는 대학에서의 학문이나 전문 연구로서의 '철학'은 그 일부에 지나지 않으며, 좀 더 풍요로운 영위가 펼쳐졌다는 것을 알 수 있다. 프랑스의 고대 철학 연구자로 플로티노스Plotinos(205~270), 마르쿠스 아우렐리우스Marcus Aurelius(121~180)의 연구로 유명한 피에르 아도Pierre Hadot(1922~2010)는 고대로부터 중세에 이르는 '삶의 기예ars vivendi'로서의 철학을 복원하여 미셸 푸코 등에게 커다란 영향을 주었다.

서양 고대에서 철학이란 '정신의 수양Exercices spirituels'이며, 과거 철학자의 저작 연구도 그 일환에 지나지 않았다. 예수회의 창시자 이그나티우스 데 로욜라Ignatius de Loyola(1491~1556)가 실천법을 보여주어 근대에도 알려지는 철학의 존재 방식이다('영신수련'으로 번역된다). 철학은 그것을 실천하는 주체를 변용시키며, 인도하는 자인 철학의 교사는 듣는 자에게 정신적인 진보나 내적인 변용을 가져다 준다. 인도자에 의해 수련을 쌓아 삶의 방식을 배우는 철학은 소크라테스를 전형으로 하여 플라톤, 에피쿠로스, 스토아 학파로부터 신플라톤주의에 이르기까지 널리 공유되고 있었지만, 근대의 학문 제도에 들어서서 변질하고 만다. 하지만 아도는 거기서도 괴테Johann Wolfgang von Goethe(1749~1832)와 비트겐슈타인Ludwig Wittgenstein(1889~1951) 등에게서 이러한 철학의 흐름을 간취하고 있다.

스토아학파에서 전형적으로 보이는 고대의 '정신의 수양' 프로그램은 네 단계를 이루고 있었다(P. Hadot, *Philosophy as a way of life*, Blackwell, 1995, pp. 84~87).

우선 첫째로 주의를 기울이는 것을 기본으로 하는 정신적 태도이다. 언제나 정신을 집중시켜 주의를 게을리하지 않는다. 인생의 원칙이 항상 자기 손안에 있도록 마음을 쓴다. 현재의 순간에 집중함으로써 '우리에게 달려 있지 않은', 요컨대 스스로 자유롭게 할 수 없는 과거와 미래에 관계함으로써 생기는 정념에서 해방된다. 살아가는 현장에서는 눈앞의 사건에 즉각적으로 대응할 수 있도록 한다.

전문 철학자는 아니었지만, 스토아학파의 사상에 친숙했던 철인 황제 마르쿠스 아우렐리우스는 스스로의 체험으로부터 생생한 말을 남기고 있다.

> 모든 곳에서 언제나 그다음의 일은 그대에게 달려 있다. 현재의 사태에 신을 섬기며 만족하는 것도, 현재의 사람들에 대해 정의에 따라 응대하는 것도, 자기의 현재 표상을 교묘한 기술로 다루어 명석하게 파악되지 않은 무언가가 [정신 안으로] 흘러 들어오지 않도록 하는 것도. (마르쿠스 아우렐리우스, 『자성록自省錄』 7·54, 미즈치 무네아키木地宗明 옮김)

각각의 한순간으로의 집중은 영원으로, 그리고 우주로 의식을 향하고, 각 순간의 가치에 주목함으로써 자신의 개성을 변용시킨다.

두 번째 단계에 오는 것이 기억과 훈련이다. '명상meditation'으로도 옮겨지는 '훈련Meletē'은 상상력을 사용하여 눈앞에 그려 보는 수사학의 수법이다. 예를 들어 빈곤, 재해, 죽음 등, 통상적으로는 악이라고 생각되는 사물을 미리 상정함으로써 그것이 결코 진정한 악이 아니라는 것을 인식하고, 그러한 담론을 반복함으로써 두려움과 슬픔 등의 감정을 제거해 가는 것이다. '명심하라!'라고 말하는 마르쿠스 아우렐리우스의 『자성록』은 그러한 이야기의 실천이다. 하루를 시작하며 그날의 일을 생각하고, 밤에는 하루의 사건·실패를 반성한다. 그렇게 해서 명상을 통해 내적인 담론을 통제하고, 이윽고 자신이 할 수 있는 것과 할 수 없는 것을 구별하고, 후자를 바라지 않는 마음의 자세가 형성된다. 그것은 세계에 대한 견해와 나타나는 방식의 변용이자 내적 심정, 외적 행동의 근본적인 변신이다.

세 번째 단계는 지적 훈련인데, 그것은 기억 훈련의 영양을 제공하는 것으로서 필요하다. 구체적으로는 독서, 청강, 연구, 탐구가 있으며, 우리가 익숙해져 있는 철학 문헌의 강독도 포함된다. 그 가운데서도 특히 '격언'을 읽는 것이 권장되는데, 그것들에 대한 독해는 교사의 지도하에 행해진다. 말하자면 초보적인 것의 가르침을 받음으로써 그러한 교재들을 살리는 방법을 배우는 것이다. 연구는 그 지도를 실천하는 것이며, 스토아학파의 철학에서는 '논리학·자연학·윤리학'의 세 부문이 그에 해당한다. 실천으로서의 철학은 결코 학문을 무시하는 것이 아니라 그것을 살린다.

마지막으로 네 번째 단계에서 자기 단련이 이루어지며, 실천적 훈련과 습관화에서 의무가 완료된다. 그 목표는 선도 아니고 악도 아닌 것에 대한 무관심의 달성이다.

최고로 아름답게 살아라. 그 힘이 영혼 안에 있는 것이다. 만약 사람이 무관심해야 할 것에 대해 무관심하게 된다면 말이다. 그리고 사람은 다음과 같이 하면 그러한 것들에 대해 무관심할 것이다.

즉, 그것들 각각을 분석적으로, 게다가 또한 전체적으로 고찰한다
면 말이다. (마르쿠스 아우렐리우스, 『자성록』 11 · 16)

이렇게 해서 매일같이 의식적으로 자유롭게 살아가는 삶의
방식을 추구하고 실현하는 것이 철학의 훈련이다. 스토아학파가
몰두한 이와 같은 훈련은 플라톤주의나 에피쿠로스주의나 회의주
의에서도 마찬가지로 실천되었다.

철학이라는 이념을 고대 그리스로 거슬러 올라가 고찰하면
떠오르는 '삶의 방식 수련'은 고대의 인도나 중국 그리고 일본에도
공통된다. 특히 사제 관계에서 대화를 통해 철학을 가르치고 실천
하는 모습이나 그렇듯 대대로 이어서 전달하는 방법은 공자를
비롯한 제자백가 시대인 중국 철학자나 초기 불교에서 이야기된
붓다의 가르침과 동일하다. 그런 의미에서 전문적인 학문에 특화된
현대의 서양 철학과는 거리가 멀다고 하더라도 고대에 자리를
잡고서 구축되는 세계철학에서는 철학의 올바른 길로서 여겨져야
할 존재 방식이었다.

철학의 민주화

철학은 전문 연구에 틀어박히는 것이 아니라 인간이라면 누구나
삶에서 배우고 실천하는 영위이다. 소크라테스가 길모퉁이에서
사람들에게 제기한 '정의란 무엇인가'나 '용기란 무엇인가'와 같은

물음이나 '그저 살아가는 것이 아니라 선하게 살아가는 것이 좀 더 중요하다'라는 기본 명제, 나아가 '혼을 배려하라'라는 권고는 결코 사회의 상층 시민에게만 관계되는 것이 아니다. 인간이 인간인 한에서 참으로 중요한 것, 요컨대 선과 아름다움과 정의에 대해 우리는 참다운 앎을 지니고 있지 않으며, 그것을 자각하면서 탐구를 게을리하지 않고 좀 더 선하게 살아가야만 한다. 이것은 모든 사람에게 열린 철학(필로소피아)의 원상이다. 소크라테스로부터 발전했다고 하는 서양 철학은 근대로부터 현대에 좀 더 전문화하고 엄밀한 학문이 되는 가운데 어쩌면 그 기본 정신에서 멀어지고 있는지도 모른다.

아테나이라는 큰 소 주위에서 시끄럽게 각성을 촉구하는 등에에 스스로를 비유한 소크라테스. 그를 정면으로 비판하면서 그 철학의 정신을 이어받은 것이 바로 19세기 말의 니체이다. 잠언이나 이야기로 인간의 극복을 보여준 니체는 고대 그리스의 철학자와 닮은 얼굴로 삶의 방식의 철학을 이야기한다. 우리 한 사람 한 사람이 수행하는 살아가는 장에서의 철학은 세계철학사에서 여러 사람의 구체적인 인생에서 제시되고 잇달아 말로 전해 내려왔다. 그것은 철학이 문자 그대로 '앎을 사랑하고 구하는' 영위로서 모든 사람에게 부과되어 있다는 것을 상기하게 한다.

예전에는 특권적이고 고답적으로 보였던 철학에도 지난 수십 년 사이에 커다란 변화를 볼 수 있다. '철학 카페'와 '철학 대화' 또는 '어린이를 위한 철학'(P4C^{Philosophy for Children}라 부른다)과 같은

시민과 학생들 사이의 대화, 하나로 묶어서 '철학 실천'이라고도 불리는 실천이 퍼지고 있다. '철학 카페'는 프랑스에서 출발한 철학 실천으로 일반 사람들을 끌어들이는 비-아카데믹한 장에서의 철학의 시도이며, 일본에서도 많은 철학자가 각지에서 실천하여 좀 더 많은 사람을 철학의 논의로 끌어들여 왔다(가지타니 신지梶谷真司, 『생각한다는 것은 어떠한 것인가? ― 0세부터 100세까지의 철학 입문考えるとはどういうことか―0歳から100歳までの哲学入門』, 幻冬舎新書, 2018년).

근간에 철학의 한 분야에서 성행하고 있는 '어린이를 위한 철학'이라는 시도는 철학이라는 고도의 추상 이론에는 참여할 수 없다고 생각되어 배제되어온 아이들에게 철학을 경험하게 한다. 거기서는 아이가 어른에 못지않게 참신한 발상이나 근본적인 물음을 제기하고 생각한다는 것이 밝혀지고 있다. 철학을 통해 아이의 학습 능력을 신장시키면서 철학 그 자체의 존재 방식을 바꾸어 간다고 하는 교육 효과도 있다. 하지만 그 이상으로 아이의 뜻밖의 물음이 어른들의 상식에 사로잡힌 우리에게 신선한 놀라움을 불러일으키고, 자신도 예전에 그러한 식으로 세계를 느낀 적이 있었다고 어렴풋이 상기하게 된다.

지금까지 능력 있는 어른들이 주고받는 것으로서 그것에 적합하지 않은 사람들을 암묵적으로 배제해온 철학이 좀 더 광범위한 사람들과의 대화를 통해 스스로를 활성화하고 있다. 철학의 논의나 대화에는 이성을 지닌 건전한 성인만이 참여할 수 있다는 전제는

충분히 교육을 받지 못한 아이나 기억과 판단력이 쇠약해진 고령자뿐만 아니라 장애나 부상이나 질병으로 신체나 지성의 면에서 고도의 논의를 할 수 없는 사람들을 무시하고 철학에서 배제하는 결과를 낳아왔다. 하지만 임상 철학이 간호의 현장에 들어가고 거기서 환자와 간호사 사이의 말의 주고받음을 고찰하는 것과 같은 새로운 철학의 실천에서 철학의 주체와 실천의 형태는 크게 확산하고 있다(사카키바라 데쓰야榊原哲也,『의료 케어를 다시 묻는다 ― 환자를 전체로 보는 것의 현상학医療ケアを問いなおす ― 患者をトータルにみることの現象学』, ちくま新書, 2018년). 나는 이러한 철학의 민주화야말로 철학을 세계에 대해 열고, 철학 그 자체를 풍요롭게 하는 방향이라고 믿고 있다.

학문으로서의 세계철학

이상의 고찰을 이어받아 대학 등의 장에서 학문으로서 수행되는 전문적인 철학의 의의를 다시 생각해보고자 한다. 철학을 직업으로 하는 자는 연구든 교육이든 일본에서나 세계에서나 극히 제한된 소수의 전문가에 지나지 않는다. 다른 한편 철학은 세계에서 우리 인간 누구나 행하는 영위이며, 대학에서의 철학과는 언뜻 보아 서로 양립하지 않는 것으로 보이기도 한다. 그렇다면 학문으로서의 철학은 본래의 존재 방식을 잃어버린, 개혁되고 떨쳐 버려야 할 존재일까? 나 자신은 전문 철학이 세계철학의 거점으로서 그 전개에서 결정적인 역할을 해나간다고 생각하고 있다. 하지만 이를 위해서는 현재의 전문적인 철학 연구자가 '세계철학'이라는 의식과 시야를 지니고서 철학의 가능성을 넓히고 적극적으로 추구해 나갈 필요가 있다.

전문 철학이 세계철학에서 지니는 의의는 크게 세 가지가 있다. 우선 첫째로 세계의 다양한 철학의 전통과 사상을 개별 국면에서 철저히 연구하여 사유나 담론을 정리하고, 다양한 해석과 문제점을 제시하는 것이다. 또한 철학자나 사상 전통들을 관계짓거나 서로의 비교를 수행함으로써 각각의 생각의 특징이나 의의를 명확히 제시할 수도 있다. 이러한 기초 연구들은 세계의 옛날과 지금의 다양한 철학을 전체로서 시야에 넣는 세계철학·세계철학사에 대해 가장 중요한 기반이다. 각 영역은 전문적인 것에 통달한 연구자밖에 이해할 수 없는 것도 많으며, 여기서는 분업과 협력이 불가결해진다.

둘째로 그러한 소재들을 활용하여 세계에서의 인간이라는 시야로부터 철학을 수행하는 것은 전문적인 철학자의 능력에 의지한다. 철학의 논의나 발상의 훈련을 쌓아온 사람은 좀 더 명료하게 문제를 정리하여 새로운 방향을 찾아낼 수 있을 것이다. 하지만 이를 위해서는 자신의 전공 이외의 영역과 언제나 접하고, 열린 시야에서 철학을 행할 필요가 있다.

셋째로 우리 인간이 참으로 철학하는 영위를 지키고, 거기서 담론과 사유의 자유를 실현하기 위해 대학이라는 학문의 장소는

빼놓을 수 없다. 담론이나 사상은 시대의 분위기나 사회나 정치나 여론에 의해 그때마다 크게 움직이고 휘둘리며 극단적으로 첨예화하거나 때로는 억압되거나 한다. 국가 간이나 정치 체제나 사회 집단에 의해 분열이 강해지고 서로 비난하여 공통의 논의를 위한 장이 유지되지 못하는 상황에서도 언제나 독립적이고 자립적인 자유로운 담론이 이야기되는 장으로서, 그리하여 누구나 철학을 논의하는 장으로서 대학이 존재한다. 대학이야말로 세계 전체의 의의를 떠받치는, 인간의 앎의 보루이다. 이것이 바로 플라톤이 아카데메이아 학원을 창설했을 때의 이념이었다(이 시리즈 제2권 제1장에서의 '학원 아카데메이아'를 참조). 담론의 자유(파레시아)가 우리를 살리고 진리를 이야기할 용기를 준다. 그러한 담론의 자유를 지키고 키우는 공생의 장이 대학이자 거기서 수행되는 철학인 것이다.

철학은 우리가 살아가는 세계의 전체에 책임을 짊어지고 있으며, 그 임무를 진지하게 추구해 가는 것이 철학에 종사하는 사람의 사명이다. 또한 세계에서 살아가는 모든 사람이 철학에 참여하고 공동의 삶에서 최선의 삶을 지향해 나간다. 그것이야말로 지식을 사랑하고 추구하는 인간의 존재 방식의 실현이다. 세계철학은 바로 그 실천이다.

☞ 좀 더 자세히 알기 위한 참고 문헌

— 피에르 아도Pierre Hadot, 『이시스의 베일 — 자연 개념의 역사를 둘러싼 에세이イシスのヴェール── 自然概念の歴史をめぐるエッセー』, 오구로 가즈코小黒和子 옮김, 法政大学出版局, 2020년. 고대 그리스의 자연 탐구는 인간이 자연이라는 신비의 일부라고 자각하는 정신의 수양이다. 아도의 주요 저작은 아직 일본어로 번역되어 있지 않다. 『삶의 기법으로서의 철학』 등의 번역도 기대된다.

— 노토미 노부루納富信留, 『대화의 기법對話の技法』, 笠間書院, 2020년. 대화란 무엇인지, 대화의 철학적 가능성은 어디까지 미치는지를 현대 사회의 맥락에서 논의한 일반인을 위한 철학서.

— G. B. 매튜즈Gareth B. Matthews, 『어린이는 작은 철학자子どもは小さな哲学者』 합본판, 스즈키 쇼鈴木晶 옮김, 新思索社, 1996년; 같은 저자, 『철학과 어린이 — 어린이와의 대화에서哲学と子ども── 子どもとの對話から)』, 구라미쓰 오사무倉光修·나시키 가호梨木香步 옮김, 新曜社, 1997년. 아리스토텔레스 연구자이기도 한 저자가 어린이와 철학의 문제를 논의한 일련의 저작. 어린이와 같은 부드러운 눈길의 저자를 나도 학생 시절에 접하고서 자극을 받았다.

— 미셸 푸코Michel Foucault, 『진리의 용기 — 콜레주 드 프랑스 강의 1983~1984년도眞理の勇氣── コレージュ·ド·フランス講義1983~1984年度』, 신카이 야스유키愼改康之 옮김, 筑摩書房, 2012년. 푸코는 말년의 강의에서 고대 그리스의 철학자들, 소크라테스와 시노페의 디오게네스에게로 되돌아가는 가운데 철학의 파레시아를 논의한다. '진리를 말한다'라는 철학의 실현은 오늘날 우리의 가장 중요한 과제이자 세계철학의 목표이다.

제Ⅱ부

세계철학사의 더 나아간 논점

제1장

데카르트 『정념론』의 범위

쓰자키 요시노리津崎良典

심신 분리에서 심신 합일로

'나는 생각한다, 그러므로 나는 존재한다Cogito, ergo sum' — 17세기 프랑스를 대표하는 철학자 데카르트René Descartes(1596~1650)의 유명한 말이다.

그의 주저인 『방법서설』(1637년)과 『성찰』(1641/42년)에서 '나'가 이 인식에 이른 것은 세계와 그 속에 사는 타자와 교류하는 사회적 존재로서의 자기의 존재 방식을 일단 괄호 안에 넣고 그것들의 존재를 의심한 결과, 자신의 몸을 포함한 물체와 정신 사이에 '사태적인' 구별, 요컨대 사물 그 자체의 형상에 따른 구별을 밑에 깔기 위해 주체의 자기에 대한 자기 매개적인 동시에 자기 목적적인 활동으로서의 '성찰meditatio'을 행하는 것에 의해서였다(이 일은 유럽 철학과 신학에서의 '정신[영적] 수양'의 전통에 자리매김한다. 이 책 제1부, 제4장 참조). 이리하여 정신은 '생각하는' 것을 본성으로 하고, 물체는 공간에 특정 형상을 취하여 '펼쳐지는' 것을 본성으로 하는 까닭에, 서로 다른 '실체'로서 분리된다. 이른바 심신이원론이다(이 시리즈 제6권, 제1장 참조).

이렇게 '정신을 감각에서 떼어 놓는'(『성찰』, 개요) 것을 자신의 철학적 기도의 중심에 두고 있던 데카르트에게, 그러나 정신과 신체가 현실적으로는 '실체적으로' 합일하여 '전체로서의 나'(『성찰』, 제6)를 이루고 있다는 것은 철학적 반성 이전의 일상적 사실이며, 양자 사이에 자연스럽게 성립하고 있는 상호 작용의 메커니즘에 대해 해명할 필요는 그다지 자각되고 있지 않았다. 이것을 '심신 문제'로서 적극적으로 다룬 것은 데카르트와 동시대의 그리고 후대의 지식인들이었다.

그 가운데 한 사람으로 팔츠 선제후 프리드리히 5세의 장녀 엘리자베트가 있다(이 시리즈 제5권, 제6장 참조). 가족으로부터 '그리스인'이라고 야유받을 정도로 면학에 몰두한 그녀가 데카르트와 고차적인 철학적 편지 왕래를 시작한 지 2년째인 1645년 봄에 두 사람은 '정념'을 둘러싸고서 논의를 교환한다.

정념passion이란 단순한 감정이 아니다. 그것은 격렬한 감정이다. 인생의 다양한 사건을 계기로 '나'의 내부에 생겨나면서 마치 외부에 존재하는 것처럼 '나'에게 덮쳐들고, 의지나 이성의 통제에 복종하지 않고 '나'로 하여금 예기치 않은 행동으로 몰아세운다.

그 전형은 사랑과 질투, 분노와 증오, 두려움과 연민이다.

바로 그때 유럽은 종교 개혁에서 발단하는 30년 전쟁의 한가운데 있었다. 가톨릭 진영과의 싸움에서 패배한 프리드리히 5세 일가는 네덜란드 헤이그에서 비참한 망명 생활을 보내고 있었다. 그로 인해 공주는 데카르트에게 마른기침과 발열을 동반한 우울 증상(멜랑콜리)을 호소하며, 그는 그 원인을 '슬픔'이라는 정념에서 찾은 것이었다.

심신 관계라는 물음

여기서 조금 더 생각해보자 — 정말이지 사람은 일상생활에서 데카르트가 말하는 '전체로서의 나'를 극히 평범하게, 자연스럽게 살아가고 있다. 그 경우 자신에게는 '신체'라는 것과 나아가 그것과는 다른 '정신'이라는 것이 있는데, 그렇다면 신체란, 정신이란 무엇인가? 이 '나'에게서 양자는 어떻게 결합·관계하고 있는가? 생물학적 죽음 이후 신체는 해체·소멸하는데, 그때 자신의 '영혼'은 어떻게 되는가? — 여기서는 편의상 신체와 결합태에 있는 것을 '영혼', 신체와 분리태에 있는 것을 '정신'으로 이해하자. — 영혼은 신체로부터 분리되는가? 신체가 해체·소멸한 후의 영혼의 삶은 생각될 수 있는가? 좀 더 말하자면 그것은 불사인가? …… 이러한 일련의 물음이 강하게 제기되는 일은 거의 없다.

사람이 이러한 철학적인 물음들에 직면하지 않을 수 없게 되는 것은 저 '나'를 당연한 듯이 살아갈 수 없게 되었을 때가 아닐까? 엘리자베트라는 한 개인의 사례에서 알아볼 수 있듯이, 그리고 그러한 그녀에게 자신의 경험을 겹쳐 보면 알 수 있듯이, 그것은 구체적으로는 병을 앓을 때이다. 마음에 나쁜 상태가 초래되면 식욕은 상실되고, 열이 오르면 어렵다는 것을 생각할 마음이 생기지 않는다. 다른 한편으로 사람은 예를 들어 슬픔에 젖으면 눈물이 뺨을 적시는 것을 느끼며, 그 결과 자신의 심신이 특정한 방식으로 결합·관계하고 있다는 것을 깨닫게 된다.

요컨대 질병이나 정념이라는, 말하자면 비상한 상태의 사태가 일상생활에 매몰된 자신의 신체 및 정신의 '존재'와 양자의 '관계'에 대해 철학적 반성을 촉구하고, 앞서 언급한 것과 같은 일련의 물음으로 유혹하는 것이다. 이것은 동서고금, 남녀노소를 불문하고 살아가고 있는 자로서의 사람이 그 심도와 빈도 그리고 표현에 차이는 있어도 예외 없이 경험하는 과정일 것이다. 만약 '세계철학'이라는 것이 가능하다면, 그 중심적 주제의 하나는 심신의 결합·관계를 '물음'으로서 떠오르게 하는 이러한 사태들이라고 생각되는 까닭이다.

실제로 유럽으로 이야기를 한정하더라도 질병과 정념은 고대부터 지금까지 이러한 철학적 주제의 일각을 차지해왔다. 물론 질병이 신체에서 유래하고 그 영향이 신체에 한정될 때는 의학이나 생리학의 대상이 된다. 그러나 신체의 변조가 영혼에 영향을 주는 경우, 혹은 질병의 원인이 영혼에서 찾아지는 경우는 고대인이 그렇게 부르는 '영혼의 병'을 다루는 철학 차례이다.

그 전형이 엘리자베트도 고통받은 '멜랑콜리'이다. 고대 그리스의 의학자 갈레노스$^{Claudius\ Galenus}$(129년경~200년경)가 히포크라테스 의학을 기반으로 체계화한 이론에 따르면, 이는 슬픔과 두려움을 주된 증상으로 하는 가운데 '흑담즙'이라는 체액이 신체의 나쁜 상태의 원인으로 생각됨으로써 심신 관계의 질병으로 여겨져 왔다(병의 증상이 나타나지 않고서도 '기[체]질'로서 존재할 수 있다고 여겨져 시인이나 학자 등 고독과 명상을 좋아하는 사람들의 특징으로 생각되어오기도 했다. 독일 르네상스 시기에 활약한 화가 뒤러의 동판화 〈멜랑콜리아 I〉에 묘사된 인물 등이 상기된다).

'파토스'라는 기초 개념

이어서 '패션^{passion}'이라는 말로 눈을 돌리면, 이 말은 그리스어의 파토스^{pathos}, 라틴어의 파시오^{passio}에서 유래하고, 그리스도교에서는 그리스도의 '수난'을 의미하는 등 다의적인바, 의학, 시학, 수사학 등 적용 범위도 넓다는 것을 알 수 있다. 하지만 푸코가 『자기에 대한 배려』에서 이야기하고 있는 대로 제1의적으로는 역시 심신 관계에 대한, 게다가 철학적인 고찰에 빠질 수 없는 기초 개념을 이룬다.

[파토스라는 개념은] 정념의 고통에도 신체의 질병에도, 신체의

나쁜 상태에도 마음의 본의가 아닌 움직임에도 적용된다. 게다가 마음의 경우에도 신체의 경우에도 그 개념은 무언가 수동 상태와 관련되어 있고, 그 상태는 신체의 경우에는 그 체액 내지 성질에서의 균형을 어지럽히는 질환의 형식을 취하며, 마음의 경우에는 그 의사에 반하여 우세해질 수 있는 움직임의 형식을 취한다. 이 [의학과 철학에서의] 공통 개념을 바탕으로 하여 사람들은 심신의 질병에 관한 유효한 분석 틀을 만들어 낼 수 있었다. (다무라 하지메田村 俶 옮김, 新潮社, 1987년, 73~74쪽, 강조는 인용자)

이리하여 파토스의 문제는 고대 그리스 문화권에서는 아마도 플라톤의 후기 대화편 『티마이오스』에서 처음으로 본격적으로 고찰되었으며, 플라톤을 비판적으로 계승한 아리스토텔레스가 『혼에 대하여De Anima』나 『니코마코스 윤리학』 등에서 논구했다. 그 후 이 말이 라틴어로 번역되어 고대 로마 문화권에서는 스토아학파 철학자들의 크고 많은 관심을 끌었으며, 아우구스티누스의 『신의 나라』에 의해 그리스도교 전통으로 계승되고, 토마스 아퀴나스Thomas Aquinas(1225년경~1274)의 『신학대전』에서 하나의 체계화를 보게 된다(이 시리즈 제4권, 제5장 참조).

그리고 16세기 후반부터 17세기에 걸쳐 현재의 네덜란드나 벨기에 그리고 프랑스에서 철학의 중심적 과제 가운데 하나를 이루었다. 인문주의자 유스투스 립시우스Justus Lipsius(1547~1606), 법률가, 정치가로서 활약한 기욤 뒤 베르Guillaume du Vair(1556~1621),

도미니크회 수사 니콜라 코에프토Nicolas Coeffeteau(1574~1623), 신학자 장-피에르 카뮈Jean-Pierre Camus(1584~1652), 의사 마렝 퀴로드 라 샹브르Marin Cureau de la Chambre(1594~1669), 오라토리오회 수사장-프랑수아 스노Jean-François Senault(1599~1672) 등이 모두 정념론을 다룬 것이다. 17세기 유럽이 '정념의 시대'로 불리기도 하는 것은 그 때문이다.

『정념론』의 집필 배경과 그 의도

데카르트와 엘리자베트가 1645년에 주고받은 논의로 되돌아가자. 그는 공주를 괴롭히는 '슬픔'을 치유하는 수단으로서 때때로 '푸른 숲, 색색의 꽃, 날아가는 작은 새'를 접촉하여 기분을 전환하는 가운데 이성을 지니고서 의연하게 이 정념에 맞서도록 권고한다. 그럼에도 그녀는 회복하지 못한다. 철학자도 사태를 그저 방관하지 않고, 그해 여름에는 '모든 정념에서 자유로운 상태'(아파테이아)를 이야기한 고대 스토아학파(이 시리즈 제1권, 제9장 참조)의 철학자 가운데서 세네카Lucius Annaeus Seneca(기원전 1년경~65)의 『행복한 삶에 대하여』를 골라 비판적 고찰을 심화하며(이 시리즈 제2권, 제2장 참조) — 16세기 유럽은 고대 스토아학파 철학자들의 담론들이 부흥을 보이며, 특히 세네카는 에라스무스Desiderius Erasmus(1466~1536)와 칼뱅Jean Calvin(1509~1564), 몽테뉴Michel de Montaigne(1533~1592) 등 많은 지식인의 관심을 끎과 동시에 이 부흥이 앞에서 이야기한 '정념의 시대'를 준비했다――, 또한 가을에는 그녀에게 '나는 요즘 그 본성을 좀 더 자세히 음미하기 위해 모든 정념의 수와 순서를 생각하고 있습니다'라고 알리는 등, 스웨덴 스톡홀름에서 1650년에 객사한 까닭에 마지막 간행본이 된 『정념론』(1649년)을 준비해간다.

데카르트는 그 서문에서 자신은 이 논고를 웅변가로서도, 윤리학자로서도 아니고 '자연학자'로서, 현대식으로 다시 말하면 자연과학자로서 썼다고 말하고 있다. 그 의도를 정확하게 파악하는 것이 중요하다.

데카르트는 예를 들어 아리스토텔레스가 『변증론』에서 했듯이 설득의 한 수단으로서 청중의 마음속에 불러일으켜야 하는 것으로서 정념을 분석하는 일을 하지 않는다. 또는 스토아학파가 그렇게 했듯이 정념은 윤리적으로 중립적인가 그렇지 않으면 나쁜가와 같은 물음이나 이와 관련하여 정념에 지배되는 인간의 행위에 책임은 있는가와 같은 물음을 주제적으로 다루어 논의하는 일도 하지 않는다. 데카르트에 따르면 정말이지 그 자체가 악으로는 여겨지지 않는 정념은 그 오용과 지나침을 피하기만 하면 된다(『정념론』, 제211항). 요컨대 사람은 참된 인식에 이끌리는 한에서 '정념에 가장 많이 움직여짐'으로써 '인생에서 가장 많은 기분 좋음을 맛보게'(같은 책, 제212항) 된다. 이와 같은 견해는 유럽의 정념론 계보에서 가장 낙관적인 것으로 말할 수 있고, 그러한 만큼 그의 행위론은 윤리학자식으로 전개되고 있지 않다.

자연학자 데카르트의 눈길

데카르트는 오히려 자신이 『성찰』에서 수립한 새로운 심신이원론에서 출발한다. 이 장 서두에서도 말했듯이 이 틀에서 '영혼'은 정말이지 신체와 결합태에 있다고 하더라도 '생각하는' 것만을 그 본성으로 한다.

이러한 특징짓기는 영혼을 신체에 운동과 열을 주는 '생명 원리'로 파악하는 전통적 사조로부터 '일탈' 내지 '탈피'한다는 것을 의미한다. 요컨대 데카르트는 플라톤이 중기의 대화편 『파이드로스』나 『국가』에서 내놓은 이래 유럽 철학의 하나의 카논을 이룬, 영혼의 불사적·이성적 부분과 가사적·비이성적 내지 감각적 부분의 구별을 백지화하는 것이다. 그렇게 되면 후자의 하위구분인 식물적 영혼과 감각적 영혼 등도 존재하지 않는다고 생각된다. 또한 토마스 이래로 일반화해 있던 영혼의 기개적 기능과 욕망적 기능의 구별도 파기된다(같은 책, 제68항).

그 결과 영혼의 활동 가운데 '생각'에 속하는 것 이외에는 모두 온몸을 두루 둘러치는 혈관을 흐르는 '동물 정기'라는 미세한 물질 운동의 결과로서 생리학적으로 설명된다. 이것은 영혼이 원인이 되어 생기는 것이 아니다. 이것은 사후 간행되는 초기의 논고 『인간론』이 당시의 생리학이나 해부학의 식견에 준거하는 가운데 채택한 인체의 구조와 기능을 시계, 오르간, 물레방아와 같은 기계 장치에 비교하는 설명 방식(이른바 기계론)이 『정념론』에서도 원용되고 있다는 것을 의미한다. 앞에서 참조한 푸코의 말을 사용하게 되면, 영혼의 '수동 상태'로서의 정념의 발생 원인이 신체의 능동action 쪽에서 찾아지는 것이다. 이리하여 정념은 아래와 같이 정의된다.

> 영혼의 수동[정념]이란 특히 영혼과 관계지어지는 동시에 동물 정기의 모종의 운동에 의해 야기되고 유지되고 강해지는 영혼의 지각, 감각 내지 정동이다. (같은 책, 제27항)

강조된 부분이 중요하다. 정념이란 한편으로는 외적 대상에 의해 야기되는 외적 감각과 구별될 뿐만 아니라 신체의 내적 상태에 의해 야기되는 내적 감각과도 구별된 영혼 그 자체의 상태이다. 다른 한편 그 발생 원인이 동물 정기의 운동에서 찾아짐으로써 영혼을 원인으로 하는 의지와도 구별된다. 정념은 영혼의 수동임과 동시에 신체의 능동이기도 한 것이다(같은 책, 제29항).

데카르트는 이러한 심신의 상호작용 현장을 '송과선'이라는 뇌 안의 부위에 정한다(같은 책, 제31항). 후에 스피노자는 『에티카』 제5부 서문에서 이 학설을 냉담하게 비판하지만, 정념론의 계보에 비추어 보면, 이 또한 신체 속으로 영혼의 자리를 분산시키는 플라톤 이래의 전통적 사조로부터의 '거리'로 평가할 수 있다. 그중에서도 특히 심장을 정념의 자리로 삼는 견해가 기각되고(같은 책, 제33항), 주저나 미혹의 설명으로서 종래 이용되어온 영혼의 불사적·이성적 부분과 가사적·비이성적 내지 감각적 부분의 '싸움'이라는 생각이 부정된다(같은 책, 제47항).

정념들의 분류 ── '놀람'에 주목하여

데카르트는 엘리자베트에게 약속한 바와 같이 정념의 분류도 하고 있다. 모든 정념은 놀람, 사랑, 미움, 욕망, 기쁨, 슬픔이라는 여섯 가지 '기본 정념'의 조합이다(같은 책, 제69항). 이 분류에서 정념을 불러일으키는 대상은 자신에게 유익한지 해로운지, 또한 문제가 되는 선악은 이미 자신에게 생겨났는지 아닌지 하는 종래의 정념론에서 유래하는 기준이 답습되고 있지만, 놀람admiration을 첫 번째 '기본 정념'으로 삼는 것은 데카르트의 독창적인 견해이다. 이 정념은 어떤 대상이 '희소한 동시에 이상한' 것으로서 나타나고, 그것이 '우리에게 적합한 것인지 아닌지'가 판명되기 이전에 우리의 주의를 그것으로 향하게 한다(같은 책, 제53, 70항).

이 독창적 견해의 영향 범위는 의외로 넓다. 데카르트는 놀람의 대상의 구체적인 예로서 인간에게 자유 의지가 갖추어져 있다는 것을 든다. 자유 의지에 관한 명석한 동시에 판명한 인식은 '진리'라고 말할 수 있지만, 영혼은 이러한 진리의 탐구에서 동물 정기의 운동에서가 아니라 영혼 그 자체의 작용에서 기인하는 '내적 정동'(같은 책, 제147항)도 느낀다. 이것은 정의상 정념과는 다른 영혼의 수동 상태로 '순수하게 지적인' 감정이다(같은 책, 제91, 92항). 진리를 탐구하는 영혼은—여기서는 정신으로 말하는 것이 적절할까?—그 발견을 갈망하고 잘 진척되어 끝난다면, 그로부터 '더할 나위 없는 만족감'(『방법서설』, 제2부)을 얻는다. 그 반대로 잘못되거나 불모의 접근은 정신을 슬프게 하고, 의심은 정신을 초조하게 한다.

철학사를 과감히 조감하게 되면, 놀람이라는 정념에 대한 데카르트의 눈길은 플라톤의 중기 대화편 『테아이테토스』나 아리스토텔레스의 『형이상학』에서 '철학'이라는 것의 출발점이 '타우마제인taumazein' 즉 놀람·경탄에서 찾아지는 것에 닿아 있는 듯하다(『정념론』, 제76항).

☞ 좀 더 자세히 알기 위한 참고 문헌

— 드니 캄부슈네르Denis Kambouchner, 『데카르트는 그렇게 말하지 않는다デカ
  ルトはそんなこと言ってない』, 쓰자키 요시노리津崎良典 옮김, 晶文社, 2021년.
  데카르트의 『정념론』에 관한 프랑스 최초의 국가 박사 학위 청구 논문으
  로, 자신의 철학사가로서의 작업을 개시한 저서. 탁월한 전문가의 우수
  한 입문서이자 이 철학자에 관한 21개의 클리셰를 일도양단으로 처리하
  는 놀라운 저작이다. 후반에는 정념에 관한 여러 개의 장이 있다.
— 쓰자키 요시노리津崎良典, 『데카르트의 영혼의 훈련 — 감정이 사그라지
  는 최선의 방법デカルト魂の訓練 — 感情が鎮まる最善の方法』, 扶桑社新書, 2020년.
  이 장 필자의 졸저이지만, 이 책에서는 특히 '데카르트는 상상력으로
  "치유한다"', '데카르트는 냉정하게 "놀란다"', '데카르트는 곰곰이 "감
  정을 음미한다"', '데카르트는 검증하여 "사랑한다"' 등의 장에서 '슬픔
  은 어떤 의미에서 제일의 것이며, 기쁨보다도 불가결하다. 그리고 미움은
  사랑보다도 불가결하다'라거나 '미련과 후회를 불러일으키는 것은 우유
  부단뿐이다'와 같은 철학자의 문구를 소개함과 동시에, 그의 독특한
  정념론의 진수를 평이한 문체로 드러냈다.
— 시오카와 데쓰야塩川徹也, 「17, 18세기까지의 심신 관계론17, 18世紀までの身心
  關係論」, 『신 이와나미 강좌. 철학 9. 신체 감각 정신新·岩波講座 哲学 9. 身体
  感覚 精神』, 오모리 쇼조大森莊藏 외 편, 岩波書店, 1986년. 석학에 의한 플라톤,
  아리스토텔레스, 스토아학파, 아우구스티누스, 토마스 아퀴나스 그리
  고 데카르트의 정념론 계보학의 시도. 이 장에서는 심신 관계가 '물음'으
  로서 제기되는 계기로서 '질병'과 '정념'에 주목하고 또한 푸코를 참조했
  는데, 그것은 이 논고에서 배운 것이다.

제2장

중국 철학 정보의 유럽으로의 유입

이가와 요시쓰구井川義次

예수회 수도사를 중개로 한 동방 철학 정보의 유럽으로의 유입

프란시스코 자비에르Francisco de Xavier(1506~1552)를 필두로 한 아시아로의 그리스도교 선교에 힘쓴 예수회 수도사는 포교를 원활히 하기 위해 현지의 정치, 군사, 종교, 문화, 철학, 사상 등 모든 정보를 수집하였으며, 나아가 그것들을 유럽으로 송신했다. 일본과 중국의 포교를 지도한 알레산드로 발리냐노Alessandro Valignano(1539~1606)가 제창한 현지 문화에 대한 적응책도 그러한 자세에 기초하고 있었다.

중국 포교의 사도 미켈레 루제리Michele Ruggieri(1543~1607)와 동료 마테오 리치Matteo Ricci(1552~1610)는 적응책에 준거하고, 나아가 중국의 철학(유교)은 그리스도교에 친화적이라고 파악하는 중국 철학 유신론Theism의 입장에 서 있었다. 그들은 한문 교리서를 저술하고, 동시에 중국 종교 철학에 관한 정보를 유럽에도 보냈다.

선교사 정보의 정리와 수용 ─ 라이프니츠

이러한 정보의 유럽으로의 전파는 새로운 장면에서 다른 문화의 사상 수용에서의 동요를 불러일으킨다. 그 대표적인 예가 고트프리트 빌헬름 라이프니츠Gottfried Wilhelm Leibniz(1646~1716)의 중국 철학 해석이다.

그는 마지막 저작 『중국 자연 신학론』(1716년)에서 유교는 신을 인정한다는 해석을 끌어낼 뿐 아니라 유교의 진화형, 즉 송학(좀 더 넓게는 송명리학朱明理學)에서의 궁극 원리 '이理', '태극太極' 등의 개념에 대해서조차 신의 본질과 유사한 것을 읽어 들이고 긍정적으로 평가했다. 라이프니츠는 자기의 철학 형성 과정에서 여러 차례 주자학의 근본 문헌인 '사서四書'를 언급하고 있었다. 예를 들어 그는 예수회 수도사인 필립 쿠플레Philippe Couple(1623 ~1693) 등이 펴낸 『중국의 철학자 공자』(1687년)를 훑어보고, 『논어』 '자한' 편의 문장을 언급하며 프랑스어로 번역하기도 했다.

또한 그것으로 거슬러 올라가기 20년 전에 프로테스탄트 학자였던 고틀립 슈피첼Gottlieb Spitzel(1639~1691)의 『중국 학예론』을 통해 중국 철학의 개요를 얻고 있었다. 이처럼 그리스도교 신부들에 의한 정보에 민감하게 반응한 라이프니츠는 철학 연구의 이른 단계에서 중국 철학을 언급하고, 마지막에는 임종의 자리에서 위에서 언급한 『중국 자연 신학론』을 저술한 것이다. 그가 중국에 남다른 관심을 지니고 있었다는 것은 그의 하노버 장서에 중국 관련 서적이 50권이 있다는 것으로부터도 분명하다.

슈피첼 편 『중국 학예론』

슈피첼은 주로 위에서 언급한 예수회 수도사들의 동방 정보에 관심을 가지고, 그것들을 정리하여 『중국 학예론』을 저술했다. 비주얼 면에서는 아시아 공통의 의사소통 기호인 한자와 음양 두 요소^{binarium}에서 시작되는 세계의 수리적 질서를 상징하는 역괘^{易卦}(--[음] —[양] ⚌[태양] ⚍[소음] ⚎[소양] ⚏[태음] ☰[건] ☱[태] ☲[이] ☳[진] ☴[손] ☵[감] ☶[간] ☷[곤])의 도설을 싣고 있다. 이 책의 제7절에서는 중국 철학에 대해 '중국인은 매우 오래전부터 ― 다른 곳에서는 거의 알려지지 않은 정도로 ― 지혜에 관한 학문을 크게 개선하고 있었다. …… 그것은 모든 철학의 기원[요람]으로 생각할 수 있을 정도다. …… 유교는 모종의 보편적 원리를 인식하고, 별들의 운행, 세계와 인간의 자연[본성], 세계의 생성 소멸을 설명했다. 특히 도덕 습관의 개선을 탐구하고, 우리가 사회라고 부르는 일정한 인간의 집합[구분]을 설정했다. 예를 들어 부자, 부부, 군신, 형제, 붕우 등이다'(107~108쪽)라고 설명하고 있다.

슈피첼은 이와 같은 정합적 세계관의 한 예로서 '사서오경' 등 유교 고전을 거론하며, 『대인의 이론』[『대학』]을 언급하고, 중국 철학 적요로서 '최고의 완성[완전성]. 자연 본성적[생득적]인 빛의 연소[점화]. 자연 본성적으로 심어진 규정[명령]의 준수. 생득적 법의 이중의 나타남. 능동 지성의 활동[작용]'을 설파하는 것으로서 그 특징을 제시한다.

슈피첼이 이러한 중국 철학에서의 완전성과 자연법, 인간의 목적에 관계되는 문헌으로서 첫 번째로 거론하는 것이 『대학』[주희, 『대학장구』]경 제1장의 서두 부분이다. 『대학』에서는 중국의 궁극적 이상과 그 실현의 전제에 관해 단계적으로 설명된다. 이것은 『대학』의 '8조목'이라고 한다.

내용은 다음과 같다. '천하에 명덕[明德, 지적 능력]을 밝히려고 한—나중의 문맥에서 보면 '천하를 평안하게 하는' 것의 실질이다—자[明明德於天下者]는 처음에 나라를 다스렸다[治國]. 나라를 다스리려고 한 자는 집을 가지런히 했다[齊家]. 집을 가지런히 하려고 한 자는 몸을 닦았다[修身]. 몸을 닦으려고 한 자는 마음을 바로잡았다[正心]. 마음을 바로잡으려고 한 자는 뜻을 정성으로 했다[誠意]. 뜻을 정성으로 하려고 한 자는 앎에 이르렀다[致知]. 앎을 이른다는 것은 사물의 도리를 깨닫는 것[格物]에 놓여 있다'라는 것이다. 또한 마음을 바로잡는 것의 전제 '치지'를 주희는 '나의 지식을 끝까지 밀고 나가는' 것이라 하고, 그 전제를 '사물에 이르는 것', 즉 '사물의 궁극적인 도리에 이르는' 것이라고 했다.

슈피첼은 『중국사』를 저술한 마르티노 마르티니^{Martino Martini}(1614~1661)의 『대학』의 '정심', '성의', '치지', '격물'에 관한 번역문도 인용한다. '자연 본성의 연소[明明德]는 사물들에 대한 참된 인식과 학적인 앎 없이는 성립하지 않으며, 따라서 철학을 통해 우리는 해야 할 것과 피해야 할 사항에 대한 지식을 얻는다[致知]. 이 지식에 의해 우리는 사려[思量]를 이끈다. 이에 의해 우리는 의지^{voluntas}를 완성한다[誠意]. 즉 이성^{ratio}에 적합한 사항 이외에 아무것도 (관조에서) 감지[판단]하지 않고 그 무엇도 (실천에서) 원하는 것이 없도록, [해야 할 선과 피해야 할 악] 양자[택일]의 행위를 완성하는 것이다.'(127, 143쪽) 나아가 위에서 언급한 루제리의 최초 시기의 번역문도 제시한다. '치지격물'에 대해서는 '[중국인은] 모든 사물의 원인과 본성의 인식을 위해 노력했다'라고 주자학적[비–양명학적]인 주지주의적 번역문으로 되어 있다.

『중국 학예론』에는 유교, 특히 송명 이학적인 정합이었던 세계관, 만물에서 존재 이유와 근거를 보려고 하는 생각이나 지식 공유의 수단, 한자·역의 패턴 등, 나중에 라이프니츠가 설파하는 충족 이유율(충분한 이유의 법칙: 이유 없이 존재하는 것은 없다)과 비슷한 견해나 보편 기호 그리고 이진법^{binaire}의 선례로 볼 수 있는 정보가 있었던 셈이다. 나아가 라이프니츠의 중요 개념인 '모나드'라는 말도 보이는데, 중국 철학과의 관련성에 관한 연구가 기대된다.

크리스티안 볼프

유럽의 이성 중시의 계몽주의를 이끈 크리스티안 볼프Christian
Wolff(1679~1754)는 1703년에 라이프치히 대학에서 논문 『보편적
실천 철학』을 제출하고 박사 학위를 취득했다. 후에 유럽을 향해
중국 철학의 우수성을 찬양하고 자신의 철학과 서로 닮았다고
설파한 볼프 학위 논문의 내용은 대략 다음과 같다.

'보편적 실천 철학'이란 '가장 보편적인 규칙에 의해 최상의
목적을 지향하는 인간의 자유로운 행위를 이끄는 실천적인 학문
[지식]이다.'(제1부, 정의 1) 요컨대 인간에게는 최상의 '목적'이
있으며, 그것에 다다르기 위해서는 일정한 규칙을 통한 자유로운
행위가 필요하다는 것이다. 그 '목적'을 볼프는 인간적 '행복'의
향유이자 '이성적 행위자agens rationalis'에 의한 '결과'라고 한다.
목적의 획득은 인간적 행위 주체의 정신·이성의 발휘가 조건이
된다. 인류의 목적이 되는 '선'에 대해서는 다음과 같이 규정한다.
'선(즉 자연 본성적인 선)이란 사물의 자연 본성과 상태를 보호하고
완성[완전화]되게 하는 것이다.'(제1부, 정의 31)

이어서 볼프는 '인간의 행위들에는 …… 서로 필연적 결합이
있다. 이러한 행위들의 결합[관계]을 배우는 자가 목적으로 이끄는
중개 수단을 발견하리라는 것은 의심할 수 없다. 실로 행위들의
필연적 결합을 완전히 배우도록 하라. 그리고 지성intellectus과 의지

voluntas 사이에 결합[관계]이 있다는 것과 정신mens과 신체corpus 사이에 인식해야 할 합일[일치]이 있다는 것을 [완전하게 배우도록 하라]'(제4부, 정리 7, 문제 5, 해결과 증명)라고 말하고 있다.

목적의 달성, 완성·완전성에 대해서는 '인간은 어떤 때에는 정신을, 즉 지성과 의지를, 어떤 때에는 신체를 가능한 한 완성[완전화]perficere해야만 한다'(명제 14, 정리 8)라고 하여 인간의 완성은 지성·의지로 이루어진 정신의 완성과 그것과 상관적인 신체의 완성을 통해 이루어진다고 한다. 나아가 인간은 본질적으로 사회적 존재인 까닭에, 좀 더 고차적인 목적으로서 함께 살아가는 타자의 본성 및 상태의 완성을 추구해야 한다고 한다.

인간 본성과 인간 조건의 완성에는 여러 사람의 협력·협동이 필수적이며, 각 사람은 공공선을 촉진하는 것을 매개로 하지 않으면 자기실현이 불가능하다고 간주한다. 그리고 인류의 목적을 실현하기 위해서는 지력의 고양이 필요하다고 설파한다. 볼프는 임의의 대상을 공공선과 관련짓는 형태로 그 대상을 nosse, 즉 '조사', '탐색', '연구', '이해'하는 것이 필요하다고 한다. 언뜻 보면 『대학』의 이념 및 구조와 흡사하다고 말할 수 있다.

『중국 실천 철학 강연』

학위 취득 후 지도 교수 오토 멘케Otto Mencke(1644~1707)의 추천으로 라이프니츠가 창간한 당대 유럽 제일의 학술 잡지

『악타 에루디토룸*Acta Eruditorum*』편집자의 일원이 된다. 이를 계기로 볼프와 라이프니츠는 직접 면담하거나 서간을 서로 교환하는 등, 그 학문적 교류는 라이프니츠가 사망할 때까지 계속된다. 1711년, 예수회 수도사인 프랑수아 노엘*François Noël*(1651~1729)의 『인도·중국에서의 수학·물리적 관찰』을 논평하고 칭찬하며, 1712년에는『중화 제국의 여섯 고전』의 서평을 익명으로 게재했다.

볼프는 그 후 할레대학의 학장에까지 오른다. 1721년에는 그 학장직을 이어받을 때의 통상적인 강연에서 볼프는『중국인의 실천 철학에 관한 강연』(이하『중국 실천 철학 강연』)을 행한다. 거기서는 노엘의『중화 제국의 여섯 고전』에 근거하여 볼프는 중국 철학이 세계에서 가장 오래된 철학이며, 철학자 공자는 예수 그리스도에도 비견될 수 있는 인물이라고 주장했다. 이 주장은 이성주의를 싫어하는 프로테스탄트 경건주의 교수들의 분노를 사고, 프로이센 왕 프리드리히 빌헬름 1세도 볼프에게 교수형이냐 아니면 48시간 이내의 할레 추방이냐의 선택을 강요했다. 결국 볼프는 프로이센을 떠나 마르부르크대학으로 옮겼다. 그러나 당시의 많은 식자는 오히려 볼프의 이성주의적 견해를 평가·지지하고 볼프에게 동정을 표시했다. 나중에 그의 철학은 독일 철학의 기초로 간주되며, 프랑스 백과전서파에게도 영향을 주었다.

1726년에는『중국 실천 철학 강연』을 출판하는데, 이때 볼프가

막대한 양을 인용한 것은 예수회 수도사 필립 쿠플레 등이 펴낸
『중국의 철학자 공자』였다.

볼프는 『중국 실천 철학 강연』의 곳곳에서 중국 실천 철학의
기본 원리는 자기 자신의 철학, 즉 『보편적 실천 철학』의 원리와
일치한다고 말하고 있다. 그리고 특히 『대학』의 개인~세계의
완전화에 대해 논의하며 언급하고 있다. 그는 '사람은 만물이
지니는 이유[근거]를 통찰하고, 그것을 통해 가능한 한 지성을
완전화함으로써 이성을 높여야 합니다'라고 설명하며, '그로 인해
의도가 개선되고, 이어서 행위 전체가 이성과 최고도로 합치하며
욕구가 제어됩니다'라고 말하고 있다.

그리고 '중국인은 자신들의 모든 행동을 궁극[최종] 목적으로서
의 자기와 타자의 최고의 완성에 결부시켰던 것입니다. 이러한
지도 방침 속에는 모든 자연법의 요점이, 아니 오히려 그 이름은
무엇이든 우리의 행동에서 칭찬받을 수 있는 모든 것이 포함된다고
훨씬 이전에 저는 논증한 적이 있습니다'(『중국 실천 철학 강연』,
'중국의 궁극[최종] 목적')라고 그는 설명하고 있다.

이렇게 볼프가 소개한 중국 철학의 이상적 세계상이란 학위
논문 『보편적 실천 철학』의 세계관과 확실히 흡사하다.

이하에서는 볼프가 참조한 『대학』의 처음 부분에 대한 노엘
역과 쿠플레 역의 요약을 제시하여 비교 고찰의 방편으로 삼고자
한다.

노엘 역『중화 제국의 여섯 고전』

앞에서 이야기했듯이 볼프가 처음으로 접했다고 말하는 노엘의
『대학』 번역문은 다음과 같다. 또한 이 번역본은『악타 에루디토
룸』에 볼프의 서평이 있으며, 편자였던 라이프니츠도 개요를 알고
있었을 가능성이 있다.

'그러므로 고대의 군주들은 중화 제국 전체와 그 [안에 있는]
개개의 나라들이 잘못과 악덕으로 인해 감추어진 이성 능력[기능]
의 원초적 빛을 되살리는 것의 실현을 바랐는데, 그들은 미리
자신의 [제국 안의] 한 나라를 올바르게 다스리려고 애썼다. ……
마지막으로 선악의 완전한 관념에 도달하는 방법은 사물의 본성과
이유[근거]를 구명하는 것, 즉 철학의 탐구로 이루어져 있다[致知在
格物].'(노엘,『중화 제국의 여섯 고전』,『대학』)

쿠플레 역『중국의 철학자 공자』

라이프니츠와 볼프가 실제로 본 쿠플레 번역은 다음과 같다.

고대의 사람들은 이성적 본성natura rationalis을 제국에서 갈고 닦고
자 하여[明明德於天下], 즉 자신들이 제국 전체의 인민이 이성적
본성을 향상하고 싶어 하도록 하는 범례가 되고자 하여 먼저 올바르
게 그들 각각의 왕국을 관리했다[治國]. (…) 자신의 왕국을 올바르

게 관리하고자 하여, 즉 각 왕국의 인민을 잘 가르쳐 이끌고자 하여 마찬가지로 먼저 자신의 가족을 가르치고 이끌었다[齊家]. (…) 왕국을 올바르게 관리하는 근원 또는 근원적인 것이란 올바르게 가르치고 이에 인도되는 가족이기 때문이다. (…) 나아가 자신의 가족을 가르치고 이끌 수 있는 규범이나 범례로서 자신들의 신체 (이 명칭[신체]은 인격으로 이해하자)를 올바르게 형성했다. 즉 단정히 했다. (…)

그런데 이제 자신의 신체corpus, 즉 인격의 모든 외적인 습관을 올바르게 형성하고자 하여 그 정동과 욕구— 그것들은 마음[정신] 을 참된 올바름에서 멀리하고, 무언가의 악덕으로 기울어지게 하고 빠뜨리는 것이기 때문이다— 를 억제, 즉 올바르게 제어함으로써 먼저 자신의 마음[정신]을 바로잡고자 했다[正心]. (…) 자신의 마음[정신]을 바로잡고자 하여 먼저 자신의 의도, 즉 의지voluntas를 진실한 것으로 했다. 즉 [의도를] 진실하고 성실하며 모든 허위나 허구에서 벗어나도록 했다. (…) 나아가 자신의 의도를 진실한 것으로 하고자 하여 먼저 자신의 지성intellectus, 즉 지성적 능력을 완성[완전화]perficere하고, 그리고 가능한 한 최고의 정점으로까지 이끌었다. 그것은 그 능력이 [사물을] 통찰할 수 없는 것이 아니도록 하는 것이다[致知]. 따라서 그와 같은 지성의 궁극적인 통찰은 우리의 의도를 진실한 것으로 하고 또한 진리에 의지를 확립하는 근원 내지 근원적인 것이다. (…)

이러한 이유로 자신의 지성 인식의 능력을 완전한 것으로 하는 것, 즉 최고의 정점으로까지 이끄는 것은 모든 사물 또는 모든 사물의 이유[근거]^{ratio}에 꿰뚫고 들어가는 것, 또는 끝까지 펴 올리는 것에 존립한다[格物]. (쿠플레, 『중국의 철학자 공자』, 『대학』)

참고로 노엘과 쿠플레 양자 모두 주희에 의해 크게 완성되고 원대, 명대, 나아가서는 청대에 이르기까지 성숙해 간 송학 내지 송명 이학적인 천天–인人–만물을 잇는 합리적·정합적 세계관의 흐름을 이어받은 명대의 고명한 재상이자 또한 문교 행정의 지도자였던 장거정張居正(1525~1582)의 주해 『대학직해大學直解』에 의거한 것이었다는 점도 덧붙여 두고자 한다.

볼프는 이러한 중국 철학의 전통을 바탕으로 한 노엘과 쿠플레 양자의 대학의 세계상을 소개하고 높이 평가하고 있었다. 양자 가운데서는 특히 쿠플레 『중국의 철학자 공자』의 『대학』 번역문이 역어의 어휘뿐만 아니라 밀접한 구조 연관 측면에서도 유사성이 있다. 여기서는 즉각적인 판단은 삼가기로 하지만, 볼프의 학위 논문 이전인 1688년의 『악타 에루디토룸』에는 쿠플레 책에 대한 서평이 있고, 또한 그 밖에도 내용적으로 그가 공명할 수 있는 중국 철학의 정보가 여러 개 실재하고 있었다는 것은 확실한바, 중국 철학이 볼프에게 좀 더 이른 시기에 유입되었을 가능성이 있다. 적어도 강연 때에 중국 철학을 유럽을 향해 크게 찬양한 것은 사실이다.

맺는말

  종래에 유럽과 미국이 얻은 중국 정보와 그 철학에 대한 구체적인 영향 관계를 정보원·중국 원전에까지 거슬러 올라가는 연구는 많이 이루어지지 않았다.

  다른 한편 예수회 수도사들에 의한 유교 정보는 근대 이성 중시의 철학자에 의해 취득되었고, 나아가서는 수용되는 바가 있었다. 예를 들어 라이프니츠와 볼프에 의한 수용 이후에도 다른 세계의 철학에 대해서는 다양한 자세가 보였다. 칸트에게 중국의 지리 정보에 관한 식견이 있었다는 것이 알려져 있는데, 철학적 방법에 대해 물리학자·중국 철학 연구자 빌핑거Georg Bernhard Bilfinger (1693~1750)를 통해 간접적으로 『대학』, 『중용』 등의 유교적 세계관을 얻고 있었을 가능성이 있다. 헤르더는 여러 선교사의 번역문에 의지하여 『중용』을 독일어로 초역하고 있었다. 백과전서파의 가장 중요한 인물들인 볼테르Voltaire(1694~1778), 디드로Denis Diderot (1713~1784) 등은 중국 철학을 찬양했다. 헤겔은 쿠플레 책으로부터 중국 유교·도교·불교의 개요를 알고 '사서'를 훑어보고서 『논어』에 대해 언급하고 있다(비판적이긴 했지만).

  즉, 인간적 활동으로서의 철학의 운동이라는 것을 공평한 형태로 보기 위해서는 서에서 동으로의 영향뿐만 아니라 위에서 이야기한 것과 같은 문헌 정보를 통한 동양 철학의 유럽으로의 서점西漸에 관한 역사적 고찰도 앞으로 필요해질 것이다.

☞ 좀 더 자세히 알기 위한 참고 문헌

— 호리이케 노부오堀池信夫, 『중국 철학과 유럽의 철학자中国哲学とヨーロッパの
哲学者』 상·하, 明治書院, 1996년/2002년. 종래 추측되기는 했어도 실증되
는 일은 적었던, 역사의 최초 시기로부터 현대에 이르기까지 중국 철학이
유럽의 철학자에게 준 영향을 동서의 문헌을 구사하여 실증한, 해당
분야 연구에서 반드시 참고해야 할 자료이다.
— 호리이케 노부오堀池信夫 편, 『앎의 유라시아知のユーラシア』, 明治書院, 2011
년. 문화의 흐름은 결코 일방통행이 아니라 종횡무진으로 전개된다.
유라시아 대륙에서는 동서 간의 교류뿐만 아니라 사방팔방의 교류가
있었다는 것을 각계의 식자가 논증한 책.
— 호리이케 노부오堀池信夫 편, 『앎의 유라시아. 시리즈 전 5권知のユーラシア
シリーズ全五卷』, 明治書院, 2013~2014년. 위의 책의 반향에 힘입어 유라시아
대륙에서의 전방위적인 형태의 철학과 사상의 지적 교섭을 동양, 중동,
서양의 각 분야에서 제1인자가 논의한 논문집 시리즈이다. 각 권의
내용은 다음과 같다 — 1. 『앎은 동에서』, 2. 『앎의 계승과 전개』, 3.
『격돌과 조화』, 4. 『우주를 달리는 앎』, 5. 『서로 울리는 동방의 앎』.
— 이시카 후미야스石川文康, 『칸트는 이렇게 생각했다カントはこう考えた』,
筑摩書房, 1998년. 칸트 연구의 계몽서이지만, 칸트가 반발하면서도 다른
한편으로 크고 많은 영향을 받은 크리스티안 볼프의 중국 연구에 관해
논구한 최초 시기의 연구서. 특히 『대학』에 관한 논의는 도움을 받았다.
— 이가와 요시쓰구井川義次, 『송학의 변천 — 근대 계몽으로의 길宋学の西遷
— 近代啓蒙への道』, 人文書院, 2009년. 이 글에서 다룬 내용을 '사서'에 걸쳐
고찰한 졸저.

— 니이 요코新居洋子, 『예수회 수도사와 보편의 제국イエズス会士と普遍の帝国』, 名古屋大学出版会, 2019년. 이 『세계철학사』 제5권 제5장 「예수회와 키리시탄」 필자의 책. 동양에서 당시의 서양 철학과 음악 및 과학 사상의 수용과 전개에 대해 영어와 프랑스어 등 서양 문헌, 한적, 만주어를 종횡으로 구사하여 고찰한 해당 분야 연구에서의 빼놓을 수 없는 필독서이다.

제3장

시몬 베유와 스즈키 다이세쓰

사토 노리코^{佐藤紀子}

　격동의 20세기를 살아가며 수동성을 향해 사유를 심화시킨 두 사람이 있다. 가마쿠라의 원각사에서 깨달음을 얻은 스즈키 다이세쓰^{鈴木大拙}(1870~1966)와 파리에서 철학 교육을 받고 무엇에도 사로잡히지 않는 자유를 계속해서 탐구한 시몬 베유^{Simone Weil}(1909~1943)이다. 일본과 프랑스로 멀리 떨어진 양자에게 직접적인 영향 관계는 없다. 그러나 동시대를 살아간 이들은 다른 길을 걸어가면서 우리가 자신의 것으로 생각하는 사고 능력이나 분별을 놓아버리는 것, 즉 생각하는 나로부터 물러나 생각하는 나를 비우는 사상에 도달했다.

　'생각하는 나'의 양립할 수 없는 두 측면

　서양 사상을 개관하면 생각하는 나를 둘러싸고 크게 두 가지

흐름이 있다. 하나는 생각하는 나란 다름 아닌 사물을 대상화하고
이해하는 사고의 정신 활동이라고 간주하는 흐름이다. 『세계철학
사』 전체를 내다보더라도, 생각하는 나를 축으로 주관성의 철학이
구축되는 모습이 곳곳에서 간파된다. 데카르트가 제아무리 의심하
더라도 생각하는 나는 남으며, 칸트가 코페르니쿠스적 전회를
수행한 후 생각하는 나는 순수 이성에서도 실천 이성에서도 주인이
되었다. 현대에 생각하는 나는 과학들과 일체가 되어 세계를 설명
가능한 것으로 만들고 있다. 이러한 줄거리를 더듬어나가면서
생각하는 나를 파악하게 되면, 생각하는 나는 빔이기는커녕, 능동
적으로 대상을 규정하는 주관이자 세계에 의미를 부여하고 세계를
채우는 지성의 활동이다.

그러나 다른 한편으로 생각하는 나를 비우려고 하는 것 역시
고대 그리스 이래로 서양 사상 속에서 면면히 이어져 온 사고의
한 형태이다. 그리스 사상에서는 생성 소멸하는 유한한 사물에
관한 앎과 생성 소멸하지 않는 진리에 관한 앎이 엄밀히 나누어지
며, 후자야말로 참된 앎으로 여겨져 왔다. 그러나 인간은 육체를
지닌다. 육체는 지성을 속이고 억견을 가져오는 감옥이며, 인간
유한성의 표시로 여겨진다. 그런 까닭에 유한한 인간이 영원불멸의
무한한 진리에 이르기 위해서는 육체로부터 정화된 영혼 그 자체로
될 필요가 있다고 생각되었다. 육체로부터의 이탈, 즉 죽음이야말
로 진리에 이르는 길이 된다.

소크라테스가 『파이돈』에서 철학이 죽음의 연습임을 밝히고,

'가능한 한 육체와 어울리지 않고 공유도 하지 않으며, 육체의 본성에 오염되지 않고 육체로부터 청정한 상태가 되어 신 자신이 우리를 해방할 때를 기다리는 것이다'(플라톤, 『파이돈』, 이와타 야스오岩田靖夫 옮김, 岩波書店, 36쪽)라고 말할 때, 유한한 인간 모두가 벗겨내진 영혼의 속 깊은 곳에서 무한한 존재와 인간 사이에서 모종의 교제가 이루어진다는 것이 암시된다. 이러한 유한한 존재와 무한한 존재의 교제는 테오리아theoria나 콘템플라티오contemplatio라는 관조의 논의로 이어지며, 플로티노스와 스토아학파를 경유하고 스페인의 아빌라의 성 테레지아(1515~1582)와 십자가의 성 요한네스(1542~1591)를 거쳐 신비 사상의 광맥이 되었다.

마음 없는 곳에서 작용이 보인다

생각하는 나에게 양립할 수 없는 두 가지 측면이 있는 가운데, 스즈키와 베유는 생각하는 나를 비우는 사상으로 향한다. 그러나 그것은 생각하는 나의 양립할 수 없는 두 측면 가운데 어느 쪽인가에 자리 잡는 것이 아닐 뿐만 아니라 양자를 통합하는 것도 아니다. 양자는 하나가 아니지만 떨어져 있지 않으며, 왔다 갔다 하며 왕래한다. 이 점에서 스즈키는 선악과 생사를 초월한 부처가 다짐하는 심성, 즉 무심無心을 설파하고, 베유는 불행하게 심신 모두를 때려눕히면서도 그 불행을 다른 무언가로 대체하는 것이 아니라 그대로 받아들이며 살아가는 것의 의미를 묻는다.

여기서는 스즈키의 무심을 살펴보자. 스즈키는 강연 「무심이란 무엇인가」(「무심이라는 것」, 『스즈키 다이세쓰 전집 제7권^{鈴木大拙全集第七卷}』)에서 무심이란 마음이 없는 것이라고 한다. 하늘을 나는 새의 모습이 호수 표면에 비친다. 그 정경이 아무리 가슴을 울리는 것이라 하더라도 새는 수면에 비치기 위해 나는 것이 아니며, 호수는 새를 모사하기 위해 물을 가득 채우고 있는 것이 아니다. 새와 호수는 둘 다 아무 생각 없이 단지 거기에 있을 뿐이다. 이러한 의도적 조처 없는 곳에서 사건이 생기는 것을 스즈키는 '마음 없는 곳에서 작용이 보인다'(같은 책, 126쪽)라고 말한다. 바로 아무것에도 사로잡히지 않고 아무것도 없는 까닭에 다른 것이 들어오고 작용이 생겨난다. 그런 까닭에 무심이란 수동성이자 포섭성으로 생각된다.

스즈키는 더 나아가 계속해서 이 무심이야말로 감정, 지식, 논리 등 인간이 가질 수 있는 반성적·의식적인 것 일체가 배제된 피안과 유한한 인간이 접촉하는 경험이라고 한다. 그 경험에서는 기쁨도 슬픔도 없고 가치도 목적도 없으며 과거도 미래도 없고 선악의 구별도 없다. 인간의 분별에 의해 목적을 세우고 그 실현을 위해 행동하는 논리가 있는 장에서는 그 목적에 맞지 않는 것은 배제되지만, 이 무심에서는 목적이 없을 뿐만 아니라 목적에 맞다/ 맞지 않다는 것도 없으며, 그와 같은 판단도 작용하지 않는다. 가치에 맞지 않으므로 그만두어야 한다는 것도 없다. 쓸데없는 까닭에 그만두어야 한다는 것도 없다(같은 책, 143쪽). 오로지 부처의 자유로운 창조가 신통 유희, 유희 삼매로서 작용하는 것이다. 그런 까닭에 스즈키는 강연에서 다음과 같은 것을 말한다.

　친한 사람, 사랑하는 사람이 죽었다고 한다, 그것을 부정하지 않는다, 부정하지 않을 뿐인가, 나 자신은 통곡한다. 하지만 어디선가 통곡하지 않는 자가 분명히 거기에 있다. 그리고 통곡하는 자를 보고 그와 함께 통곡하고 있으면서 분명히 기뻐하지도 슬퍼하지도 않는 놈이 있다. 이러한 것이 사실입니다. 그것이 인정되지 않으면 말이 되지 않습니다. 여기서 기쁨도 없고 또한 슬픔도 없는 곳에서 나는 무심이라는 것을 감수해보고자 합니다. (같은 책, 184쪽)

　목석처럼 살아간다 ─ 라고 스즈키는 무심이라는 것을 종종 바꾸어 말한다. 바람이 불면 나무가 나부끼고 바람에 의해 돌이 굴러가듯이 우리는 필연성을 받아 입으면서 살아간다. 또한 동시에 슬픔 속에서 아무리 울부짖어도 그 한가운데서 감정을 지니지 않는 목석처럼 움직이지 않는 것이 있다. 그 어떤 구별도 배제된 무심에서는 서양 사상이 품어 온 생각하는 나의 두 측면의 다름은 이미 없다. 나와 당신의 다름도 없고, 나와 부처의 다름도 없어진다. 무심이란 내가 당신이고 당신이 나이며, 내가 부처이고 부처가 나인 것과 같은, 나를 통해 부처의 우주 창조가 작용하는 것이라고 말할 수 있을 것이다.

다이세쓰를 읽는 베유

스즈키는 1870년에 가나자와에서 태어나 선의 구도자가 된다. 1897년에 출판사의 편집자로서 일리노이주로 건너가며, 1909년에 귀국할 때까지 여러 나라에서 선에 관한 강연이나 저작의 번역·통역·연구에 종사했다. 전후에도 각국의 대학이나 학회로부터 초빙받아 강연을 위해 국내외를 돌아다니며, 선과 세계를 잇는 다리가 되었음은 널리 알려진 일이다.

베유도 세계 속에 있는 스즈키의 독자 가운데 한 사람이었다. 베유는 1909년에 파리에서 태어난다. 앙리 4세 학교에서 철학 교수 알랭Alain(1868~1951)과 만나 플라톤, 데카르트, 스피노자, 칸트 등의 철학을 흡수하고, 리세의 철학 교사를 하면서 노동이나 사회적 억압의 문제를 파고들며, 어려운 시대에서의 영성에 대해 수많은 논고를 남겼다. 유대계 출신인 까닭에 1940년 독일군의 파리 점령으로 망명 생활을 할 수밖에 없었고, 비점령 지대인 마르세유에 체재한 1941년부터 42년 사이에 베유는 스즈키의 『선논문집Essays in Zen Buddhism』을 영어로 읽고서 선에 관한 인용을 노트에 몇 가지 적어 놓고 있다.

당시의 오리엔탈리즘에 의한 뒷받침도 있어 깨달음이나 해탈이 무언가의 황홀을 수반하는 신비로운 체험으로서 파악되는 경향이 강한 가운데, 베유는 깨달음이 일종의 지적인 각성임을 이해하고

있었다. 노트의 어떤 부분에 '선불교의 개념. 몽상을 섞지 않고 순수하게 지각한다(내가 17세 때 생각한 것이다)'(『카이에 3カイエ3』, 도미하라 마유미富原眞弓 옮김, 15쪽)라고 쓴다. 이 17세 배유의 생각이 무엇이었을까? 노트의 또 다른 부분이 이렇게 호응한다. '고등사범학교 준비 학급에 있었던 시절의 나의 '초—스피노자적인 명상'. 다른 대상은 전혀 고려하지 않고 다른 무엇과도 관련시키지 않고서 몇 시간이고 '이것은 무엇인가'라고 생각하며 대상을 오로지 주시한다. 이것은 공안公案이었던 것이다.'(같은 책, 88쪽)

스피노자는 배유가 자주 이용하는 철학자의 한 사람이다. 스피노자는 인식을 세 가지로 나누고, 첫 번째 종류를 표상이나 의견, 두 번째 종류를 오성, 세 번째 종류를 영원의 상으로 자리매김하고 신의 지복직관으로 확인했다. 오성은 필연성을 이해하기 위해 불가결한 추론, 논리, 개념 등의 인간의 지성 전반을 관장한다. 그 오성과 다른 종류의 인식으로 스피노자는 신이나 영원의 상을 자리매김했다. 즉 영원이나 신에 관계되는 사항과 자연법칙 등의 필연성에 관계되는 사항이 다른 인식의 방식이라고 정의한 것인데, 배유는 이 점에서 스피노자와 공안을 결부시킨다.

배유가 즐겨 인용하는 공안의 하나로 '남쪽을 향해 북쪽의 별을 바라보라'가 있다. 천체의 엄밀한 필연성과는 다른 방식으로 별을 바라보는 것, 거기에는 스즈키가 말한 어떠한 분별도 없는, 그러나 필연성을 능가하는 목석과 같은 무심의 세계가 펼쳐지고, 남과 북을 왕래하는 종횡무진의 신의 작용이 있다. 베이유는 공안에서 스피노자를 재발견했다.

대기하다 ─ 지장 없음, 주문 없음

만년의 베유가 세계의 신화나 민화, 종교들의 성전 등의 종교적 문헌을 열심히 조사하고 '초자연적인 것', '속죄', '십자가', '창조', '탈창조', '비인격적인 것' 등 종교적인 말을 많이 사용하게 된 것은 잘 알려져 있다. 그것들과 스즈키와의 연관성은 반드시 분명하지 않으며, 베유의 그리스도교에 대한 접근을 근거로 하게 되면, 그리스도교와의 관련을 논의해야 할지도 모른다. 그러나 스즈키가 개개인의 종교 체험에 공통된 심성을 탐구했듯이, 베유 역시 개개인의 영혼을 통한 초월적인 세계와의 교제를 탐구했다고 말할 수 있을 것이다.

베유와 스즈키의 이러한 탐구는 현대에 어떠한 의미를 지닐 것인가? 하나의 대답으로서 베유의 '대기하다'라는 것과 스즈키의 묘호인妙好人 연구에서 자주 나오는 '지장 없음, 주문 없음'이라는 것을 제시해두고자 한다. 둘에 공통되는 것은 믿는 대상에 대해 우리는 알지 못한다는 것, 그리고 알지 못하더라도 상관없다는 것이다.

베유는 노트에 그리스 신화에 나오는 지옥행을 명령받은 탄탈로스를 인용하고서 다음과 같이 쓰고 있다. '먹을 것과 마실 것에 둘러싸여 있으면서 제아무리 긴장하여 필사적으로 노력해도 그것들을 손안에 넣을 수 없는 탄탈로스. / 인간과 선에 대해서도 마찬가지다. 선은 인간을 사방팔방에서 에워싸고 끊임없이 <u>스스로</u> 내밀고 있다. 아무리 굳건한 의지를 갖고 있더라도, 아무리 격렬한 노력을 하더라도, 그 한 조각도 손안에 넣을 수 없는 것이다. / 잡으려고 하지 않기, 부동인 채로 있기, 침묵 속에서 탄원하기.' (『카이에 4』, 483쪽) 선은 사방팔방에 있는데도, 게다가 스스로 몸까지 내밀고 있는데도 의지에서는 선이 보이지 않는다. 의지를 제아무리 행사해도 선은 손에 들어오지 않고 <u>스스로의</u> 힘을 포기했을 때야 비로소 바라는 것이 시작된다. 의지와 바람은 양립하지 않는 것이다.

자력이 다한 후에 타력이 생기는 이 구조는 스즈키가 오랜 세월의 연구 주제로 해온 묘호인의 삶의 방식과 통하는 것이 아닐까? 스즈끼는 『종교 경험의 사실 — 쇼마쓰토코를 소재로 하여宗教経験の事實 — 庄松底を題材として』(1943년)에서 묘호인 쇼마庄松(1799~1871)와 미카와의 오소노三河のおその(1777~1853)의 종교 체험을 탐구했다. 쇼마의 믿음의 시작이 '아미타불과 자신과의 직접 담판에서 정해진 신앙'이며, 어떠한 증명도 논리도 필요하지 않았다는 것, 믿음을 찾아 먼 곳을 돌아다닌 결과, 아무런 성과도 얻어지지 않았지만, 쇼마가 언제나 '지장 없음, 주문 없음'이었다는 것을 논의하고 있다. 그것은 부처라는 영원에서는 과거도 미래도 없다는 것을 보여주는 것이지만, 쇼마 자신의 체험으로서 '빈손으로 가서 빈손으로 돌아온다'라는 것은 언제나 부처와 하나이며, 어떠한 소유나

변화도 필요 없다고 하는 것일 터이다. 뒤집어 말하자면, 베유와 스즈키가 말하는 종교 체험이 무언가의 보답이나 진보나 변화를 주장하는 종교 체험과 철저하게 대치되는 이유가 여기에 놓여 있다.

현대에서의 신의 임재나 신앙을 생각하는 데서 베유와 스즈키의 사상이 풍요로운 원천이 되는 것은 틀림없다.

☞ 좀 더 자세히 알기 위한 참고 문헌

— 스즈키 다이세쓰鈴木大拙, 『무심이라는 것無心ということ』, 角川ソフィア文庫, 2007년. 신도들을 위해 행한 무심에 관한 강연록에 가필한 것이다. 쉬운 말로 쓰여 있는 데다가 다채로운 논점에서 무심이 다루어지고 있다는 점에서 스즈키 다이세쓰의 초학자들을 위한 것이라고 할 수 있다. 여기서 다룬 것 이외에도 베유와의 유사점이 이곳저곳에서 발견된다. 그중에서도 정토와 같은 보이지 않는 것의 직각적 경험을 스즈키가 유비나 예화와 관련지어 논의하는 부분은 베유의 노동자 교육 제안과 많이 중첩되어 보인다.

— 스즈키 다이세쓰鈴木大拙 저, 우에다 시즈테루上田閑照 편, 『신편 동양적인 견해新編東洋的な見方』, 岩波文庫, 1997년. 1980년부터 83년에 걸쳐 이와나미 쇼텐에서 간행된 『스즈키 다이세쓰 전집』 제20, 21, 30, 31권에 수록된 스즈키 다이세쓰의 에세이를 편자가 재구성한 것. 「'시'의 세계를 보기 위해」(240쪽)에서 베유가 스즈키의 저서를 읽었다는 것을 인편으로 들었다는 것이 언급되며, 노동에 시가 필요하다는 베유에게 찬동하는 스즈키의 모습을 볼 수 있다.

— 시몬 베유Simone Weil, 『카이에 2カイエ2』, 『카이에 3カイエ3』, 『카이에 4カイエ 4』, 다나베 다모쓰田辺保 · 가와구치 고지川口光治 · 도미하라 마유미富原眞弓 옮김, みすず書房, 1992~1995년. 베유가 망명한 마르세유, 뉴욕, 런던에서 노트(카이에)에 적은 단편을 연대순으로 정리하여 간행한 책. 당시 베유의 사유 궤적을 알 수 있는 귀중한 자료가 되고 있다. 주로 『카이에 2』에 스즈키 다이세쓰의 『선 논문집』에 관한 메모가 있다.

제4장

인도의 논리학

시다 다이세이 志田泰盛

들어가며

인도의 고전어에 '논리' 내지 '논리학'에 해당하는 원어는 여럿 있지만, 이 글에서는 원어와 관계없이 어떤 문장이나 명제로부터 다른 문장이나 명제를 도출하는 조작 일반, 나아가 그 전제가 되는 사물이나 개념 사이의 관계에 대한 분석을 포함하여 넓게 '논리'로 하고, 논리에 관한 비판적 분석 일반을 '논리학'이라고 부르기로 한다.

사변과 대화의 기반으로서의 추론

고전 인도의 사상가는 자연 언어이든 엄밀한 술어이든 '말'에 따라 세계를 나누고, 필요에 따라 새로운 개념을 창출하면서 세계를 분석하고, 각 학통의 궁극 목표 — 종종 '해탈'이나 '깨달음'이라 불리는 종교 체험 — 에 이바지하는 과학적인 방법론을 제시하며 초당파적으로 논의를 축적해왔다.

인생의 궁극 목표는 무엇인가, 그리고 그 실현 수단으로서 지식과 행위(수행이나 의례) 가운데 어느 것이 중요한가 하는 물음에 대한 대답은 학통·사상가마다 다양하고, '지식에 의한 해탈'을 표방하는 학설은 적지 않다. 19세기 초에 서양권에서 번역된 우파니샤드나 불전을 찬양한 쇼펜하우어가 고전 인도 사상을 평가한 점 가운데 하나는 개인적 존재의 미망을 자각하는 것에 의한 구원론에 있었는데, 그것은 인도의 원전에서는 '지식에 의한 해탈'로 묶을 수 있는 학설에 해당할 것이다.

브라만교 여러 파의 교의 체계가 정비되는 굽타 왕조 이후 브라만교·불교·자이나교 등에 속하는 학통 사이의 사상 교류가 좀 더 활발해졌다는 것이 현존 자료에서 엿보인다. 특히 논의의 전제에 걸맞은 신뢰할 수 있는 정보원으로서의 지식 근거(프라마나)나 정보를 제시하는 방법론에 관한 각종 주제는 활발히 논의되었다. 학통들 대부분은 지각이나 증언과 함께 추론(아누마나 anumāna)을 독립된 지식 근거의 한 종류로 헤아리고, 또한 타당한 추론과 의사 추론疑似推論 유형의 열거에 힘썼다. 이러한 추론의 형식은 예로부터의 전통적인 토론술에 뿌리내리고 있으며, 이러한 작법에 준거한 대화형 논의의 응수가 철학적 작품의 주요 부분을 차지하고 있다.

　지식 근거로서 몇 가지 종류를 인정할지, 또한 타당한 추론의 형식은 어떠한 것인지라는 점에 관한 학설도 다양하다. 예를 들어 불교 여러 파가 상정하는 세계는 구성 요소의 물리적·심리적인 인과 연쇄(연기)에 따라 생성·소멸 유전하는 현상의 연속이며, 세계 내의 존재인 우리의 어떠한 체험도 유일무이한 것으로 생각된다. 그로 인해 진리 추구를 위해서는 개념적 판단이 개재하지 않는 감각적인 앎이나 직관이 중시된다. 순간마다 독특한 '하나뿐인 것'의 세계에 관해서 지명이나 기술에 의한 구분이나 정보 전달과 같은 언어 운용 또는 세계로부터 추상된 보편이나 유형에 관한 논리적 조작은 비록 일상생활이나 학술적 영위에 유용하다고 하더라도 감각적인 앎이나 직관에 비해 세계의 있는 그대로의 파악이라는 점에서는 기껏해야 이차적이며, 깨달음 등의 궁극적인 단계에서는 무용하다고 여겨진다. 그러나 이상과 같은 세계관에서는 불교도도 인식론 분야에서는 지식 근거를 핵심으로 하는 틀을 오히려 솔선해서 정비하고, 추론을 기조로 한 학술적 대화에 적극적으로 몰두해왔다.

　또한 고전 인도의 문화는 다른 아시아 여러 지역에 널리 전파되었는데, 한역 불전 가운데 '인명因明'이라고 일컬어지는 인도 기원의 논리학은 일본에서도 근세까지 많은 학승이 연찬을 쌓았다. 지금 세기에 들어서고 나서도 일본 각지의 사원에 보관된 고사본이 인명의 조본祖本 형태를 보존하는 예도 발견되어 인도 사상사를 다시 구축할 수 있는 자료로서 주목받고 있다.

추론의 기본 형식

고전 인도에서 추론의 하나의 표준형은 주장·논증인論証因·실례의 세 항목을 제시하는 것이며, 추론식의 구체적인 예는 '저 산에 불이 있다. 연기가 있기 때문이다. 부뚜막과 같이', '음성은 만들어진 것이다. 무상하기 때문이다. 항아리와 같이', '음성은 영원하다. 재인再認의 대상으로서 개수個數가 아니라 횟수를 단위로 하기 때문이다. 식사와 같이' 등이다. '"귀납추리"야말로 인도 논리학을 특징짓는 최선의 키워드이다'(가쓰라 쇼류桂紹隆, 『인도인의 논리학 ― 문답법에서 귀납법으로インド人の論理学 ― 問答法から歸納法へ』, 中公新書, 1998년, 251쪽)라고 평가되듯이 널리 알려진 실례에 의한 뒷받침이 강하게 의식되고 있다.

타당한 추론의 기준으로서 특히 논증인에 초점이 맞춰진다. ① 주장의 주제, ② 같은 유의 예(논증 대상을 지니는 실례), ③ 다른 유의 예(논증 대상을 지니지 않는 실례)에서의 논증인의 유무라는 관점에서 다음과 같은 특질을 규정하는 설이 유명하다. 즉, 연기가 솟아오르는 산에 존재하는 불을 추론하는 경우라면, 논증인으로서의 연기는 ① 주장의 주제인 특정한 산에 존재하고 (주제 소속성), ② 부뚜막 등의 어느 것인가의 같은 유의 예에 존재하며(긍정적 수반), ③ 호수 등의 어떠한 다른 유의 예에도 존재하지 않는다(부정적 수반)고 하는 세 가지 특질이다.

논증인과 논증 대상 사이의 법칙적 관계, 즉 연기로부터 불로의 추론이라면 '연기가 있는 곳에 불이 있다'라는 방향성을 지닌 관계는 편충遍充, vyapti 내지 불가분리 관계Avinābhāva라 칭해지며 중시되었다. 이러한 법칙성의 발견이나 정당화에 필요 내지 충분한 관찰이나 논리란 무엇인가, 또한 이 법칙성은 경험적으로 획득 가능한가 하는 물음은 커다란 논의를 불러일으키며, 논증인의 두 번째 특질(긍정적 수반)의 해석도 관찰 언명(연접)으로부터 이론 언명(포함)으로 기울어져 간다. 이 법칙성을 인과성 내지 동일성으로 환원한 다르마키르티Dharmakīrti(7세기경)의 학통에서 는 이 법칙성과 논증인의 첫 번째 특징(주제 소속성)이라는 두 항목을 추론식의 요건으로 간주한다.

의사 추론의 판정법과 토론의 심판 규칙

의사 추론에는 다양한 유형이 있는데, 같은 유의 예와 다른 유의 예에서의 논증인의 분포라는 관점에서의 판정법은 유명하다. 대표적인 것으로서 논증인이 같은 유의 예의 ① 개체 전체에 편재, ② 일부에만 분포, ③ 어느 것에도 없다고 하는 3분류와 다른 유의 예에 대한 마찬가지의 3분류 조합에 의한 9구인九句因이 라 불리는 판정법은 디그나가Dignāga(5~6세기경)에게로 돌려진다.

주장의 주제에서의 논증인의 유무도 타당성의 기준이 된다.

예를 들어 '음성은 무상하다. 만들어지기 전에 존재하지 않기 때문이다. 항아리와 같이'라는 추론식에서는 같은 유의 예·다른 유의 예로의 논증인의 분포는 타당하지만, 음성을 영원한 것으로 간주하는 학통에서는 주장의 주제인 음성은 만들어지는 것으로는 인정되지 않으며, 추론식 전체로서는 부인된다. 요컨대 추론의 타당성은 대론자對論者가 입각하는 학설에도 좌우된다.

입론자와 대론자의 승패 판정의 기준으로서는 추론의 타당성이라는 논리적인 문제뿐만 아니라 토론에서 말하고 행동하는 양식도 널리 고려되었다. 예를 들어 추론식의 각 항목의 제시 순서 또는 논쟁 당사자의 발언 속도나 명료성이나 간격에 이르기까지 문답의 규칙이 상세하게 규정되어 있는 점은 예로부터의 토론술의 흔적이라고 할 수 있다.

지식 근거라는 패러다임

앞 절까지의 논점은 대체로 추론에 관한 논리학의 틀 내에 포함된다. 그리고 추론은 지식 근거의 일종이기 때문에, 정보의 획득 수단에 관한 일반론 또는 인식이나 문장의 진리 기준에 관한 각 학설이 반영되어 있다. 진리 기준으로서 동서고금의 유명한 대응·정합·실용성의 세 종류와 관련해서는 학통마다 다소의 중심의 엇갈림은 있지만 대체로 채택되고 있다. 그 밖의 기준으로서 정보에 대한 특권성, 출처의 독립성, 정보의 신규성, 정보의 비-모호성 등이 지식 근거의 조건으로서 명시적으로 덧붙여지기도 한다.

다른 한편 진리의 정도에 스펙트럼을 설정하는 학설은 불교의 여러 파를 비롯하여 브라만교의 바르트리하리Bhartṛhari(5세기경) 등의 여기저기서 조금씩 보이는데, 다중 진리설의 궁극적인 단계에서는 담론이나 개념에 의한 표현이나 분석이 불가능한 것으로 여겨지기도 한다. 그런 의미에서 개념·판단·술정述定을 초월해 있는 것이라는 기준이 제창되거나 그 극치를 체현하기 위해 명상의 수양이 중시되기도 한다.

또한 실재하고 현존하는 대상에의 지향을 의미하는 직접 경험anubhava/anubhūti을 지식 근거의 특질로 삼는 견해가 불교·브라만교 여러 파에서 보인다. 그 경우 이론보다는 관찰이나 현상, 과거나 미래보다는 현재, 반사실보다는 현실이 각각 중시된다. 비록 정합이나 실용성 등의 기준을 충족하더라도 직접 경험이 아닌 인식이나 논리, 예를 들어 배리법과 같은 현실에 반하는 가상을 수반하는 논리 또는 과거의 상기나 미래의 예측 등을 지식 근거에서 배제하는 경향도 확인할 수 있다.

지식 근거의 주연 논리

추론과는 별도로 귀류적 추론(타르카tarka/프라상가prasaṅga)이나 분석적 도출(아르타파르티arthaparti)이라 불리는 논리를 독립된 지식 근거의 일종으로 보는 견해도 있지만, 그 구체적 내용은 시대와 학통에 따라 한 가지가 아니며, 위의 번역어도 일면적이다.

귀류적 추론에 무언가의 기능을 인정하는 경우, 그 대표적인 역할은 불과 연기 등의 두 항 사이의 법칙성이나 인과성의 확정에 이바지하는 가언적인 논리이다. 그 밖에도 명제군이 내포하는 모순의 도출이나 잔여법殘餘法 등, 대체로 귀류 논법으로 묶이는 논리 일반을 가리키는 경우도 많으며, 그 유용성은 여러 학통이 인정하지만, 독립된 지식 근거로 간주하는 것은 자이나교의 일부 학통에만 한정된다. 다른 한편으로 논점 선취·순환·무한후퇴·상정 과다 등의 논리적인 오류 자체를 타르카라는 말로 묶는 학통도 있다.

분석적 도출이라는 논리도 폭넓은 용례가 확인된다. 구체적인 예로서 '차이트라는 살아 있는데, 집에서 눈에 띄지 않는다. 따라서 그는 외출했다', '비만인 데바다타가 낮에 식사를 하지 않는다. 따라서 그는 밤에 식사를 한다' 등이 유명하다. 의미론 분야에서도 이 술어가 확인될 수 있는데, 은유나 환유 등의 간접 표시 또는 다의어를 포함하는 문장 등, 완곡적인 담론의 진의를 듣는 사람이 특정할 때 기능하는 논리가 이 술어로 불린다. 분석적 도출을 독립된 지식 근거로서 내세우는 학통은 그 배타적 특질을 '다르게는 설명이 되지 않는 것'으로 규정하고 추론으로는 환원될 수 없다고 한다. 또한 추론이 법칙성에 관한 경험과 식견을 전제로 하는 데 반해, 분석적 도출의 본질은 순수하게 논리적이고 배경

지식이나 문맥에 의존하지 않는다고 간주하는 베단타학파의 사상가가 '최강의 지식 근거'라고 평가하기도 한다.

현대의 연구자에 의한 평가도 증거 문헌에 초점을 맞추는 방식에 따라 한결같지 않으며, 특히 그 본질이 연역인가 가추abduction인가 하는 점에서 서로 다른 논의가 있다(*Controversial Reasoning in Indian Philosophy: Major Texts and Arguments on Arthâpatti*, ed. Malcolm Keating, Bloomsbury Academic, 2020을 참조). 예를 들어 차이트라의 외출의 예를 순수한 연역으로 간주하는 해석에서는 전제(살아 있는 동시에 집에 없다)와 결론(외출) 사이의 항진恒眞의 필연성 도출이 이 논리에 특유한 기능으로 분석된다. 다른 한편 의미론 분야에서의 이 논리에 대해 문법적·통사적·의미적으로 불완전한 문장의 진의를 특정하기 위한 메커니즘은 가추법이라고도 평가된다.

이와 관련하여 현대에는 가추법에 두 종류의 해석이 있는데, 기존의 가설 군으로부터 가장 좋은 가설을 골라잡는 '최선의 설명에의 추론' 외에 가설 군의 전제 없이 관찰 사실을 설명하는 가설을 생성하는 '가설의 발견'이라는 해석도 있다. 고전 인도에서 확인할 수 있는 발견형 가추법의 전형적인 예로서 니야야학파의 우다야나Udayana(11세기경)의 주저 『논리의 한 떨기 꽃』이 거론된다. 신의 존재 논증을 주제로 하여 무신론으로부터의 반론을 각 편에서 배척하는 구성 속에서 제2편에서는 '전지자의 상정은 불필요'하다는 반론을 상정한다. 이 반론에 대해 우다야나는 다양한 역사적·인식론적 사실을 근거로 '전지한 신의 존재'라는 가설의 생성을 결론으로 하고, 그 가설이 제3편 이하에서 비판적으로 검증되어가는데, 여기서 발견형 가추법에 해당하는 논리를 읽어낼 수 있다.

나가며

고전 인도에서 예로부터의 토론술 전통을 짙게 남기는 추론이라는 형식의 논리가 학술적 영위의 기반을 형성했다. 지식 근거라는 인식론적 패러다임 가운데서도 추론은 경험주의적인 진리 추구 수단의 일익을 담당하고 있다.

추론의 전제가 되는 법칙성에 대해서는 하나의 예외도 허용하지 않는 태도가 널리 공유되며, 이 경향은 퍼스펙티비즘perspectivism(관점주의)에 서는 자이나교에서도 마찬가지이다. 예를 들어 '돌고래는 난생이 아니다. 포유류이기 때문이다. 개와 같이' 및 '돌고래는 포유류이다. 난생이 아니기 때문이다. 개와 같이'라는 두 개의 추론식을 상정하고, 고전 인도의 판정법으로 평가해보게 되면, 오리너구리(난생의 포유류)와 전갈(난생이 아닌 절지동물)이라는 예외적인 실례를 고려하는 한, 어느 쪽 추론도 포유류성 내지 비난생성이라는 논증인이 같은 유의 예 일부와 다른 유의 예 일부에 분포하기 때문에, 모두 결정 부전(부정不定)이라는 의사 추론으로 분류된다. 요컨대 논증인과 논증 대상이라는 두 항의 연접에 대해 경험적으로 확인된 빈도가 설령 99%이든 1%이든 똑같이 결정 부전이라는 낙인이 찍힐 뿐인바, 고전 인도에는 정량적·통계적인 관점이 희박했다는 평가도 가능할 것이다. 이 점에 관하여 진위의 정의나 검증법을 주제로 하는 진리론에서 인식의 진위라는 이치 원리를 유지하는 가운데 진위의 검증 확실성 정도의 스펙트럼을 언급하는 우다야나의 논의는 '빈도'와 '확신의 정도'의 엄격한 구별의 맹아라고도 간주할 수 있다.

또한 예를 들어 '1억은 두 개의 소수의 합으로 나타낼 수 있다. 4 이상의 짝수이기 때문이다. 6과 같이'처럼 해결되지 않은 수학적 예상에 관한 추론식을 상정하게 되면, 논증인을 지니는 다른 유의 예(두 개의 소수의 합으로 나타낼 수 없는 4 이상의 짝수)가 발견되지 않는 한에서 수학적으로 증명되지 않았더라도 타당한 추론으로 판정되게 된다. 이 점과 관련하여 추론이 전제로 하는 법칙성 또는 인과성과 필연성과 같은 식견의 근거로서 지식 근거의 주변에 놓여 있는 귀류적 논리나 분석적 도출 또는 직관적 통찰 등에 호소하는 학설이 있지만, 그 위험으로서 경험주의적인 틀로부터의 일탈이 의식되고 있었다고 생각된다.

그리고 추론이 관찰과 유추에 기초하고 있다고는 하지만, 암묵적인 전제로서 원소·원자·보편·자아·신·윤회 등의 실재성, 그리고 그것들을 분류하는 범주론 또는 덕과 복 일치의 원칙 등이 포함되기도 하며, 각 학통 모두 교조적인 명제들에 입각하고 있다는 것도 확실하다. 이 점에 대해 할프파스 등이 이야기하는 메타 종교 내지 포괄적 종교로서의 '힌두주의' 개념은 시사적이다

(Wilhelm Halbfass, *Tradition and Reflection: Exploration in Indian Thought*, State University of New York Press, 1991, pp. 51~55). 즉, 힌두주의란 그리스도교와 이슬람교 등에 대치되는 하나의 종교가 아니라 브라만교·불교·자이나교 등과 그들의 이런저런 분파 사이의 교류를 포섭하는 총체로서 자리매김하는 관점이다. 정면으로 논진을 겨룬 많은 사상가의 대화에서는 논의의 전제가 된 개념들도 다른 논적에게 비판받기 일쑤이며, 이러한 중층적 교류가 교조주의라는 측면을 어느 정도 보완하여 종교 이론의 '인도적인 건전성'을 길러냈다는 견해도 불가능하지는 않을 것이다.

☞ 좀 더 자세히 알기 위한 참고 문헌

— 가쓰라 쇼류桂紹隆, 『인도인의 논리학 — 문답법에서 귀납법으로インド人
  の論理学—問答法から歸納法へ』, 中公新書, 1998년. 이 글에서 '추론'이라는 역어
  를 붙인 아누마나anumāna라고 불리는 논리(이 책에서의 역어는 '추리')의
  기원과 발전 과정에 대한 해설을 축으로 비교 사상적인 관점도 교차시키
  면서 인도 사상사의 전모가 해설되고 있다. 신판은 호조칸法藏館에서
  2021년에 간행되었다.

— 미마키 가쓰미御牧克己 편 가지야마 유이치梶山雄一 저작집 제5권, 『중관과
  공 II中觀と空II』, 春秋社, 2010년. '중관 철학과 귀류 논증'이라는 제목이
  붙여진 제6장에서 프라상가prasaṅga라고 불리는 논리가 해설된다. 또한
  이 글에서 '귀류적 논리'라는 역어를 붙인 타르카tarka라고 불리는 논리에
  대해서는 10세기 이후 사상가의 견해를 중심으로 상세히 설명하는
  이하의 문헌을 참조했다. Sitansusekhar Bagchi, *Inductive Reasoning: A
  Study of Tarka and Its Role in Indian Logic*, Munishchandra Sinha, 1953;
  Esther A. Solomon, *Indian Dialectics: Methods of Philosophical Discussion*,
  2 vols. Gujarat Vidya Sabha, 1976, 1978.

— 가쓰라 쇼류桂紹隆·고시마 기요타카五島清隆, 『나가르주나『근본중송』을
  읽다龍樹『根本中頌』を讀む』, 春秋社, 2016년. 이 글에서 다루지 않은 중관
  불교에 특유한 '사구 분별四句分別' 등의 논리와 그 창시자로 생각되는
  나가르주나에 관한 해설서로, 나가르주나의 주저 『근본중송』의 전체
  번역을 포함한다. 또한 사구 분별 외에 역시 이 글에서는 다루지 않은
  부정과 비존재를 둘러싼 학설들에 대해 분석 철학적인 수법을 사용하여
  널리 아시아의 고전에 접근하는 논고집으로서 다음의 것이 있다.

Nothingness in Asian Philosophy, ed. JeeLoo Liu and Douglas L. Berger, Routledge, 2014.

— 기타가와 히데노리北川秀則, 『인도 고전 논리학 연구 — 디그나가의 체계 インド古典論理学の研究 — 陳那(Dignāga)の体系』, 鈴木学術財団, 1965년. 고전 인도 논리학의 일대 도달점인 진나(디그나가)의 주저 『집량론集量論』은 산스크리트 원전이 흩어져 없어졌지만, 현존하는 티베트어 역으로부터 원전을 복원하는 가운데 그 공적에 다가가는 기념비적인 연구서.

— 아카마쓰 아키히코赤松明彦, 『인도철학 10강インド哲学10講』, 岩波新書, 2018년. 다양한 현상 세계를 성립시키는 근원을 인도 철학 여러 파가 어떻게 탐구해온 것일까? 고전 인도를 특징짓는 형이상학적 논의가 원전에 근거하여, 그리고 다각적·대국적인 관점에서 해설된다. 권말의 참고문헌도 상세하다.

제5장

이슬람의 언어 철학

노모토 신野元 晉

문법학의 시작

‘신이 말을 하고 이슬람이 시작된다.’ 이렇게 갈파한 일본이 낳은 국제적인 이슬람의 ‘석학’이자 철학자인 이즈쓰 도시히코井筒俊彦(1914~1993)는 이슬람에서의 계시라는 종교 현상을 신과 사람 사이의 커뮤니케이션으로 해석했다(이즈쓰 도시히코井筒俊彦, 「언어 현상으로서의 ‘계시’言語現象としての‘啓示’」, 『이즈쓰 도시히코 전집 제10권 의식의 형이상학井筒俊彦全集第十卷意識の形而上学』, 慶應義塾大学出版会, 2015년). 이러한 이즈쓰에 의한 이슬람 이해를 바꿔 말하면, 계시는 신과 인간 사이에 교환되는 말이라고 생각된다. 그 계시의 이해란 요컨대 말의 이해가 된다. 신이 어떻게 무엇을 이야기하는 가, 또한 그것을 적은 성전 꾸르안(코란)이란 어떠한 책인가를

이해할 필요가 나온다. 그 물음에 대답하고자 하여, 나중에 보게 되지만, 이슬람 본래의 학문이라고 여겨지고 전승에 기초하는 꾸르안 해석학과 신학, 법학 그리고 아라비아 문법학이 다양한 논의를 전개하게 된다.

이윽고 문법학 분야에서는 8세기 후반에 이라크의 쿠파와 바스라를 중심으로 음운론·형태론·구문론 등의 체계가 갖추어지며, 시바와이흐Sībawayh(?~796년경)에 의해 그의 저서 『문법서al-Kitab fi annahw』로 정리되어 학문의 기초가 놓였다. 아바스 왕조(749~1258년)가 새로운 수도 바그다드를 건설하자(766년에 완성) 정치와 경제의 중심이 옮겨지며, 다른 학문과 함께 언어 연구도 새로운 수도에서 활발하게 이루어지게 되었다.

언어의 기원을 둘러싼 사유

또한 언어의 기원에 관해서도 논의가 이루어졌다. 고대 그리스에서는 플라톤의 『크라튈로스』에서 볼 수 있듯이, 말과 그것이 나타내는 것의 관계는 관습에 기초한다고 하는 관습 기원설, 말은 자연에 따라 성립했다고 하는 자연 기원설이 있어 논쟁이 이루어졌는데, 그 두 학설은 무슬림(이슬람교도)의 언어 사상에서도 볼 수 있었다. 덧붙여 신이 그 관계를 정했다고 하는 계시 기원설도 제창되었다.

이러한 언어 기원 논쟁이지만, 현재까지의 연구는 9세기 이후

신학자들을 포함한 무슬림 지식인들은 각각 위의 세 가지 학설 가운데 어느 것인가를 주창하거나 학설을 다양하게 조합하거나 논쟁하고 있었다는 것을 지적하고 있다. 거기서 무슬림 언어 사상의 독자적인 전개를 볼 수도 있을 것이다(이 논의와 그에 관한 연구에 대해서는 노모토 신野元晋, 「이스마일파 사상가 라지의 언어 사상 — 라지 『장식의 서』로부터 '아라비아어 우월론' 부분 역」, 이이다 다카이飯田隆 편, 『서양 정신사에서의 언어와 언어관 — 계승과 창조西洋精神史における言語と言語観 — 継承と創造』, 慶應義塾大学言語文化研究所, 2006년, 참조).

더 나아가 말과 그것이 나타내는 것의 관계를 연구하는 문법학자들은 점차 인간의 심리적 내면에 관심을 기울이며, 이윽고 발화가 된 말과 심적인 내면의 사유 내용의 관계에 관해 연구하고 사유하게 된다. 요컨대 발화된 말이라는 표층과 그것을 만들어낸 마음의 심층에 있는 것이 관심의 대상이 되는 것이다. 그때 고찰의 대상이 된 것은 유일한 신이 예언자 무함마드에게 말을 걸어 성전 꾸르안의 언어가 된 아라비아어였다. 그리하여 아라비아어는 종교적인 신성화를 배경으로 하여 이론적으로 특별하게 여겨지는 언어가 된다.

법학과 언어

아라비아어 신성화의 예를 들자면, 법원론法源論, uṣūl al-fiqh을 창시했다고 일컬어지는 법학자 샤피이al-Shāfiʿī(767~820)는 아라비아어가 '제한을 받지 않는 언어가 실제로는 특정의 것이 되어 명쾌한 언어가 명쾌하지 않은 것이 되듯이' 만들어졌으며, 서로 다른 것을 포괄하는 언어이자 여러 언어 가운데 그 표현하는 범위가 가장 넓은 언어라고 한다. 또한 그는 새로운 학설에 따르면, 유한한 언어의 구조로부터 무한한 의미의 창출이 가능하듯이, 유한한 텍스트(성전 등)로부터 무한한 해석이 가능하다는 것을 시사했다고 한다. 이것이 옳다면, 법 해석학에 대해 앞에서 언급한 언어에서의 발화된 말과 심적 심층의 관계로 끌어들여 생각하고 있었던 셈이다(이상, 샤피이에 대해서는 J. Lowry, *Early Islamic Legal Theory: The Risāla of Muḥammad ibn Idrīs al-Shāfi'ī*, Brill, 2007 참조).

원래 이슬람 법학에서 꾸르안으로부터(또는 예언자 무함마드의 언행 전승[하디스]과 함께), '~하라'라는 특정한 명령을 다루고, 그것이 누구에게 어떠한 것을 명하는 명령인지 확정하는 작업은 어의와 어원의 탐구나 의미론적인 탐구와도 통한다고 생각된다. 법학은 고전적 이슬람 사회의 지적 맥락에서 필연적으로 언어 문제에 깊은 관심을 기울여 왔다고 할 수 있다. 샤피이의 예는 그 가운데 하나일 뿐이다.

신학·언어·정치 ─ '심문제'와 그 결말

그런데 언어가 신학적인 주제와 함께 논의되면, 그것은 순전히 학문적인 논의에 머무르지 않고 때때로 이슬람 공동체 전체에 관계되는 정치적 문제가 된 경우가 있다. 하나의 예를 들자면, 신이 지니는 성질, '속성'에 관계되는 것으로, 꾸르안은 신의 말로서 영원한가 아니면 신의 피조물인가 하는 논의가 있다. 아바스 왕조 제8대 칼리프 마문al-Maʾmūn(재위 813~833)은 후자의 '꾸르안 피조물설' — 합리주의적인 무타질라학파가 주창했다 — 을 채택하고, 833년 이것을 믿지 않는 자를 박해하는 '심문제'(미흐나)를 행했다. 이것은 이성에 대해 예언자의 언행·전승을 중시하고 좀 더 문자 그대로의 꾸르안 해석으로 기울어지는 전승주의자를 표적으로 하여 칼리프의 종교 측면에서의 지도성을 확립하고자 한 시도였다고 생각된다.

그 후 심문제는 전승주의자들이 무슬림 민중의 지지를 모았기 때문에 평판이 나빠지게 되고, 이윽고 849년 또는 851/2년에 폐지되었다. 이 일련의 사건들로 인해 종교적 지도권 문제에서 칼리프의 위신은 크게 손상되었다고 할 수 있다. 이슬람을 종교 생활의 지침으로 삼고 이슬람에 의한 통치를 내세우는 정체를 지닌 사회에서는 신학적인 논의도 정치적으로 커다란 문제가 될 가능성이 나온다. 그러한 까닭에도 신학자들은 9세기 전반의 아바스 왕조 사회에서 꾸르안에 관계되는 형태로 신의 말을 논의했지만, 그것은 민중의 이목을 모으는 문제가 된 것이다.

이러한 꾸르안의 창조 문제에는 수니파의 주요한 사변 신학파 가운데 하나인 아슈아리학파의 신학자들이 11세기부터 12세기에 걸쳐 구축한, 신의 내적인 언어는 영원하지만, 그것이 물리화된 외적인 표출(책으로 된 꾸르안)은 만들어진 존재라고 하는 학설이 하나의 해답이 되었다고도 할 수 있을 것이다. 이 학설은 앞에서 본 발성화된 말과 내면의 사유 내용이라는, 언어 활동에서 바깥과 내적인 심층을 나누는 사고법에 기초한다고 생각할 수 있을 것이다.

그리스의 학문으로부터

앞의 부분은 이를테면 이슬람 본래의 또는 고유한 학문 혹은 아랍 고유의 학문에서의 언어를 둘러싼 사유를 중심으로 적은 것이지만, 여기서는 외래 학문 속의 논리학(과 그것을 포함하는 철학)과 본래의 학문인 아라비아 문법학 사이에 교환된 논쟁을 중심으로 언어의 문제를 논의하고자 한다.

우선 이슬람 본래의 학문과 외래의 학문이라는 분류인데, 이것은 아부 압둘라 무함마드 이븐 아흐마드 후와라즈미(?~998년경)에 의한 것으로, 외래의 학문이란 주로 그리스 기원의 것이며, 또한 이것은 예언자 무함마드로 거슬러 올라가는 계시에 의한 학문(이슬람 본래·고유의 학문)과 대비하여 이성에 의한 학문이라고도 한다. 이들은 철학, 논리학, 의학, 수학, 기하학, 천체의 학, 음악, 기계와 장치의 학, 연금술로 이루어진다(가마다 시게루鎌田繁, 「이슬람에서의 학문의 이념」, 『고전학의 재구축古典学の再構築』 제5호, 神戶学院大学人文学部 '고전학의 재구축' 총괄반 사무국, 2000년).

8세기에서 10세기 사이에 주로 그리스어로부터 아라비아어로의 대규모 번역 운동으로 무슬림들에게 소개된 학문들은 대충 이러한 장르로 정리된다(구타스Dimitri Gutas, 『그리스 사상과 아라비아 문화 ─ 초기 아바스 왕조의 번역 운동ギリシア思想とアラビア文化 ─ 初期アッバース朝の翻譯運動』, 야마모토 게이지山本啓二 옮김, 勁草書房, 2002년).

그런데 이와 같은 주로 그리스 기원의 학문이 도래하고 얼추 번역 활동이 끝나기까지 이슬람 본래의 개별적인 장르의 고전적 학파와 가장 기초적인 고전적 텍스트가 성립하고, 그러한 학문들은 확립되어 있었다. 이들 학문의 종사자에게 새롭게 소개된 학문은 이성의 활동을 계시에 맞서 강조하는 경향이 눈에 띄어 비판해야 할 것으로 비친 듯하다(덧붙이자면, 일본의 저명한 이슬람 연구자 가마다 시게루에 따르면 이슬람의 학문관에서 계시와 이성은 반드시 서로 대립하는 것이 아니지만, 이성을 강조하는 나머지 계시를 무시하는 경향은 비난받는 일이 있었다고 한다).

아라비아 문법학 대 논리학 ─ 하나의 논쟁

그러한 문화적 상황 속에서 언어와 관련된 하나의 흥미로운 논쟁이 아바스 왕조 칼리프 슬하의 바그다드에서 932년에 당시 저명한 그리스도교도인 늙은 논리학자 아부 비슈르 마타Abu Bishr Matta ibn Yunus와 역시 저명한 비교적 소장의 무슬림 아라비아 문법학자 아부 사이드 시라피Abu Said Al-Sirafi 사이에 교환되었다(이 논쟁

에 대해서는 다음을 참조. 다케시타 마사타카竹下政孝, 「논리학은 보편적인가 — 아바스 왕조 시기의 논리학자와 문법학자의 논쟁」, 다케시타 마사타카竹下政孝 · 야마우치 시로山內志朗 편, 『이슬람 철학과 그리스도교 중세 II 실천철학イスラーム哲学とキリスト教中世II 實踐哲学』, 岩波書店, 2012년. 덧붙이자면, 이 장에서의 언어 사상의 술어는 이 논문의 그것을 답습한 것도 있다).

이 논쟁은 아바스 왕조의 재상 이브눌 푸라트가 주재하고 그의 관저에서 개최되었다. 우선 논리학자 마타는 논리학(만티크)은 올바른 발화를 잘못된 발화로부터 구별하고, 근거가 박약한 마음 속의 사고와 그 의미(마아나)를 올바른 사고와 의미로부터 구별하는 도구이자 저울과 같은 것이라고 한다. 이에 맞서 시라피는 사람이 그것들을 구별하는 것은 개개인에 갖추어진 '이성'이지 논리가 아니며, 저울의 비유도 잘못이고 그것으로는 무게밖에 알 수 없다고 말한다.

결과적으로 논쟁은 시라피가 마타의 아라비아어에 대한 지식 부족을 지적하여 압도하고, 청중을 자기편으로 끌어들여 승리했다고 전해진다. 에피소드의 추이를 떠나 이 논쟁의 골자를 정리하면 보편 문법(논리학)과 개별 언어(아라비아어)의 문법 사이의 논쟁이라는 것이 된다. 마타의 주장은 마음속의 사고 · 의미가 논리학의 범위라고 하고, 그에 반해 문법은 발화 형식의 언어 — 실제로 발해진 언어 — 만을 다루며, 마음속의 사고 · 의미는 예를 들어 4+4=8과 같이 언어 집단들을 초월하여 인간에게 보편적이라고 하는 것이다. 논리학은 이러한 보편적인 사고·의미를 다루는 이를테면 메타언어인 것이다.

시라피는 이에 맞서, 정리하자면 인간은 그와 같은 마음의 심층에 있는 사고와 그 의미의 파악도 각각의 민족 언어에 의해 수행하고 있는 것이 아닌가 하고 주장한다. 사고 등이 개별 언어를 떠나서 가능한가? 당신이 의거하는 그 논리학도 그리스어라는 개별 언어에 의한 것으로 그리스어에 의한 이해가 필요하다. 이 논쟁은 보편 문법과 개별 언어라는 두 개의 방법 가운데 마음속의 사고와 그 의미를 파악하여 올바른 담론을 만들어내는 것에 어느 것이 유효한가 하는 어려운 문제를 제기하고 있다.

파라비

그런데 이 논쟁의 한쪽 편인 아부 비슈르 마타와 관련해서 이야기하자면, 그의 제자인 아부 나스르 파라비Abu Nasr al-Farabi(870년경~950)는 이슬람 사상계에서는 아리스토텔레스에 버금가는 '제2의 스승'으로 불리는데, 철학적 논리학의 보편 문법화를 더욱 밀고 나갔다고 한다.

또한 파라비는 고대 말기의 알렉산드리아에서 확립된 '플라톤과 아리스토텔레스의 일치'라는 사상을 핵심으로 하여 아리스토텔레스의 논리학 저작들('오르가논')을 기초에 놓은, 철학 커리큘럼의 이슬람 세계로의 이식에 힘을 실었다. 그러나 최근의 연구에서는 그가 논리학의 보편 문법주의를 추진했는지 아닌지에 대해서는 신중하며, 오히려 파라비는 논리학을 당시 아라비아어의 일상어로 말하는 것에 더 힘을 쏟고 있었다는 지적이 있다(D. Reisman, "Al–Fārābī and the philosophical curriculum", in P. Adamson and R. C. Taylor (eds.), *The Cambridge Companion to Arabic Philosophy*, Cambridge University Press, 2005).

이븐 시나, 가잘리 그리고 그 후

나아가 이븐 시나[Ibn Sina](980~1037)가 나타나 그에게 이르기까지의 이슬람적인 중동 세계에서의 철학을 대성해가는데, 그는 언어에서의 발화 언어(표층)와 내적인 마음속의 사고·의미는 명확히 나뉘는 것이 아니라 상호 간에 영향을 주는 것임을 시사했다. 또한 나시르딘 투시[Nasir al–Din al–Tusi](1201~1274) 등이 대표하는 이븐 시나 학파에서도 이 학설은 발전해 갔다(P. Adamson and A. Key, "Philosophy of Language in the Medieval Arabic Tradition", in M. Cameron and R. Stainton (eds.), *Linguistic Content: New Essays on the History of Philosophy of language*, Oxford University Press, 2015).

그런데 신학자 아부 하미드 가잘리[Abū Ḥāmid al–Ghazālī](1058~1111)는 이븐 시나의 철학을 그의 우주 영원설·부활의 부정·신의 개별자 인식의 부정이라는 세 가지 교설에 대해서는 불신앙으로 단정했다. 여기에 이르러 철학과 신학의 대립은 결정적이라고도 볼 수 있을지 모르지만, 그는 철학적 논리학이 지식 획득에 유용하다고 하며 수용했다. 가잘리 이후 논리학과 그 이외의 분야(자연학·형이상학)에서도 철학은 부분적으로 신학 속에 수용되며, 다른 한편 논리학이 이슬람 고등 교육 기관(마드라사) 커리큘럼에서의 과목으로서 정착하는 것도 서서히 진전되어갔다. 이리하여 논리학과 문법학의 대립은 서서히 해소되고, 논리학은 무슬림의 지식 사회 속에 정착해 갔다(다케시타, 앞의 논문).

신비의 앎과 언어

앞으로는 철학에서의 언어 문제의 전개를 중세로부터 근세, 나아가서는 이란 등에 남아 있는 현대의 전통 철학에서의 발전을 살펴볼 필요가 있다. 또한 이 글에서는 논의할 수 없었지만, 이슬람 세계에는 말이나 음성, 문자에서 신비적인 의미를 읽어 들이고, 그것들을 우주론이나 구원사의 해석에 사용하는 언어 신비주의, 상징 문자론의 사상이 일정한 영향력을 가지고 있었다. 예를 들어 시아파 일파인 이스마일파는 10세기부터 13세기에 활발한 선교 운동을 전개하고, 파티마 왕조(909~1171년)를 세워 메시아사상과 구원사관, 신플라톤주의를 아우른 사상을 설파했는데, 거기에서는 상징 문자로부터 우주 생성의 원리나 구원사에서의 예언자의 역할 등을 해석했다.

나아가 문자 상징론은 14세기에서 15세기에 걸쳐 현재의 북서 이란으로부터 동부 아나톨리아에 영향력을 지닌 후루피 교단이나 14세기에서 16세기에 걸쳐 이란에서 활동한 누크타비 교단에서 교의의 중심이 되었다. 이러한 언어 상징론들을 시야에 두지 않으면, 전근대 이슬람 사상에서의 언어론의 전체상은 보이지 않을 것이다.

☞ 좀 더 자세히 알기 위한 참고 문헌

— 다케시타 마사타카竹下政孝·야마우치 시로山內志朗 편, 『이슬람 철학과
그리스도교 중세イスラーム哲学とキリスト敎中世』 I~III, 岩波書店, 2011~2012년.
'중세'라는 시대에 지중해의 북안과 남안과 주변 지역에서의 철학의
전개를 종합적으로 파악하고자 하는 야심 찬 시도. 현대 일본에서 양
지역 사상사의 대표적 연구자 다수가 집필했다. 종래의 철학사에서는
그다지 다루어지지 않았던 철학 중의 신비 사상에 대해 한 권이 할당된
것도 드문 일이다.

— 『이즈쓰 도시히코 전집井筒俊彦全集』 전 12권 및 별권. 慶應義塾大学出版会,
2013~2016년. '철학적 의미론'을 자기의 방법론의 기초로 생각한, 국제
적으로 저명한 이슬람학자의 일본어에 의한 업적과 그 밖의 저작물
모두를 묶은 책. 오늘날의 자료적 상황이나 만년의 독자적인 철학적
해석에서 문제도 지적될 수 있겠지만, 이슬람 사상을 언어의 관점에서
고찰할 때는 참조해야 할 것이다.

— 조치대학 중세 사상 연구소·다케시타 마사타카上智大学中世思想研究所·竹下政
孝 편역/감수, 『중세 사상 원전 집성 11: 이슬람 철학中世思想原典集成 11:
イスラーム哲学』, 平凡社, 2000년. 13세기까지이긴 하지만, 이슬람 세계의
철학 영위가 망라되며, 파라비와 이븐 시나 그리고 이븐 루쉬드의 원전을
일본어로 접할 수 있다. 이스마일파의 번역도 두 가지 포함되는 등,
획기적인 작업이다.

— 마쓰야마 요헤이松山洋平 편역, 『이슬람 신학 고전 선집イスラーム神学古典選
集』, 作品社, 2019년. 수니파, 시아파 그리고 최초의 분파라고 말해지는
하와리쥬파를 기원으로 하는 이바드파의 신학 저작들의 선집. 시아파는

12이맘파뿐 아니라 파티마 왕조 계열의 이스마일파의 작품까지 망라하여 포함한다.

제6장

도겐의 철학

요리즈미 미쓰코^{賴住光子}

'세계철학'이라는 견지 —— 왜 도겐인가?

세계철학이라는 견지에서 가마쿠라 시대의 불교인인 도겐^{道元} (1200~1253)의 철학을 생각하는 것이 이 글의 목적이다. 이 목적을 달성하기 위해서는 우선 세계철학이란 무엇인가 하는 것을 내 나름대로 확인해둘 필요가 있을 것이다.

요즘 '세계철학'이라는 말이 철학·사상 연구 분야에서 자주 언급된다. 이것은 우선 첫째로 종래의 철학이 지나치게 서양 중심이고, 철학사라고 하면 그리스 이후의 유럽의 철학사가 되어버린 현상을 재검토하고, 세계의 다른 지역에서 지금까지 쌓아온 지적 영위도 '철학'으로 파악하여 그쪽으로 눈을 돌리려고 하는 움직임이다.

이러한 움직임의 배경이 된 것은 현재 진행 중인 지구화이며, 좀 더 말하자면 서양 철학, 특히 이성 중심주의, 인간 중심주의로 규정할 수 있는 근대 서양 철학이 비이성적인 분단과 인간 소외를 낳은 것이 아닌가 하는 반성일 것이다. 요컨대 문명이 야만을 산출하고 말았다는 반성에 기초하여 대안을 모색하고자 하는 시대의 커다란 물결이 서구 이외의 세계의 다양한 지역에서 영위되어 온 사유에 대한 관여를 촉구하는 것이다.

그리고 이러한 가운데 지금까지 이성 중심주의, 인간 중심주의에 의해 주변으로 내몰려 있던 비이성, 비인간, 나아가서는 이성을 넘어선 것, 인간을 넘어선 것에 대한 관심이 필연적으로 높아지고 있다. 그것은 구체적으로 말하면 신체, 감성, 초월, 동식물, 환경, 전체 세계 등에 대한 눈길이라는 것이 될 것이다.

서양의 이성 중심주의, 인간 중심주의 하나의 극단적인 형태는 이성을 지니고 독립된 주체가 세계의 중심에 서고, 이성에 기초하여 세계나 타자를 지배한다는 인간상으로서 나타난다. 이와 같은 주객 이원론에 기초한 이성의 지배라는 서양 근대의 빠지기 쉬운 구도에 대해 비서양, 비근대premodern·postmodern가 대치되고, 세계의 여러 지역에서 전개되어온 일원론 철학에 새로운 빛이 비추어지면서 동양 사상, 일본 사상에 주목이 모이게 된 것이다. 도겐에 대한 세계적인 관심의 고양도 이러한 맥락에서 생각할 수 있을 것이다.

다만 여기서 주의해야만 할 것은 이러한 일원론에 대한 관심을 전전의 '근대의 초극'파와 같이 '일원론·주객 미분론의 동양' 대 '이원론·주객 이원론의 서양'이라는 대립 도식을 만들고, 전자의 후자에 대한 우월함을 자랑하면서 주체의 무력화, 주체의 일원적 전체에의 종속이라고 하는 논의로 연결함으로써 문제를 왜소화해서는 안 된다는 점이다.

오히려 중요한 것은 주체와 객체와의 분리를 전제로 하는 입장에서는 비합리적, 비논리적으로밖에 보이지 않는 논의 속에서 새로운 논리의 줄거리와 주체의 존재 방식을 모색하고, 그에 의해 경직화된 도구적 이성을 다시 단련하여 대화적 이성에 이르는 길을 발견하는 것일 터이다. 타자와 자연을 지배하는 것이 아니라 그것들과 공생하고자 하는 대화적 이성을 어떻게 일으켜 세울 것인가 하는 문제는 주객 이원 대립론을 넘어선 새로운 주체를 어떻게 일으켜 세울 것인가 하는 문제이고, 또한 부분이 전체를 지배하는 것도 또한 전체가 부분을 지배하는 것도 아닌, 부분과 전체의 상호 침투적인 동시에 유기적이고 역동적인 연관을 어떻게 실현할 것인가 하는 문제일 것이다.

이러한 문제를 생각하는 방법으로서 주목받고 있는 것이 도겐이다. 도겐에 대해서는 현재 국제적으로도 관심이 높아지고 있다. 예를 들어 '세계 도겐 연구의 현재'라는 이름을 내건 국제 심포지엄(2018년 7월, 도요대학)에서는 프랑스, 이탈리아, 스위스, 미국, 중국, 한국 그리고 일본의 도겐 연구자가 모여 활발한 논의가 교환되었다. 근래 갑자기 두드러진 도겐 연구의 세계적인 확산은 조동종曹洞宗의 종조로서의 무오류성을 변증하는 교의학이나 도겐의 주장을 현교와 밀교의 불교 체제에 대한 이의 제기로 간주하는 사상사학의 테두리를 넘어서서(물론 교의학도 사상사학도 중요하다는 것은 말할 필요도 없지만 말이다) 도겐의 사상 연구가 더 나아가 '세계철학'으로서의 보편성과 시사점을 가진다는 것의 증거라고도 할 수 있을 것이다. 도겐 연구가 목표로 하는 것이 바로 '세계철학'이 목표로 하는 것과 겹칠 수 있다고도 말할 수 있는 것이다.

자기와 세계를 묻다 ― '자기를 잊는다는 것은 만법이 증명하는 바라'

'일본이 낳은 가장 위대한 철학자의 한 사람', '한 사람의 위대한 형이상학적 사유자', '일본 철학의 선구자'라고도 일컬어지는 도겐의 사유는 수행과 깨달음을 축으로 하여 자기란 무엇인가, 세계란 어떻게 이루어지는가를 근원적으로 묻는 시도였다. 여기서는 우선 도겐의 주저 『정법안장正法眼藏』, 「현성공안現成公案」 권의 다음과 같은 구절을 다루어 도겐의 자기나 세계에 대한 사유의 바탕을 이루는 사고방식에 대해 검토하고자 한다.

불도를 배운다는 것은 자기를 배운다는 것이라. 자기를 배운다는 것은 자기를 잊는 것이라. 자기를 잊는다는 것은 만법이 증명하

는 바라. 만법이 증명한다는 것은 자기의 몸과 마음 및 다른 자기의
몸과 마음을 떨어져 나가게 하는 것이라.

위의 인용에서는 우선 불도 수행이란 자기의 진상을 확인하는
것이며, 나아가 그것은 '자기를 잊는' 것이라고 한다. 불교에서는
'무아無我'를 주장하고, 모든 것은 고정적인 본질 따위를 지니지
않는다고 이야기한다. 그에 반해 일상의 생활은 '자기'라는 무언가
고정적인 것이 있다는 막연한 믿음 아래 영위된다. 그러나 불교에
서 보면 고정적인 단위로서의 자아란 어디까지나 세속 세계를
구성하기 위해 꾸며진 것에 지나지 않는바, 본래 그러한 고정적인
자아도 없고, 나아가 존재하는 것은 모두 고정적인 본질 따위란
없는 것이다.

이상과 같이 '자기를 잊는다'라는 것은 고정적인 아我(아트만)가
있다는 파악에서 벗어나는 것, 즉 '무아'에 눈뜨는 것을 의미한다.
요컨대 자기를 추구하여 자기란 사실은 고정적인 것으로서는
존재하지 않는다는 것을 아는 것이다. 자신이라고 생각했던 것은
실은 자신이 아니다.

그리고 이러한 '자기를 잊는다'라는 것은 '모든 존재'(만법)에
의해서 '증명된다(확실한 것으로서 있게 된다)'라는 것이라고 도겐
은 말한다. 이 '모든 존재에 의해서 확실한 것으로서 있게 된다'라는
것은 바로 '공空–연기緣起'에 근거한 사태이다. '공'이란 그 글자의
겉으로 드러난 뜻에서 자주 오해되듯이 '텅 빔' 따위가 아니라

영원불멸의 실체로서는 그 무엇도 존재하지 않는다는 것, 즉 모든 것은 변천하는 '무상無常'의 것이고, 고정적인 불변의 본질을 지니지 않는 '무아'인 것이라고 하는 것이다. 그러면 '무상'하고 '무아'인 것이 어떻게 하나의 존재로서 성립하는가 하면, 그것은 '연기'(다른 것과의 서로 이어짐)에 의한 것으로 생각된다. '연기'란 모든 존재('만법')와의 관계 속에서 자기가 이렇게 성립하고 있다는 것이다. 요컨대 상호 간에 서로 의존하는 관계 속에서 이렇게 있게 되었다고 하는 것이 '증명된다'라고 하는 것이다.

마음과 몸의 떨어져 나감과 깨달음

그리고 도겐은 '증명된다'라는 것은 자기와 '다른 자기'의 마음과 몸을 '떨어져 나가게' 하는 것이라고 한다. 이 '다른 자기他己'란 도겐이 많이 사용하는 말이다. 다른 존재에 대해 언표할 때 다른 존재와 자기가 분리되어 대립한 것이 아니라 서로 연결되어 밀접한 상관관계에 있음을 나타내기 위해 '타'에 '기'라는 글자를 붙여 '다른 자기'라고 하는 것이다. 이 경우의 '타기'란 인간에 한정하지 않고 산천초목을 포함하여 모든 존재자를 가리킨다.

자기가 깨닫는 것(몸과 마음의 떨어져 나감)에 의해 '다른 자기' 즉 전 존재가 깨닫는다고, 요컨대 자기와 '다른 자기'의 '깨달음'이 연동된다고 도겐은 말한다. '몸과 마음의 떨어져 나감'이란 '깨달음'의 순간에 몸도 마음도 사로잡힘─그 사로잡힘의 배경에 놓여 있는 것은 자기나 다른 존재를 고정적인 요소로서 대립적으로 파악하는 견해인 것이지만 — 으로부터 해방된다고 하는 것을 의미한다. '깨달음'에서 사람은 자기와 세계의 진상인 '공-연기'를 체득한다. '공-연기'의 체험이란 모든 것이 서로 관계하여 성립하며, 본래 고정적인 '아' 따위란 없다고 문자 그대로 '체득'하는 것이다.

이 '공-연기'라는 상호 간의 서로 의존하는 관계의 총체를 도겐은 '편(법)계遍(法)界'(진실한 전 세계)나 '진(십방)계盡(十方)界'(전방위를 포함하는 세계) 등이라는 말로 표현한다. 도겐이 『정법안장』에서 자주 증거로 끌어내는 말에 '진십방계시일과명주盡十方界是一顆明珠'가 있다. '일과명주'란 하나의 밝게 빛나는 주옥이라는 것으로, 세계 전체를 하나의 투명한 구슬로 보고서 '공-연기'를 표현하고 있다. 자기와 '다른 자기'와 '깨달음'이 연동하는 것은 전 존재가 하나의 전체로서 서로 연결되고 연관을 이루고 있기 때문이다. 바로 세계 전체의 전 존재가 서로 결부되어 있는 까닭에, 한 사람의 깨달음이 전 세계로 파급될 수 있는 것이다.

이것을 도겐은 『정법안장』의 다른 곳에서는 '화개세계기花開世界起'(꽃피어 세계가 일어나네)라는 말을 실마리로 하여 추구한다. '화개세계기'란 도겐에 따르면 한 사람의 '깨달음'의 꽃이 열림으로써 전 시공의 전 존재도 깨닫고, 그와 동시에 전 시공의 전 존재에 힘입어 지금 여기, 이 나의 '깨달음'이 있다고 하는 세계와 자기와의 역동적인 상호 간의 서로 의존하는 관계를 의미한다.

'깨달음'이란 자신과 세계의 진상인 '공-연기'의 자각이다. 수행에 의해 자기도 그리고 자기와 상호 간의 서로 의존하는 관계에 있는 전 시공의 모든 존재도 '공-연기'라고 자각하고, 그에 의해 스스로 '공-연기'의 차원을 이 순간, 순간에 계속해서 현현하게 한다. 그 영위에 의해서야말로 자기는 계속해서 참된 의미에서의 주체가 될 수 있는 것이다.

도겐과 서양 철학—하이데거의 에어아이그니스를 실마리로 하여

포괄성, 일관성, 투철성, 면밀성이 풍부한 도겐의 사상은 다나베 하지메田辺元의 『내가 본 정법안장의 철학正法眼藏の哲学私觀』(1939년) 을 선구로 하여 계속해서 서양 철학과 비교되어왔다. 비교 대상이 된 철학자는 아리스토텔레스, 플라톤, 아우구스티누스, 스피노자, 칸트, 헤겔, 셸링 Friedrich Wilhelm Joseph von Schelling(1775~1854), 니체, 후설 Edmund Husserl(1859~1938), 사르트르 Jean-Paul Sartre(1905~1980), 메를로-퐁티 Maurice Merleau-Ponty(1908~1961), 데리다 Jacques Derrida (1930~2004) 등으로, 서양 철학자의 주요한 사람들을 망라하고 있다고 말해도 지나치지 않을 정도로 광범위하게 걸쳐 있다.

그중에서도 특히 흥미로운 것은 철학의 주제가 인식론에서 존재론으로 전환하는 분기점을 이루는 자로서의 하이데거 Martin Heidegger(1889~1976)와의 비교이다. 종래에는 시간론과 관련하여 양자를 비교하는 경우가 많았지만, 이 글에서는 『존재와 시간』의 물음을 더욱 첨예화하여 물었다고도 하는 후기 하이데거에 주목하여 '세계철학'의 견지에서 근원적인 사상 대화의 장 설정을 실마리로나마 시도하고자 한다.

'어떻게 있는가'가 아니라 '있다'라는 것 그 자체를 문제로 삼은 후기 하이데거의 사상을 생각하는 데서 가장 중요한 개념으로 에어아이그니스Ereignis(성기性起·생기)가 있다. 에어아이그니스는 일반적으로는 '사건', '일어난 일'이라는 의미이지만, 하이데거는 이 말을 독특하게 해석한다.

하이데거에 따르면, 다양한 사물이 '있다'라는 것의 근원은 일상적으로는 덮여 숨겨진 '심오한 존재das Seyn'로 거슬러 올라갈 수 있으며, 이 존재의 '본질 활동'이야말로 에어아이그니스이다. 하이데거는 이 에어아이그니스가 '보이지 않는 것 안에서 가장 보이지 않는 것'이긴 하지만, 인간은 '그 안에 죽어야 할 자로서 평생 머문다'라고 지적한다(『프라이부르크 강연』). 요컨대 에어아이그니스란 숨겨져 있으면서 인간을 인간이게 하는 근원적 활동이다.

일본의 대표적인 하이데거 연구자로 알려진 와타나베 지로渡辺二郎는 이것을 '계속해 살아 있는 활동', '갈구하는 촉구'라고 한다(『하이데거의 '제2의 주저' 『철학에의 기여 시론집』 연구 메모ハイデッガーの'第二の主著'『哲学への寄与試論集』研究覺え書き』). 요컨대 본래 인간은 그 숨겨진 존재를 갈구하도록 촉구되고 언제나 부름받고 있다는 것이다. 그렇다면 인간이 이루어야 할 것은 근원적 사유에 의해

그 숨겨진 존재로부터의 부름에 응하고, 그 존재로 '도약'하며, 그 존재에 귀 기울이고, 그 목소리를 들으며, 스스로도 그 존재를 언술하고 귀속하는 것이게 된다. 그러나 하이데거에 따르면 서양 철학의 역사는 이와 같은 존재를 망각하고, 개개의 존재자를 성립시키는 것으로서 무언가의 정태적인 본질을 대상으로서 정립해온 '실체론적 형이상학'의 역사라고 한다. 이러한 의미에서 하이데거는 플라톤 이래의 서양 철학의 역사를 비판하고, 역사의 '다른 원초'로의 이행을 주장하는 것이다.

'성기'를 '기'로 바꿔 말한 도겐

그런데 에어아이그니스라는 말에 대해 하이데거 자신은 그리스어의 로고스나 중국의 도道와 마찬가지로 번역 불가능하다고 말하고 있는데, 이것을 일본어로 번역할 때 굳이 '성기性起'라는 말을 사용하는 경우가 있다(소분샤創文社 판, 『하이데거 전집ハイデッガー全集』제65권 등). 이 말은 화엄 교학의 용어이다. 화엄 교학에서는 '성'을 '불개不改'이자 '본구本具'의 본질, 진리로 파악하고, 그것이 '기起'(일어남)로서 일체제법一切諸法에서 현현한다고 설명한다. 요컨대 모든 것은 진리를 표현하는 것으로서 있다는 것이다.

그리고 그와 같은 진리 세계의 궁극적인 모습을 보는 것이 화엄 교학에서 지향해야 할 경지로 여겨진다. 이것을 '해인삼매海印三昧'라고 한다. 이것은 법신비로차나불法身毘盧遮那佛의 선정禪定 체험이기도 하며, 큰 바다에 모든 색상色像이 비추어지듯이 모든 것을 포섭하여 현현하게 하는 영원, 무한의 경지이다.

그런데 중국에서의 화엄 교학은 천태 교학과 더불어 대승 교학의 최고봉으로서 커다란 영향력을 지녔다. 특히 중국 선종은 화엄 교학을 섭취하면서 사상적 전개를 이루었으며, 이러한 의미에서 중국에 유학하여 선을 배운 도겐도 역시 화엄 교학의 영향 아래 있었다고 할 수 있다. 이 점은 주저 『정법안장』에 「해인삼매」라는 제목의 한 권이 있는 것에서도 알 수 있다.

「해인삼매」 권에서 도겐은 '성기'를 '기·일어남'이라고 바꿔 말하고 아래와 같이 기술한다.

> 일어남은 반드시 시절이 도래하니, 때는 일어나는 까닭에. (…) 일어남 즉 합성合成이 일어나는 까닭에, 일어남이 '이 몸'이 되고 일어남이 '아기我起'(나 일어남)가 되고 '단 중법衆法으로써' 되네. (…) 밖에 있으면, 기멸起滅(일어남의 소멸)은 우리의 일어남, 우리의 소멸함에 머무름이 없다네. 이 머무름 없음의 길을 취하고, 그에게 일임하여 옳게 판단해야 마땅하지. 이러한 일어나고 소멸함의 머무르는 때 없음을 불조佛祖의 명맥으로서 끊어졌다 이어졌다 하게 한다네.

여기서 도겐은 화엄 교학이 설파하는 깊은 선정인 '해인삼매'에서의 진리의 현현('기')을 때의 현현('시절의 도래')으로서 파악한다. 그리고 그것은 세계에서의 여러 사물 사태가 상호 간에 서로 의존하는 가운데 연기하는 것이므로('합성이 일어나는 까닭에'), 거기에서 자기도 참다운 것으로서 현현한다고 말한다('아기, 나 일어남'). 여기서 말하는 '시절', '때'란 도겐이 그의 시간론인 '유시有時'론에서 전개하는 '영원한 지금'이다. 그리고 도겐은 이 '일어남'을 단지 '현현한다'라고 말할 뿐만 아니라 '기멸'로 전개해 간다. 요컨대 오직 진리가 현현하고 그것으로 끝나는 것이 아니며, 진리는 언제나 새롭게 때때로 스스로를 새겨 내면서 계속해서 현현한다고 하는 것이다. 새로운 것으로서 계속해서 현현하는 것을 도겐은 '불조의 명맥으로서 끊어졌다 이어졌다 하게' 하는 것이라고 한다. '불조의 명맥'이란 '부처의 생명' 즉 무시무종으로 계승되어가는 불도의 진리, 즉 '공−연기' 그 자체를 의미하며, 나아가 그것은 '끊어졌다 이어졌다 하게 한다네'라고 되어 있듯이 수행자가 날마다 새로운 것으로서 계속 현현시켜야 하는 것으로 여겨진다.

　여기서 주목되는 것은 우선 도겐이 '성기'를 '기'로서 '성'을 깎아내고서 표현하고 있다는 점이다. 이것은 '성'이 불변을 의미하고 정태적인 진리라는 뉘앙스를 띠기 쉽다는 것에서 기인할 것이다. 나아가 '기'가 단순한 '기'가 아니라 '기멸' 즉 '기−멸−기−멸 ……' 이라는 영원한 생기로서 파악되고 있다는 것도 이 점과 관련되어 있다. 앞에서 이야기한 하이데거의 에어아이그니스가 숨겨진 것으로서 언제나 인간을 계속해서 부르는 것이고, 그것에 응하는 인간에 의해 계속해서 드러나게 된다는 역동성으로서 파악하게 된다면, 그것은 바로 '성기'의 '성'을 깎아내고서 '기'로 포착한 도겐이 지향하는 방향과 궤를 같이한다고 할 수 있을 것이다.

물론 화엄 교학의 '성기'가 정태적인 실체적 진리를 선양했다고 하는 것도 아니고, 더구나 에어아이그니스에 대해 '성기'라는 함축이 풍부한 역어가 주어져 있다는 것을 부정하는 것도 아니다. 그러나 그 '성'이라는 말이 낳기 쉬운 오해를 피하고, 활동으로서의 진리의 역동성을 강조한 것이 도겐이라고 한다면, 그 영위는 바로 정태적인 진리를 세우는 '실체론적 형이상학'을 비판하고 '계속해서 살아 있는 활동'을 선양한 하이데거의 영위와 통한다. 정태적인 보편을 넘어선 역동적인 근원으로까지 거슬러 올라가는 이 지점이야말로 양자의 사상적 대화뿐만 아니라 '신들의 다툼'으로 채워진 현대에서의 대화의 기점, '세계철학'의 기점으로서 시사적일 것이다.

☞ 좀 더 자세히 알기 위한 참고 문헌

— 미즈노 야오코水野弥穂子 교주, 『정법안장正法眼藏』 1~4, 岩波文庫, 1990~ 1993년. 도겐의 주저. '일본의 철학서의 최고봉'이라고도 불리며, 동일률, 모순율에 기초한 세계(일상 세계=세속 세계)의 논리를 부정하고, 그것을 넘어선 '공―연기'의 역동성 그 자체를 직접적으로 표현한다. 도겐의 사상과 문체는 서로 분리될 수 없으며, 아무쪼록 도겐의 문체 그 자체를 음미해 주기를 바란다.

— 다나카 아키라田中晃, 『정법안장의 철학正法眼藏の哲学』, 法藏館, 1982년. 그리스 철학의 연구자가 『정법안장』의 주요 권들을 주석하고 현대어로 번역하며 사상 구조를 해명한 노작이다. 수많은 『정법안장』의 현대어 역이나 주석 가운데서도 논리적 일관성을 지니고서 해석하고자 한다는 점에서 두드러진다. 다른 현대어 역으로서는 다마키 고시로玉城康四郎, 『도겐道元』(일본의 명저 7, 中央公論社, 1974년, 추코백스 판, 1983년)도 저자의 독자적인 종교 철학 입장에서 통일적으로 해석하고 있어 흥미롭다.

— 쓰지구치 유이치로辻口雄一郎, 『정법안장의 사상적 연구正法眼藏の思想的研究』, 北樹出版, 2012년. 저자에 의한 철학·비교 사상의 견지에서 이루어진 도겐 연구의 집대성. 도겐의 텍스트에서 '종파적 교설이라는 틀을 넘어선 보편적인 힘'을 읽어내고 논리적으로 설명한다. 또한 이노우에 가쓰히토井上克人의 『노현과 복장露現と覆藏』(關西大學出版部, 2003년), 『'때'와 '거울' 초월적 복장성의 철학·時'と'鏡' 超越的覆藏性の哲学』(關西大學出版部, 2015년)도 철학·비교 사상의 견지에서 이루어진 도겐 연구를 하나의 기둥으로 하며, 하이데거 에어아이그니스와의 비교 관점에서는 필자도

배우는 바가 많았다. 이러한 철학·비교 사상적 입장에서의 도겐 연구의
선구적 업적으로 와쓰지 데쓰로和辻哲郎의 「사문 도겐沙門道元」(『와쓰지
데쓰로 전집和辻哲郎全集』 제4권, 岩波書店, 1962년)이 있다.

— 쓰노다 다이류角田泰隆, 『도겐 선사의 사상적 연구道元禪師の思想的研究』, 春秋
社, 2015년. 도겐의 사상 연구에서 중요한 역할을 짊어지는 종학宗學의
입장에서 이루어진 포괄적이고 체계적인 도겐 사상 연구의 대표적
노작. 쓰노다와 더불어 종학의 최전선을 담당하는 이시이 기요즈미石井清
純의 『구축된 불교 사상 도겐 ― 부처인 까닭에 계시다構築された仏教思想道元
― 仏であるがゆえに坐す』(佼成出版社, 2016년)도 도겐 사상의 깊이를 손상하
지 않으면서 알기 쉽게 현대적 관점에서 해설하고 있다.

— 요리즈미 미쓰코賴住光子, 『『정법안장』 입문『正法眼藏』入門』, 角川ソフィア文
庫, 2014년. 『정법안장』 여러 권의 도겐의 말을 다루고, 이치를 더듬어
가면서 도겐의 자기, 세계, 시간, 언어, 행위 등에 대한 사고방식을
밝힌다. 『도겐의 사상. 대승 불교의 진수를 독해한다道元の思想 大乗仏教の眞髓
を讀み解く』(NHK出版, 2011년)에서는 도겐의 선악, 인과, 무상에 대한 사고
방식을 검토하고, 신란親鸞과의 비교 등에도 몰두했다.

제7장

러시아의 현대 철학

노리마쓰 교헤이 乘松亨平

'근대의 초극'과 그 좌절

지리적으로나 역사적으로 러시아는 서양과 동양의 좁은 틈에 자리하는 나라이다. 중세에 동방 그리스도교를 받아들였지만, 오랫동안 몽골 제국의 지배하에 들어갔다. 그 지배를 뒤집자, 이번에는 스스로 동쪽으로 영토를 확장하고, 19세기에는 중앙아시아나 코카서스를 병합하여, 다수의 이슬람교도를 거느린 다민족 국가가 된다.

근대화에 나선 17세기 말 이후 '자신들은 서양인가'라는 물음이 러시아의 지식인들을 계속해서 괴롭혔다. 같은 그리스도교를 문화적 기반으로 하면서도 서양으로부터의 소외감에 끊임없이 괴로워한 것이다. 이것은 근대화 과정에서 그 밖의 비서양 지역이 맛본

열등감과 비슷하지만 같은 것이 아니다. 19세기 전반의 사상가 표트르 차다예프Pyotr Yakovlevich Chaadayev(1794~1856)는 '우리는 인류라는 대가족의 어느 쪽에도 속하지 않습니다. 우리는 서양도 동양도 아닌 것입니다'라고 말하고 있다(『철학 서간』). 어설프게 서양에 가까운 까닭에 예를 들어 일본이나 중국과 같이 서양과는 다른 문화적 전통을 자기 나라에서 발견하는 것은 러시아인에게 있어 쉽지 않았다. 차다예프는 러시아가 단적으로 아무것도 아닌 나라라고 단죄한다.

차다예프를 계기로 러시아에서는 '서구파'와 '슬라브파'의 논전이 시작되었다. 전자는 러시아가 서양이 되기를 바랐고, 후자는 러시아에서 서양과는 다른 독자성을 찾으려고 한다. 다만 이 대립은 그렇게 단순하지 않다. 서구파는 러시아의 전제 군주 체제를 그 비서양성의 원흉으로 간주하며, 그들 가운데 일부는 사회주의 혁명을 지향하게 된다. 그리고 서양에 앞서 1917년에 그것을 달성했다. 맑스주의의 역사적 유물론에 따르자면 사회주의는 근대적 자본주의 후에 와야 할 시대이기 때문에, 혁명에 의해 러시아는 일거에 서양을 앞지른 것이다.

한편 슬라브파는 러시아의 독자성을 동방 그리스도교에서 찾았다. 가톨릭도 프로테스탄트도 그리스도교 본래의 가르침을 일탈했으며, 러시아야말로 가장 순수하게 그리스도교를 체현하고 있다. 서양의 문화적 기반이 그리스도교라고 한다면, 이러한 슬라브파의 주장은 러시아가 서양 이상으로 서양적이라고 바꿔 말해질 수 있을 것이다.

이렇게 서구파도 슬라브파도 '자신들은 서양인가'라는 물음에 대해 자신들은 서양 이상으로 서양의 이상을 체현한다는 주장과 실천으로써 응답했다. 그들의 논쟁이 19세기 후반이라는 시기에 펼쳐졌다는 점에 주의하자. 이 시기에는 서양 내부에서도 서양 역사의 귀결로서의 근대성이 문제로 여겨져 '근대의 초극'을 논의하게 된다. 20세기에 세계 속으로 퍼진 이 움직임을 러시아는 공산권의 맹주 소련으로서 주도한 것이다. 1991년의 소련 붕괴는 서양 근대를 초극하고자 하는 가장 커다란 실험의 좌절이었다.

자유로운 집단성 —— 내셔널리스트 측으로부터

이 좌절 후에 러시아는 다시 '아무것도 아닌' 나라가 되었다. 그리고 서구파와 슬라브파의 논쟁이 재연된다. 이미 두 파가 그 이름으로 불리는 것은 아니지만, 자유주의나 자본주의의 도입으로 러시아가 서양이 되기를 바라는 리버럴과 러시아의 독자성을 주장하는 내셔널리스트가 대립한 것이다. 정치적으로는 1990년대의 옐친 정권 시대는 리버럴이 주도권을 잡았고, 2000년의 푸틴 대통령 취임 후에는 내셔널리스트가 우위를 차지한다. 다만 이전의 서구파와 슬라브파의 대립과 마찬가지로 현대의 리버럴과 내셔널리스트의 대립도 그렇게 단순한 것이 아니다.

우선 내셔널리스트의 사상부터 살펴보자. 그중에서 가장 눈에 띄는 것은 러시아 혁명 후에 국외로 망명한 지식인들이 20세기 전반에 주창한 '유라시아주의'를 부흥하려고 하는 움직임이다. 러시아의 기반은 서양이 아니라 이전에 러시아를 지배한 몽골 제국과 같은 내륙 유라시아에 있다고 하는 그 주장은 소련 말기에 중세 역사학자인 레프 구밀료프Lev Nikolayevich Gumilyov(1912~1992)에 의해 재발견되었다. 구밀료프는 소련 붕괴 이듬해에 사망하지만, '신유라시아주의'로 불리는 운동은 러시아뿐 아니라 옛 소련의 이슬람 지역이나 나아가서는 터키 등에서도 수용되며, 특히 중앙아시아의 카자흐스탄에서는 구밀료프의 이름을 딴 대학이 설립되었을 정도이다. 정치적으로도 푸틴은 미국의 일극 지배에 대항하는 데서 유라시아의 결속을 자주 호소하고 있다.

현대의 신유라시아주의를 주도하는 사람이 알렉산드르 두긴 Alexandr Dugin(1962~)이다. 두긴은 유라시아주의에 입각한 지정학에 의해 러시아 정계에 영향을 미쳐 왔다고 하며, 구미 나라들에서 대두하는 신우익 운동과도 연결되는 등, 오로지 정치적 측면에서 주목받고 있지만, 여러 권의 하이데거론을 저술하고, 23권에 이르는 『앎의 전쟁』 시리즈에서는 아프리카와 오세아니아도 포함한 세계의 사상사를 유형론적으로 망라해 보인 철학자이다.

그의 정치 철학의 강령으로 간주할 수 있는 「제4의 정치 이론의 구축을 위하여」에서 두긴은 서양 근대의 자유주의를 초극하기 위하여 공산주의와도 파시즘과도 다른 새로운 정치 이론이 필요하다고 부르짖는다. 다만 자유주의로부터 이어받아야 할 것도 있다

— 기묘하게도 그것은 자유의 개념이라고 한다. 두긴에 따르면, 근대 자유주의의 본질은 자유주의가 아니라 개인주의에 있다. 뿔뿔이 흩어진 무력한 개인에게만 자유를 인정하는 자유주의에 맞서 새로운 정치 이론은 모든 주체에게 자유를 인정한다. 두긴이 그 주체의 예로서 드는 것은 민족('에트노스')이다. 개인성이라는 감옥으로부터 해방되어 자기 자신에게 있어 본래적인 집단적 주체로 동일화함으로써 인간은 참으로 힘 있는 자유를 발휘할 수 있다는 것이다.

이것은 내셔널리즘을 정당화하기 위한 궤변처럼 들리기도 하지만, 집단적 주체를 민족 이외의 것 — 예를 들어 여성이나 흑인과 같은 피억압 집단 — 에 적용하면 그렇게 기괴한 주장은 아니다. 또한 개인주의의 극복은 이전의 '근대의 초극'에서도 주요한 과제였다. 19세기의 슬라브파는 개인이 자유롭게 스스로의 의지로 교회에 모여 기도할 때, 그 체험을 통해 자유로운 집단성이 사랑으로 실현된다고 생각했다. 두긴의 주장은 그 연장선 위에 있다고도 할 수 있다. 개인이 아니라 집단에 의해 실현되는 자유라는 착상은 다음에 보는 현대 러시아의 리버럴에게서도 형태를 바꾸어 공유되고 있다.

언어와 신체

소련에서 서방의 현대 사상은 규제되고 있었지만, 소련 말기에는 하버마스Jürgen Habermas(1929~)와 데리다Jacques Derrida(1930~ 2004) 등이 차례로 소련을 방문하고, 현대 사상의 번역 붐이 일어났다. 그 붐을 이끈 것이 소련과학아카데미 철학연구소 내에 1987년에 설치된 '포스트 고전철학연구실'이다. 그 중심이 된 발레리 포도로가Valery A. Podoroga(1946~2020)나 미하일 리클린 Michail Ryklin(1948~) 등은 현상학에서부터 들뢰즈Gilles Deleuze(1925~ 1995)/가타리Pierre-Félix Guattari(1930~1992)까지를 참조하면서 신체 성이라는 주제에 특히 주목했다. 그 배경에는 맑스-레닌주의에 의한 통제하에서 소련에서는 경직된 언어적 이데올로기가 문화를 지배하고, 신체나 감각의 다양성이 억압되었다고 하는 비판 의식 이 놓여 있다. 예술에서 말하자면, 소련이 이데올로기를 가장 직접적으로 반영할 수 있는 문학이 중심 장르가 되고, 그 밖의 예술도 영화라면 시나리오, 음악이라면 가사와 같은 문학적 측면 이 중시되었다. 포도로가 등은 그것을 '문학 중심주의'라고 부르며 비판한다.

리클린에 따르면, 소련의 영화는 '언어적 시각'의 산물이며, 거기에 비추어지는 신체도 '언어적 신체'에 지나지 않는다. 다만 흥미로운 것은 이 사태를 리클린이 언어에 의해 신체가 단지 배제되었을 뿐이라고는 파악하지 않는다는 점이다. 신체가 언어화 될 때, 언어 측도 역시 말하자면 신체화된다. 소련에서 이데올로기 언어가 지닌 폭력성은 그것을 단적으로 나타내고 있을 것이다. 차례차례 비판 대상을 바꾸어 숙청을 되풀이한 스탈린을 필두로 정치적 목적을 위해서라면 이데올로기 언어는 어떠한 불합리도 마다하지 않았다.

1990년에 소련을 방문한 데리다와의 좌담회에서는 리클린의 문제의식이 잘 엿보인다. 데리다가 주창한 탈구축을 서양의 이성적·논리적인 형이상학에 숨어 있는 모순이나 비합리성을 폭로하는 것으로 파악한 다음, 리클린은 다음과 같이 말한다. '우리나라의 문화에서는 비논리적인 모순이 너무나 명백하고', '형이상학은 소멸의 위기에 노출된 종과 같은 것인 까닭에, 그것을 파괴하는 것이 아니라 오히려 비호해야만 합니다.'(『자크 데리다의 모스크바』)

소련의 이데올로기 언어는 신체를 억압함과 동시에 스스로도 역시 합리성을 갖지 못하는, 말하자면 '신체적 언어'가 되었다. 리클린이 비판하는 것은 언어가 이렇게 신체를 포섭하고 양자가 미분화된 상태이다. 언어와 신체를 분리하여 이성적·합리적인 언어의 영역과 그것으로 회수되지 않는 다양한 신체의 영역을 각각 확립하는 것 — 다시 말하면 서양 근대적인 심신이원론의 문화를 확립하는 것으로부터 러시아는 재출발해야만 한다. 이 시리즈 제3권 제2장에서도 논의하고 있듯이 정신과 신체의 불가분은 동방 그리스도교 신학이 설파하는 바이기도 한바, 리클린의 비판은 슬라브파가 이어받은 이 전통에도 미칠 것이다.

언어와 신체의 분리는 또한 개인주의의 확립을 의미한다. 획일화된 '언어적 신체'는 신체의 개별성을 소거하고 집단화했다. 소련의 공식 미술에서는 인간의 얼굴로부터 개인적 감정이 지워져 매끄러운 것이 되었다고 리클린은 지적한다. 신체성의 이름 아래 개성과 다양성을 옹호하는 그는 전형적인 리버럴이었다고 할 수 있다.

자유로운 집단성 ─ 리버럴 측으로부터

그러나 1990년대에 급격히 도입된 자본주의로 인해 러시아 사회가 황폐해지자 철학에서도 자유주의의 한계를 느끼게 된다. 내셔널리즘이 세를 늘리고 소련에 대한 향수가 사회 현상이 되는 가운데 리버럴은 공산주의의 다시 보기를 밀고 나갔다.

소련 시대에 서독으로 망명하고 세계적으로 알려진 미술 비평가가 된 보리스 그로이스Boris Efimovich Groys(1947~)는 『공산주의의 추신』에서 리클린이 비판한 소련의 '신체적 언어'를 재평가한다. 소련의 이데올로기 언어는 단지 모순이나 비합리성을 마다하지 않았던 것에 머무르지 않고 좀 더 격렬한 모순을 요구해 마지않는 것이었다. 대립이나 모순을 피하고 차이의 유희로 화한 서양의 언어에서는 잃어버린 혁명적 힘을 소련의 언어는 가지고 있었다고 그로이스는 말한다.

포도로가와 리클린의 제자뻘에 해당하는 엘레나 페트로프스카야Elena Petrovskaya(1962~)나 올레그 아론손Oleg Aronson(1964~)은 신체성의 주제를 이어받는 가운데 그것을 개인주의가 아니라 새로운 집단성의 구상과 결부시킨다. 합리적인 언어로써는 설명할 수 없는 희미한 신체적 정서——예를 들어 소련 시대의 일상을 찍은 스냅 사진을 보았을 때, 당시를 모르는 현대 러시아인도 느끼는 그리움, 그것은 개인적인 것이 아니라 사람들 사이에서 공유되고 사람들을 연대하게 할 수 있는 것이라고 한다. 그 연대는 소련의 이데올로기 언어가 부과한 것과 같은 강제적·폭력적인 집단성과는 다르다. 희미한 것인 까닭에 개인을 억압하지 않고서 연대하게 할 수 있는 이러한 정서의 개념은 실은 정치적 입장이 정반대인 두긴과 같은 자유로운 집단성을 둘러싼 구상의 일종이라고 말할 수 있을 것이다. 그런 만큼 그 정서는 내셔널리스틱하고 배타적인 것이 될 위험성도 있다.

자유로운 집단성에 대해 리버럴 입장에서 독특한 착상을 제시한 것이 정치 철학자인 아르테미 마군Artemy Vladimirovich Magun(1974~)의 논문 「공산주의에서의 부정성」이다. 개인의 자유를 확보한 다음, 뿔뿔이 흩어진 개인들이 어떻게 집단으로 연대할 수 있는가 하는 통상적인 리버럴의 사유 회로와는 반대로, 마군은 집단이 부과하는 부자유가 강해짐으로써 개인이 형성될 수 있다고 생각한다. 그때 마군이 주목하는 것은 소련에서의 공공 공간의 존재 방식이다. 소련에서는 부동산의 사유가 인정되지 않았고, 모든 토지와 건물은 국유이고 주거도 할당제였다. 그런 만큼 소련에서는 광장과 공원으로부터 아파트의 계단과 공중화장실에 이르는, 누구의 것도 아닌 공공 공간이 곳곳에서 생겨난다. 그러한 공간들은 공식적으로는 '모두의 것'으로서 집단 관리하기로 되어 있었지만, 실제로는 황폐해져서 개인이 원하는 대로 사용하고 있었다. 여기서 개인의 자유는 집단성의 강제 속에서 생겨나고 그 속에서만 유지된다. 이러한 자유를 내포한 집단성에서 마군은 새로운 공산주의의 가능성을 보았다.

이렇게 러시아에 새롭게 서양 근대를 도입할 것을 설파한 포도로 가나 리클린과는 달리 리버럴은 이전의 서구파와 마찬가지로 다시 공산주의에 의한 '근대의 초극'을 목표로 하기 시작한 것으로 보인다. 그리고 자유로운 집단성이라는 그들의 관심은 역시 이전의 서구파와 마찬가지로 대립하는 내셔널리스트에 의한 '근대의 초극' 구상과 비슷하기도 하다. 소련의 공산주의라는 자국의 역사를 리버럴이 재평가하는 것에서도 내셔널리스트와의 공통성은 나타나고 있다.

좌파와 우파의 이와 같은 서로 비슷함은 이 장 서두에서 언급한, 서양과 근접하면서 소외되어 온 러시아의 미묘한 위치와 관계될 것일 터이다. 그러나 경제적으로는 거의 세계가 서양의 자본주의 시스템으로 편입된 현재, 서양과 근접하면서 소외되어 있다는 위치는 러시아만의 문제가 아니다. 그것은 일본에서든 중국에서든 또는 자본주의 시스템의 중심을 미국에 빼앗긴 서구 나라들이나 문화적으로는 서구에 대한 열등감을 맛보아 온 미국에서조차 공유될 수 있는 문제일지도 모른다. 러시아 철학의 '세계성'이 거기에 놓여 있다.

☞ 좀 더 자세히 알기 위한 참고 문헌

— 『미하일 바흐친의 시공ミハイル·バフチンの時空』, せりか書房, 1997년. 같은
해의 『현대사상現代思想』 4월호(특집=러시아는 어디로 가는가)와 함께
소련 붕괴 전후의 리버럴파 철학의 성과가 수집되어 있다.

— 아즈마 히로키東浩紀 편, 『겐론 6ゲンロン 6』, 『겐론 7ゲンロン 7』, ゲンロン,
2017년. 2호에 걸친 '러시아 현대 사상' 특집으로 소련 붕괴 후의 러시아
철학 흐름을 개관한다. 이 장에서 언급한 두긴과 마군의 논문도 번역되어
있다.

— 미하일 얌폴스키Mikhail Iampolski, 『데몬과 미궁 — 다이어그램·데포르메
·미메시스テーモンと迷宮 —ダイアグラム·デフォルメ·ミメーシス』, 노리마쓰 교헤
이乘松亨平·히라마쓰 준나平松潤奈 옮김, 水聲社, 2005년. 포도로가, 리클린
과 견주는 리버럴파의 신체론을 대표하는 저서. 도스토옙스키나 위고
등의 고전적 작가로부터 현대 러시아의 영화감독 소쿠로프까지 신체의
다양한 일그러짐이 독해되어간다.

— 가이자와 하지메貝澤哉, 『분열된 축제 — 바흐친·나보코프·러시아 문화
引き裂かれた祝祭 —バフチン·ナボコフ·ロシア文化』, 論創社, 2008년. 이 장에서도
다룬 러시아의 미묘한 정체성 문제가 소련 시기를 대표하는 문예학자
바흐친부터 현대 사상까지를 대상으로 논의되고 있다.

— 구와노 다카시桑野隆, 『20세기 러시아 사상사 — 종교·혁명·언어20世紀ロ
シア思想史 —宗教·革命·言語』, 岩波現代全書, 2017년. 러시아의 현대 사상 소개
에 오랫동안 힘써온 저자가 19세기 말부터 현대에 걸친 러시아의 철학사
를 한눈에 조망해 보인다.

제8장

이탈리아의 현대 철학

오카다 아쓰시 岡田溫司

'이탈리안 시어리' 또는 이탈리아의 특이성

패션이나 요리만이 아니다. 세계의 사상계에서도 이탈리아는 지금 상당한 붐이다. 저작 대부분이 세계의 주요한 언어로 번역되고 있는 조르조 아감벤 Giorgio Agamben(1942~)과 안토니오 네그리 Antonio Negri(1933~)는 그 대표이다. 영어권에서는 '프렌치 시어리'를 대신하여 '이탈리안 시어리'가 대두해왔다고 말하기도 한다.

왜인가? 본래 이탈리아의 사상은 전통적으로 국민 국가라는 틀에 얽매여 오지 않았다. 이것은 영국이나 프랑스 또는 독일 등과의 현저한 차이이다. 이들 나라에서는 로크 John Locke(1632~1704)든 데카르트든 헤겔이든 많든 적든 국민 국가의 형성이나 성장과 보조를 맞추는 식으로 철학이나 미학이 발전을 이루어왔다.

그러나 이탈리아의 경우에는 원래 통일 국가라는 것이 존재하지 않았다. 19세기도 후반의 리소르지멘토risorgimento(이탈리아 국가 통일 운동)에 이르기까지는 많은 도시 국가가 즐비하고, 나아가 여기에 바티칸 세력이 가담하는 것과 동시에 되풀이하여 유럽 열강의 개입을 경험해왔다. 이탈리아의 사상은 정치적이고 종교적인 갈등에 끊임없이 노출되어왔다고 해도 지나친 말이 아니다. 그러한 까닭에 조르다노 브루노Giordano Bruno(1548~1600), 니콜로 마키아벨리Niccolò Machiavelli(1469~1527), 잠바티스타 비코Giambattista Vico(1668~1744)라는 계보를 보면 분명하듯이 삶과 정치와 역사는 언제나 계속해서 이탈리아 철학의 중심적인 주제이었다. '주체'와 '진리' 등과 같은 관념적이고 추상적인 문제보다 삶이나 역사의 현실적이고 구체적인 문제에 관심이 기울어져 온 것이다.

그러므로 오늘날 정치나 경제 등의 모든 국면에서 국민 국가의 틀이 사실상 약화하거나 붕괴하는 상황에서 이탈리아의 사상이 갑자기 현실성을 띠게 되었다고 한다면, 그것도 어떤 의미에서는 필연이라고까지 말할 수 있을지도 모른다. 이하에서는 이탈리아적인 사고가 가장 전형적인 형태로 나타나는 '생명 정치'와 종교(그리스도교)와 예술을 둘러싼 주제로 좁혀 최근의 동향을 소묘해보고자 한다.

'아감벤 효과'

그중에서도 아감벤에 대한 관심의 고조는 특별해서 '아감벤 효과'라고 불리기도 한다. 그 계기가 된 것이 1995년에 출판된 『호모 사케르』이다. 푸코에서 유래한 '생명 정치'의 사유를 극한까지 밀고 나아간 이 책은 몇 년 사이에 많은 언어로 번역되어 세계적인 성공을 거두었다. 그렇다면 그 이유는 어디에 있는 것일까?

무엇보다도 우선 들 수 있는 것은 이 책이 마치 묵시록적인 예언의 글과 같은 것으로서 받아들여졌다는 점이다. 항상화하는 예외 상태, '벌거벗겨진 삶', 근대 정치의 노모스로서의 수용소 등, 『호모 사케르』속에서 계보학적으로 검증된 테제가 특히 9·11 이후의 세계정세 속에서 갑자기 현실성을 띠게 된 것이다.

『호모 사케르』로부터 3년 후에 상재된 『아우슈비츠의 남은 자들』도 역시 찬반양론을 아울러 세계적인 반향을 불러일으키게 된다. 여기서 아감벤은 푸코가 해결하지 못한 채로 남긴 문제, 요컨대 '생명 정치는 무슨 까닭에 죽음의 정치로 전도되는 것일까'에 도전한다.

아감벤에 따르면, 이 전도는 어떤 의미에서 필연이다. 왜냐하면 본래 하나의 것이어야 할 '삶'을 의학적이고 생물학적이며 정치적이고 법학적 장치에 의해 선을 긋고자 하는 한에서, 삶의 서열화나 선별이 수행되는 것은 피하기 어렵기 때문이다. 나치즘에서 그것은 가장 극단적인 형태를 취했지만, 민주주의 사회에서도 이 선별은 좀 더 표면화하기 어려운 형태로 진행되고 있다.

2000년의 『남겨진 시간 — 바울 강의』이후로 그의 사유는 더 나아가 '신학적 전회'라고도 부를 수 있는 새로운 전개를 이루고 있다. 2007년의 『왕국과 영광』이나 2009년의 『벌거벗음』에서 파헤쳐지는 것은 정치나 경제, 법과 미의식 등, 다양한 국면에서 현대도 여전히 신학이 얼마나 '세속화'된 장치로서 기능하고 있는가 하는 점이다.

게다가 아감벤의 사유는 '세속화'를 확인하는 데만 머무르지 않는다. 한 걸음 더 나아가 요컨대 '신성 모독'이 요구된다. 왜냐하면 예를 들어 주권의 패러다임이 신의 초월성의 '세속화' 이외에 다른 것이 아니라는 인식에 머무르는 한, 그 권력 자체는 손대지 않은 채로 남겨지기 때문이다. '종교로서의 자본주의'(벤야민)와 사회 전반의 '스펙터클화'(기 드보르)가 점점 더 진행되는 현대, 요컨대 '세속화'와 '신성화' 사이의 구별이 거의 이루어지지 않고 있는 현대에서 '신성 모독'은 긴급한 과제라고 아감벤은 말한다. 이를 위한 유효한 전략으로서 그가 전부터 부르짖고 있는 것이 '~하지 않고 두다'라는 적극적 선택으로서의 '무위'이자 잠세력潛勢力을 잠세력 그대로 머무르게 하는 용기이다.

성 프란체스코(1182~1226)와 그 수도회의 이념에 대해 논의한 최근 저서 『지고한 가난』(みすず書房, 2014년)에서 아감벤은 예전부터 그에게 들려 있던 아이디어, 즉 '소유'에서 '사용'으로, '풍요'에

서 '가난'으로의 발상의 전환을 한층 더 밀고 나가고 있다. 근대의 정치와 경제를 지탱해온 번영이나 이익의 추구, 소유나 사유의 사상이 철저히 상대화되어 '신성 모독'으로 되어가는 것이다.

공동체와 면역 —— 에스포지토의 범위

'생명 정치'와 관련하여 또 한 사람 잊어서는 안 되는 존재가 있다. 나폴리의 정치 철학자 로베르토 에스포지토Roberto Esposito (1950~)이다. 그의 사상의 특징을 한마디로 요약한다면, '생명 정치'를 '공동체'나 '면역'의 문제 계열로 접속시켰다는 점에서 찾을 수 있을 것이다. 그 성과는 강렬한 인상을 남기는 3부작, 『콤무니타스(공동). 그 기원과 운명』(1998년), 『임무니타스(면역). 삶의 보호와 부정』(2002년), 『비오스. 생명 정치와 철학』(2004년) 속에서 열매 맺고 있다.

우선 에스포지토는 어원으로 거슬러 올라가 보자고 제안한다. 예를 들어 '공동체'는 지금까지 귀속 의식이나 동료 의식, 동일성이나 유사성과 같은 관점에서 사유되어 왔지만, 어원적으로는 오히려 반대의 의미라고 한다. 라틴어의 '콤무니타스communitas'는 '~와 함께'라는 의미의 '콤'과 '증여나 바치는 것' 또는 '의무나 부담'을 의미하는 '무누스'로 이루어진 말로, 그런 까닭에 본래는 귀속이나 소유를 의미하기보다는 내가 당신에게 져야 할 무언가의 의무를, 결국은 잠재적인 부재나 결여를 나타내고 있다.

그럼에도 불구하고 공동체 개념은 전통적으로 자기 동일적인 주체라는 범주에서 기초를 구하고, 그에 의해 지켜지고 다듬어져 왔다. 에스포지토가 비판하는 것은 바로 이 점이다. 집단의 형식으로 확장된 개체로서 공동체를 파악하는 한, 이 공동체는 어디까지나 자기의 고유성이나 소유권(영토, 민족, 언어, 문화, 종교 등)에 닫힌 개체를 지향하게 된다. 민주주의, 자유, 주권 등과 같은 서양의 정치적 전통의 주된 개념 역시 대부분 경우에 이러한 관점에서 논의되어왔다.

다른 한편 '면역'의 어원이 된 '임무니타스immunitas'는 마찬가지로 '무누스'에 부정의 접두사 '임'이 붙어 있다. 요컨대 '콤무니타스'와는 반대로 '임무니타스'는 그와 같은 의무나 부담으로부터 구성원들을 면제하는 것이다. 이리하여 '임무니타스'는 위해를 가할 우려가 있는 모든 외적 요소에 대한 방어와 공격이라는 형태로, 정치적·의학적으로 발동된다. 물론 면역 시스템은 필요 불가결하지만, 과도한 면역화가 자기 파괴를 부른다는 것도 사실이다. 특히 9·11 이후 좀 더 커다란 안심과 자유를 확보한다는 명목 아래 안전 보장 전략이 과도하게 작동하고 좀 더 커다란 통제가 개입하고 있다.

상반된 힘으로서의 '콤무니타스'와 '임무니타스', 그것들에 끼이기라도 하듯이 하여 전개되는 것이 에스포지토에게서의 '생명 정치'의 사유이다. 생명 정치는 물론 한편으로 삶을 보호하고 보장하며 증강시키는 역할을 지니지만, 다른 한편으로는 반대로 푸코가 암시했듯이 죽음의 정치로 뒤집힐 가능성을 감추고 있다. 앞에서 말했듯이 아감벤은 이 뒤집힘을 역사적인 동시에 논리적인 필연으로 간주했다. 이에 반해 네그리가 생명 정치의 새로운 가능성을 적극적으로 평가했다는 것은 잘 알려져 있다.

아감벤적인 비관론과 네그리적인 다행증euphoria, 에스포지토가 극복하고자 하는 것이 이 이율배반이다. 생명 정치를 삶에 대한 주권의 과도한 행사로 간주하는 아감벤과 역으로 주권에 대해 삶의 풍부한 잠세력으로 간주하는 네그리에 대해 에스포지토가 제기하는 것은 삶과 정치는 두드러지게 내재적인 관계에 있다는 관점이며, 이를 위한 중요한 열쇠 개념이 되는 것이 생물학적인 동시에 정치적인 '면역'이라고 하는 것이다.

그리스도교를 둘러싼 물음

특히 1990년대에 들어서서 논의가 다시 불타오르고 있는 것이 종교(특히 그리스도교)를 둘러싼 문제 계열이다. 한편으로 같은 뿌리를 지닌다고 할 일신교 사이의 대립, 다른 한편으로 그리스도교 원리주의의 대두라는 상황을 앞에 두고 교조적이지도 종파적이지도 않을 뿐 아니라 진부한 보편주의나 세계교회주의(에큐메니즘)도 아닌 새로운 종교 철학이 요구되는 것이다.

이 맥락에서 우선 이름이 거론되는 것은 '약한 사상'으로 1980년대에 시원하게 등장한 잔니 바티모Gianni Vattimo(1936~)일 것이다.

니체와 하이데거 연구에서 출발한 바티모는 근래의 종교 회귀 현상에서 필연성과 위험성의 양면이 서로 결합해 있다는 점에 주의를 촉구한다. 예를 들어 과학과 테크놀로지의 현저한 발달로 인해 특히 생명 윤리 분야에서 합리적인 사고와 논리만으로는 도저히 해결할 수 없는 심각한 문제 — 삶과 죽음, 자기 결정과 운명 사이의 헤라클레스의 기둥 — 에 우리가 직면하고 있지만, 이것은 어떤 의미에서는 필연적으로 (그것을 신으로 부를지 어떨지는 제쳐두고) 초월적인 것의 존재와 마주하게 만든다. 하지만 거기에는 또한 신비주의나 교조적인 신앙이 몰래 들어올 위험성이 도사리고 있다. 종교를 둘러싼 이러한 상황을 철학은 자각적으로 받아들이고 비판적으로 사고하지 않으면 안 된다. 종교를 회피해서는 안 된다고 바티모는 생각하는 것이다.

나아가 여기서 반드시 다루고 싶은 사상가가 또 한 사람 있다. 바로 세르조 퀸치오Sergio Quinzio(1927~1965)이다. 그는 바티모나 마시모 카차리Massimo Cacciari(1944~) 등에게 큰 영향을 준 '이단의 개종자'이다. 그의 사상은 '신의 패배'를 정면으로 받아들이는 것에서 출발한다. 강제 수용소의 홀로코스트에 다다르게 된 그리스도교의 역사란 바로 실패의 역사, 신의 침묵의 역사 이외의 아무것도 아니라는 것이다. 이 사실을 인정하지 않는 한, 그리스도교는 다시 현실 도피와 자기 정당화의 폭력에 빠지고 말 것이라는 그의 심각한 위기의식이 퀸치오의 강인하면서 진지한 사유를 뒷받침하고 있다.

이 현대의 예언자에 따르면 신앙과 불신앙, 믿는 것과 믿지 않는 것 사이에 절대적인 경계선 따위는 존재하지 않는다. 다름 아니라 바로 그리스도 그 사람이 십자가 위에서 신에 대한 불신 — '어찌하여 나를 버리시나이까' — 을 무심코 내뱉었듯이 신앙 의 핵심에는 불신이 놓여 있는 것이며, 신앙이란 믿는 것과 믿지 않는 것의 갈등 이외에 다른 것이 아니다. 만약 그렇지 않다면 신앙은 스스로에 안주하고 충족되어 아무런 의심도 지닐 수 없게 될 것이다. 신앙의 폭력이라는 것은 바로 거기에 기인하는 것이다. 오늘날 퀸치오의 사유가 새로운 현실성을 지니고서 소리를 울린다 고 한다면, 그것은 다름 아니라 바로 종교적인 원리주의와 불관용 이 정치와 외교의 곳곳에서 기승을 부리고 있기 때문이다.

예술과 미의 사상

마지막으로 이탈리아의 미학 사상에 대해서도 언급하지 않을 수 없다. 이 나라는 무엇보다도 우선 예술의 나라이다. 미학 또는 '아이스테시스Aisthēsis'라는 그리스어의 어원으로 거슬러 올라가 면 '감성의 학'은 바로 이탈리아 사상의 존재 증명 그 자체라고 해도 지나친 말이 아니다. 20세기 이후로 이야기를 한정한다고 하더라도 시학에서 정치학까지 모든 앎을 횡단하는 베네데토 크로체Benedetto Croce(1866~1952)의 사상의 출발점은 다름 아닌 미학 에 놓여 있다. 현대에는 문학으로부터 철학까지 다채로운 분야에서 그 재능을 발휘하고 있는 움베르토 에코Umberto Eco(1932~2016)가 이러한 이탈리아적 전통의 좋은 계승자이다.

여기서 다루고 싶은 것은 마리오 페르니올라Mario Perniola(1941~2018)이다. 그의 사상을 한마디로 요약한다면 '통과'라는 것이 된다. 이탈리아어로 '트란지토', 영어의 '트랜지트'에 해당한다. 비행기 환승이 곧바로 연상될지도 모르지만, 이 말에는 또한 '저세상으로의 여행', 요컨대 '죽음'이라는 의미도 있다. 일상적으로도 사용되는 말을 굳이 불러냄으로써 이 미학자가 모색하는 것은 헤겔에 의한 변증법적 종합과도, 하이데거에 의한 형이상학의 극복과도 다른 제3의 길이다. 문제는 종합도 극복도 아니라 어디까지나 '동일한 것으로부터 동일한 것으로의 이동, 통과'인 것이다.

'통과'는 결코 수직축 방향 — 예를 들어 신이나 '(대문자의) 타자'와 같은 — 으로 이루어지는 것이나 대립물의 종합이라는 형식을 취하는 것이 아니라 어디까지나 수평 방향으로 미끄러져 가듯이 이루어진다. 물론 그 방향성은 일정한 것이 아니며, 돌아감이나 궤도 수정도 가능하다. '통과'의 궁극에 놓여 있는 죽음 역시 위쪽(천국)과 아래쪽(지옥)에서 우리를 기다리고 있는 것이 아니다. 그것은 어디까지나 '통과'와 같은 평면 위에서 일어난다. 그런 까닭에 '통과'란 나날의 자그마한 작은 죽음의 준비를 가리킨다고 바꾸어 말할 수도 있을 것이다. 이렇게 '통과'란 일거에 다른 것으로 향하는 것은 아니지만, 우리 안에 변화와 비동일성으로의 문을 언제나 열어 주고 있다. 감성과 상상력 — 그러므로 예술 — 의 풍부한 가능성은 초월성과 과격성 속에서가 아니라 자그마한 '통과' 속에서 찾아진다.

자, 이제 붓을 놓을 때가 온 듯하다. 어쩌면 이탈리아인은 우리와는 또 다른 시간을 살아가고 있는 것이 아닐까? 그들과 지내면서 종종 그렇게 생각되는 경우가 있다. 이것은 특별히 그들이 대체로 시간에 느슨하기 때문이라는 이유로 인한 것만은 아니다. 그들은 예를 들어 많은 미국인이나 그리고 이제 우리 일본인 역시 대부분이 그러하듯이 오로지 현재와 미래에만 눈을 돌리고서 살아가지 않는다. 과거는 그들에게 있어 현재라는 시간과 분리해서 생각할 수 없다.

바르부르크적인 표현을 한다면, 어쩌면 태고 이후 기억의 흔적이 다양한 형태로, 물론 전혀 그것을 깨닫지 못한 채 그들의 신체 그 자체 안에 깊이 새겨져 있는 것이다. 그것은 마치 로마라는 도시가 바흐친이 말하는 크로노토포스chronotopos 그대로 복수의 시공을 폴리포닉하게 아울러 울리고 있는 것에도 비교할 수 있을 것이다. 아나크로니anachrony(시대착오)와 에테로토피hétérotopie(혼재향), 그것이야말로 계속해서 이탈리아 사상의 특징이다. 현실성은 아나크로니 때문에 발휘되는 것이다. 혁신적인 시인이자 영상 작가 피에르 파올로 파졸리니Pier Paolo Pasolini(1922~1975)가 적절히 '나는 과거의 힘이다'라고 선언하고 있었듯이 그 불가사의한 역설에야말로 아마도 이탈리아적인 다이몬과 그 부산물인 이 나라 현대 사상의 가장 커다란 특징과 매력이 숨어 있을 것이다.

☞ 좀 더 자세히 알기 위한 참고 문헌

— 조르조 아감벤Giorgio Agamben, 『호모 사케르 — 주권 권력과 발가벗겨진 삶ホモ・サケル — 主權權力と剝き出しの生』, 다카쿠와 가즈미高桑和巳 옮김, 以文社, 2003년. 아감벤이라는 이름을 일약 세계에 알린 주저. 모두 아홉 개의 책으로 이루어지는 '호모 사케르' 시리즈의 근간을 이루는 글이기도 하다.

— 로베르토 에스포지토Roberto Esposito, 『근대 정치의 탈구축 — 공동체·면역·생명 정치近代政治の脫構築 — 共同体·免疫·生政治』, 오카다 아쓰시岡田溫司 옮김, 講談社選書メチエ, 2009년. '공동체'와 '면역'을 키워드로 하여 민주주의와 전체주의라는 상반된 정치 형태를 철저히 분석한다.

— 마리오 페르니올라Mario Perniola, 『무기적인 것의 섹스 어필無機的なもののセックス・アピール』, 오카다 아쓰시岡田溫司·사바에 히데키鯖江秀樹·아시다 히로시蘆田裕史 옮김, 平凡社, 2012년. 감각과 감성, 상상력과 에로스를 둘러싸고서 전개되는 철학·미학의 섹슈얼화의 통쾌한 시도.

— 오카다 아쓰시岡田溫司, 『이탈리아 현대 사상에의 초대イタリア現代思想への招待』, 講談社選書メチエ, 2008년. 이탈리아 현대 사상의 전체적인 조감도를 보여줌과 동시에 대표적인 철학자에 대해서도 해설한다.

— 오카다 아쓰시岡田溫司, 『이탈리안 시어리イタリアン・セオリー』, 中公叢書, 2014년. 아감벤, 에스포지토, 카차리를 중심으로 이탈리아 현대 사상에서의 현실성의 소재를 밝힌다.

제9장

현대의 유대 철학

나가이 신永井 晋

　'유대'는 민족 개념이기도 할 뿐 아니라 종교 개념이기도 하고 또는 문화 개념이기도 하듯이 명확한 정의를 갖지 않는다. 일의적으로 규정할 수 없다는 것이야말로 유대의 본질이라고까지 말할 수 있다. 그러나 이러한 다양한 규정들은 어느 것이든 역사적인 것이다. 이에 반해 여기서는 오로지 초역사적인 '유대성'만을 문제로 삼는다. 이것은 역사적인 다양성과 관계없이 유대적인 것의 본질을 가리키는 개념인바, 그것은 율법과 생명으로 이루어진다.

　역사적인 것과 초역사적인 것의 이러한 구별에서 '유대인 철학자'와 '유대 철학자'가 구별된다. '유대인 철학자'란 역사적인 의미에서 유대 민족에 속하는 철학자이며, 그 철학의 내용이 반드시 '유대적'이 아니더라도 좋다. 이러한 의미에서 유대인 철학자로서 예를 들어 후설, 비트겐슈타인, 아도르노Theodor Ludwig Wiesengrund Adorno(1903~1969), 호르크하이머Max Horkheimer(1895~1973), 레비-스트로스Claude Lévi-Strauss(1908~2009) 등을 들 수 있다. 이에 반해 여기서 '유대 철학자'라는 것은 의도적인지 아닌지를 불문하고 그 사상이 '유대성'으로 이루어져 있는 철학자를 가리킨다. 구체적으로는 로젠츠바이크, 벤야민, 숄렘, 레비나스, 데리다, 베르그송 등이며, 범위를 철학 밖으로까지 넓힌다면 거기에 프로이트나 카프카를 덧붙일 수도 있다.

여기서는 이러한 철학자들의 사상을 하나하나 자세히 설명하는 것이 아니라 그 사상을 대표하는 것으로서 에마뉘엘 레비나스 Emmanuel Levinas(1906~1995)를 예로 취하여 율법과 생명으로 이루어지는 유대성이 어떻게 현대 철학의 지평에 도입되어 현대의 '유대 철학'이 형성되고 있는지를 밝히고자 한다.

동화와 회귀

유대 철학자들을 낳는 계기가 된 것은 한편으로 근대에서의 유대인의 서양 세계에 대한 동화의 실패, 다른 한편으로 두 번의 세계대전에 의한 서양적 가치의 붕괴라는 이중의 위기이다.

이른바 '동화 유대인'은 모제스 멘델스존Moses Mendelssohn(1729~1786)에 의한 유대인 계몽 운동(하스칼라)에서 시작하여 프랑스 혁명에 의한 유대인 해방을 거쳐 전통적인 유대인 공동체에서 탈출하여 서양 근대 국민 국가의 일원이 되는 것을 목표로 한 사람들이다. 그러나 19세기에 이르러서도 전통적 유대교는 형해화하면서도 소멸하지는 않으며, 그렇다고 해서 그들이 서양 근대 사회의 모든 분야에서 눈부신 성과를 거두더라도 동화가 참으로 실현된 것은 아니었다. 이와 같은 유대교에 의한 유대인의 정체성을 잃으면서도 서양인으로도 될 수 없다고 하는 모호한 상태가 이 세대 유대인 지식인들을 기본적으로 특징짓고 있다.

다른 한편 1914년과 1939년에 각각 발발한 두 개의 세계대전은 동화 유대인들의 목표로서 흔들림 없는 것으로 생각되고 있던 서양 세계와 그 가치를 결정적으로 와해시켰다. 철학적으로는 그리스와 그리스도교를 두 축으로 하는 서양의 이념을 최종적으로 완성했다고 볼 수 있었던 헤겔의 체계가 이미 무너지기 시작했으며, 체계에 결코 들어가지 않는 실존의 탐구가 키르케고르Søren Kierke-gaard(1813~1855)와 니체에 의해 이루어졌고, 그것은 『존재와 시간』의 하이데거와 사르트르의 실존주의에 의해 계승되어간다.

존재와 역사의 체계를 벗어나는 실존이라는 이 시대의 물음에 헤겔 연구에서 출발한 동화 유대인 프란츠 로젠츠바이크Franz Rosen-zweig(1886~1929)는 '유대'에 의해 대답하고자 했다. 그에게 있어 체계를 벗어나는 것은 한편으로 하이데거와 마찬가지로 '죽음에 직면한 실존'이지만, 그것은 동시에 그리스도교에 대한 '유대교'이기도 하다. 그리고 이 유대적 실존을 서양적 실존으로부터 구별하는 특성은 타자 관계의 근원성에 놓여 있다. 인간은 타자에 직면하고 타자와 대화함으로써 비로소 체계로부터 빠져나와 본래적인 실존이 된다는 이러한 유대교에 기초한 생각은 로젠츠바이크와 함께 토라(구약성서)의 독일어 번역에 관여한 마르틴 부버Martin Buber(1878~1965)에게도 공유되며, 그것은 다음 세대인 레비나스의 타자의 철학으로 계승되어 간다.

로젠츠바이크는 유대 전통을 알지 못하는 동화 유대인으로서 독일에서 태어나 성장하고 헤겔 연구자를 자임하고 있었지만, 이러한 시대의 위기 상황 속에서 그리스도교로의 개종을 일단은 결단하면서도 그 직전에 유대교에 눈뜨고 그것으로 회귀한다. 마찬가지로 레비나스도 서양 철학 연구에서 출발하면서 그 후 탈무드의 우월성을 발견하고 그것을 서양 철학을 그 근본으로부터 비판하는 것으로서 자신의 철학으로 도입한다.

동화의 실패와 서양적 가치의 붕괴라는 이러한 이중의 위기적인 시대 상황에 대한 응답으로서의 유대 회귀는 다른 동화 유대인 철학자들에게서도 공통적으로 볼 수 있다. 예를 들어 게르숌 숄렘 Gershom Scholem(1897~1982)은 그의 획기적인 카발라 연구와 그에 기초한 반역사 이론에 의해, 또한 발터 벤야민Walter Benjamin(1892~1940)은 카발라를 모델로 한 언어론이나 천사론, 메시아론 등에 의해 잃어버린 유대성을 현대 철학의 지평 속으로 되돌린다. 그리고 게토로부터 해방되고 당연히 서양에 동화한 유대인에 대한 서양의 처사가 격화되어 가는 가운데 그들은 '유대 대 서양'이라는 대립 도식을 선명하게 해나간다. 이리하여 현대의 '유대 철학'은 서양 철학을 전면적으로 비판하는 것이 된다.

율법과 생명

그러면 역사적 유대교를 통해 전승되어온 '유대성'이란 어떠한 것일까?

유대적인 신의 경험은 율법과 생명이라는 상반된 두 가지 측면으로 이루어진다. 한편으로 신은 유대 백성을 이집트에서 탈출시키고 가나안 땅으로 귀환하는 도상에서 예언자 모세에게 시나이산 정상에서 십계명의 석판을 내려 주었다. 유일신의 선포, 우상 숭배의 금지로 시작하여 살인의 금지로 대표되는 윤리적 계율에 이르는 이 10가지 기본적 율법을 핵심으로 하여 성문 율법 토라(구약성서의 처음 다섯 권)가 형성되었으며, 이것이 유대교의 기초가 된다.

다른 한편 이러한 규칙의 증여에 앞서 신은 처음에 모세를 불러 명령했을 때, 모세의 물음에 대해 '나는 있을 자일 것이다'(에히예 아셰르 에히예)라는 미완료형의, 미래를 향하는 자로서의 이름을 밝히고 있었다. 그것은 모세가 최초로 본 신의 상징, '불타고 불타도 다 불타지 않는 나무'와 함께 미래 영겁에 걸쳐 자손을 낳게 하고 유대 민족을 존속시키는 신의 생명의 움직임을 나타내고 있다. 신의 이러한 역동적인 측면은 영원히 변화하지 않는 토라의 율법을 구두로 언제나 새롭게 다시 해석하는 구전 율법 탈무드에 의해 실현된다.

이렇게 영원히 동일하게 머무르는 성문 율법 토라와 거기서 언제나 새로운 의미를 찾아내는 구전 율법 탈무드라는 이중 율법의 이를테면 창조적 변증법이야말로 유대 민족에 의한 신의 경험이며, 그것이 유대성의 본질을 이루는 것이다.

율법과 생명의 모순을 매개로 하여 경험되는 이러한 유대적인 신의 경험의 특수성은 미드라쉬(숨은 의미를 찾는 것)라고 하는 탈무드 해석학의 수법에서 구체적으로 볼 수 있다. 그것은 율법을 이해하기 위해 읽는 것이 아니라 오히려 어떤 지평(맥락) 내에서의 이해(의미)를 해체하고 텍스트를 일단 그 잠재성으로 되돌려 거기서 새로운 의미를 발견하기 위해 읽는 것이다. 거기에서 목표가 되는 것은 올바른 이해가 아니라 오로지 **새로운 해석 또는 해석의 새로움**일 뿐이다. 이를 위해 미드라쉬 해석학은 세 개의 독자적인 기법을 사용한다. 어떤 문장이나 말을 그것들의 문자에 대응하는 수치로 변환하고 그것과 같은 수치를 가진 다른 말이나 문장으로 되돌려 보내는 '게마트리아', 하나의 문장을 여러 조각으로 분해하고 그러한 조각들을 순서를 바꾸어 새롭게 조합하는 '노타리콘', 말의 문자를 바꿔 넣는 '테무라'가 그 세 가지이다.

이것들은 모두 어떤 지평 안에서 텍스트의 의미가 이해되자마자 그 의미가 일의적으로 고정되지 않도록 순식간에 그 지평을 해체하고(예를 들어 그 텍스트를 수치로 변환하고) 곧바로 다른 지평을 형성하기(가령 같은 수치의 텍스트로 치환하기) 위한 수단이다.

그러나 이러한 새로운 지평과 거기서 생겨나는 의미는 그것이 일어나는 순간 이것도 역시 곧바로 해체되어 다른 새로운 지평이 형성되어야만 하며, 이것이 무한히 반복된다. 지평이 일시적으로 해체되고 작렬하게 되는 이 순간에 율법과 생명이 교차하고, 그에 의해 해석자는 새로운 의미를 해방하며, 한순간 시간과 역사의 밖으로 나온다. 엄격한 의미에서 유대성을 이루는 것은 지평이 수직으로 단절되어 연속적인 시간과 역사가 깨지고, 거기서 신이 율법의 새로운 의미의 발생으로서 또는 의미의 절대적인 새로움으로서 현현하는 바로 이 순간이다.

전체성과 무한

그렇다면 이 유대성은 현대의 철학에 어떻게 받아들여지는가? '현대의 유대 철학'은 어떻게 해서 가능한가? 그 전형적인 예가 레비나스의 철학이다. 리투아니아 출신의 유대인인 레비나스는 프랑스와 독일에서 서양 철학, 특히 현상학을 배우는 한편, 탈무드의 스승을 만나며, 그 이후 생애 내내 계속해서 유대교를 실천했다. 그의 철학은 이처럼 서양 철학과 유대의 전통이라는 두 개의 서로 다른 원천을 밝히고, 후자에 의한 전자의 비판 또는 보완이라는 스스로의 사유의 구성을 분명히 보여주고 있다는 점에서 현대 유대 철학의 범례가 되는 것이다.

현대 유대 철학의 기본적인 특징을 이루는 '유대'와 '서양'의 대립은 레비나스의 최초의 주저인 『전체성과 무한』의 제목에 단적으로 나타나 있다. 전체성이란 서양을 구성하는 두 개의 전통, 그리스 철학에서의 동일적인 존재와 그리스도교에서의 연속적인 역사를 가리킨다. 이에 반해 무한은 거기서 벗어나거나 거기에 율법을 매개로 하여 나타나면서 숨는 유대교의 신을 가리킨다. 전체성이 그 지평적 구조에 의해 다양성과 타자성을 자기 안으로 동화하고, 비연속의 순간을 연속시켜 전체화하는 데 반해, 무한은 이 전체성을 순간에서 끊어내고 비연속의 순간을 그 특이성, 즉 그 절대적인 새로움에서 구해낸다. 이렇게 전체성의 지평적인 메커니즘을 해체하고 유대적 무한을 통해 서양의 전체성을 극복하는 것, 다시 말하면 무한으로써 전체성을 심문하는 것, 그것이 이 저작에서 레비나스가 시도한 것이다.

그렇다면 무한은 전체성의 지평을 피하여 어떻게 해서 나타나는 가? 무한이 율법을 통해 숨으면서 나타나는 이 순간은 어떻게 구조화되어 있는가? 이 순간은 형식적으로는 과거·현재·미래라는 3차원의 시간화에 의해 차이화되지만, 그것은 신의 외부 세계를 현상하게 하는 지평적이고 연속적이며 전체화적인 세속적 시간화가 아니라 그것을 이를테면 계속해서 탈구시키는 수직의 시간화이다.

이러한 지극히 특수하고 유대적인, 요컨대 연속을 해체하고 무한을 현현하게 하는 시간성을 현상학적으로 기술하는 데서 레비나스는 로젠츠바이크의 『구원의 별』의 서술을 통해 16세기의 카발리스트 이삭 루리아Isaac Luria(1534~1572)의 교설을 참조한다. 이 교설은 숄렘도 그의 카발라적인 반역사 이론의 중추에 두고 있는, 현대의 유대 철학에 대해 대단히 중요한 참조 항이다. 그에 따르면 신은 그 외부로의 천지창조(지평적 시간화)에 앞서 신의 내부에서 다음과 같은 시간화에 의해 현현했다.

① 과거=창조='신의 수축'(침쭘zimzum)

② 현재=계시='그릇의 작렬'(셰비랏 하 켈림Shvirat Ha-Kelim)

③ 미래=구원='수복'(티쿤tikkun)

① 자기 외부에 무로부터 천지(지평적 세계)를 창조하기에 앞서 태고의 과거에 신은 자기의 내부로 수축하고 그곳에 원 공간을 열었다. 거기에 신의 빛이 유입되어 10개의 그릇(세피로트sephirot로 표현된다)을 형성하는데, 이것들은 그 상징적 다의성에 따라 신의 10가지 율법을 의미한다. 이것이 원초의 창조이다. ② 거기에 더 나아가 신의 빛이 유입되어 이들 그릇 가운데 하위의 일곱 개는 신의 빛을 받아들이지 못하고 작렬하며, 파편이 되어 흩어진다. 이것이 현재의 성문 율법 토라의 계시와 그 단편화를 나타낸다. ③ 이 그릇의 파편을 모아 수복하는 것이 탈무드에 의한 율법의 해석인데, 그 실천은 메시아의 도래, 즉 미래의 구원을 앞당기는 메시아적인 행위이다.

이처럼 루리아의 카발라 교설은 성문과 구전의 이중 율법을 신의 생명 전체 속에 자리매김하고 유대교를 신비주의적으로 근거 짓는 것이다.

카발라에서 신화적 이야기로서 언급되는 이러한 신의 시간화의 3차원을 레비나스는 현상학의 방법에 따라 주관적인 체험으로 환원하고, ① '분리된 자기', ② '타자의 얼굴', ③ '얼굴의 저편'(연인과의 에로스적 경험)으로서 기술하여 현대 철학 맥락 속에서 타자론으로서 새롭게 다시 이야기한다.

① '분리된 자기'의 원형은 로젠츠바이크가 제1차 세계대전의 체험에서 전체성으로 결코 회수되지 않는 것으로서 발견한 '죽음에 직면한 자기'이다. 이 관념은 당연히 하이데거가 말하는 '죽음에의 존재'를 연상시키는데, 그것은 하이데거의 현존재와 같은 '세계 내 존재'가 아니라 세계 밖 또는 앞에 있으며, 존재나 타자나 신도 포함한 모든 것에서 분리된 철저히 고립된 자기이다. 레비나스는 이를 '에고이즘'이나 '무신론'으로서 기술하고 있다. 이러한 자기의 성립이 역사에 선행하는 과거에서의 창조이다.

② 세계로부터 철저하게 분리된 그와 같은 나로서는 비로소 세계 지평의 경계선상에서 타자로서의 타자를 그 '얼굴'에서 만날 수 있다. 이것이 현재에서의 신의 계시, 요컨대 율법('너 죽이지 말라')인데, 그 현재는 연속적 지평 시간의 한 계기가 아니라 그 지평 시간의 연속을 수직으로 단절하여 무한이 현현하는 순간이다.

③ 윤리적 명령으로서의 타자의 얼굴은 탈무드 해석학에서와 마찬가지로 순간에서 수직으로 나타나자마자 전체성의 지평 속으

로 회수되어 타자(신)의 현현이 아니게 된다. 그러므로 얼굴은 타자의 얼굴 또는 무한의 자기 계시인 한에서 지평을 피하여 수직으로 숨어야만 한다. 이 수직의 숨음이 미래의 '얼굴의 저편'이다.

이 숨음의 경험을 레비나스는 미드라쉬의 전통에 따라 연인과의 에로스적 관계, 구체적으로는 '애무'로서 기술한다. 애무함으로써 연인은 소유되기는커녕 반대로 더 깊이 숨어 욕망을 낚아 올린다. 그리고 이 에로스적 경험의 결과로서 연인은 제2의 타자인 아이를 낳는 것이다. 탈무드 해석학이 토라의 미드라쉬적인 해석을 연인을 애무하는 것에 빗대고 거기서 발견되는 새로운 의미를 아이의 탄생에 빗대는 데 반해, 레비나스의 현상학에서는 얼굴 저편의 에로스적 경험은 문자 그대로 아이를 낳는 것으로서 기술되고 있다. 그리고 이러한 절대로 새로운 것으로서의 아이를 낳는 것이 미래의 구원이자 메시아적인 경험인 것이다.

생명 그 자체

레비나스의 철학이 의거하는 유대교는 기본적으로 탈무드이고 율법을 바탕으로 한 윤리학이지만, 위에서 살펴보았듯이 『전체성과 무한』에서는 카발라가 도입됨으로써 탈무드적인 윤리가 신의 생명 전체 속으로 편입되어서야 비로소 신의 경험으로서 기능한다는 것이 밝혀져 있다. 거기서 생명(에로스·신)은 율법(얼굴) 쪽에서 그 에로스적인 '저편'으로서만 경험되고 있지만, 이것을 카발라에 의해 역전시켜 율법을 생명 쪽에서 바라본다면, 율법은 생명의 자기 한정이 된다. 얼굴, 윤리적 율법이란 신이 역사 속에서 유대 민족에게로 향한 얼굴이자 그들에게 밝혀진 신 이름의 하나에 지나지 않는 것이지 결코 신(생명) 그 자체가 아니다. 카발라란 이러한 상대적인 율법 저편의 신 그 자체를 경험하고자 하는 시도이다.

이 생명 그 자체를 율법에 매개되지 않고서 그 안쪽에서 경험하고 그것을 철학화한 현대의 유대 철학자가 앙리 베르그송Henri Bergson(1859~1941)이다. 순간마다 스스로를 끊임없이 새롭게 창조하는 생명을 그것을 정지시키는 공간화된 시간으로부터 해방하는 '순수지속'론으로부터 생명이 어떠한 지평에도 제한되지 않고서 아나키하게 작렬하는 '생명의 도약'에 이르기까지 그의 생명론은 '불타고 불타도 다 불타지 않는' 유대적 생명을 그 안쪽에서 말한 것이자 참으로 새로운 것의 창출로서의 생명을 그 외부로부터 정지한 것의 움직임으로 위장하는 서양 철학의 지평적 사유로부터 되찾는 것이다.

☞ 좀 더 자세히 알기 위한 참고 문헌

— 에마뉘엘 레비나스Emmanuel Lévinas, 『전체성과 무한全体性と無限』 상·하, 岩波文庫, 2005/2006년. 현대의 타자론을 대표하는 레비나스의 최초의 주저. 동일성으로 해소되지 않는 타자를 '너 죽이지 말라'라는 윤리적 율법을 타자의 '얼굴'로서 현상학적으로 기술함으로써 제시하고 있다.

— 프란츠 로젠츠바이크Franz Rosenzweig, 『구원의 별救済の星』, みすず書房, 2009 년. 로젠츠바이크가 유대교를 기초로 하여 타자와 대화에서의 실존을 헤겔의 전체성을 벗어나는 것으로서 논의한 주저. 그 관점에서 유대교와 그리스도교의 차이와 관계에 대해서도 논의가 이루어지고 있다.

— 게르숌 숄렘Gershom Scholem, 『유대 신비주의ユダヤ神秘主義』, 法政大学出版局, 1985년. 카발라학을 창시한 숄렘의 대표적 저작. 고대부터 근대까지의 카발라의 역사가 다루어지며, 카발라 연구의 가장 중요한 기본 문헌이지 만, 숄렘 자신의 반역사 이론의 기초가 되기도 한다.

— 발터 벤야민Walter Benjamin, 『벤야민 선집 1. 근대의 의미ベンヤミン·コレクショ ン 1. 近代の意味』, ちくま学芸文庫, 1995년. 벤야민이 '창세기'를 참조하여 언어의 신적 기원을 탐구한 언어론 「언어 일반 및 인간의 언어에 대하여」 가 수록되어 있다.

— 앙리 베르그송Henri Bergson, 『사유와 운동思考と動き』, 平凡社ライブラリー, 2015년. 베르그송의 새로운 것을 향한 창조적 생성 변화로서의 생명론이 알기 쉽게 논의되고 있는 강연집.

제10장

나치의 농업 사상

후지하라 다쓰시 藤原辰史

다레와 바케의 농본주의 사상

농업을 둘러싼 나치스의 사상은 하나의 통반석이 아니다. 크게 나누어 인종주의적인 동시에 낭만주의적인 일파와 테크노크라트적인 일파로 나뉘어 있다. 나치스의 농본주의적인 사상으로서 언급되는 것은 오로지 나치 시기의 식량·농업 장관인 리하르트 발터 다레 Richard Walther Darré(1895~1953)로 대표되는 전자의 그룹이지만, 후자의 그룹을 간과해서는 안 되는 것이 사실이다. 그 대표격은 헤르베르트 바케 Herbert Backe(1896~1947)이다.

1896년에 그루지야의 바투미에서 태어난 재외 독일인인 바케는 제1차 세계대전 때 조국 독일로 건너와 종군한 후, 소련 계획경제하의 농업 연구를 수행하였고, 나치당에 들어가고 나서는 다레가 장관을 맡은 식량·농업부의 차관을 맡았다. 그러나 그는 다레의 낭만주의적인 농본주의를 싫어하여 다레의 배후에서 실질적인 농정의 권한을 장악해 간다. 1936년에 시작되는 제2차 4개년 계획의 책임자였던 헤르만 괴링의 신뢰를 얻어 바케는 전쟁 수행에 필요한 식량의 생산, 소비, 분배의 철저한 관리를 목표로 삼았다. 제2차 세계대전 개전 후에는 점령지의 식량 계획에 종사하며, 현지 주민에 대한 식량 공급을 계획적으로 감소시키는 악명 높은 '기아 계획Hungerplan'은 그가 입안한 것이다.

하지만 선거에서 나치당이 농민 표를 획득하고 몰락하는 중간층의 반근대적인 기분을 나치당 지지로 향하게 한 나치스의 사상 가운데 그 근간이 된 것은 민족과 자연의 결합을 노래하는 '피와 흙Blut und Boden'이었다. 원래는 슈펭글러Oswald Spengler(1880~1936)가 사용한 이 개념을 나치당의 뿌리와 기둥을 이루는 개념으로 바꾼 것은 다레였다. 여기서는 위와 같은 농정의 우두머리가 여럿인 상태를 염두에 두고서 다레의 사상을 언급하고자 한다.

1895년에 아르헨티나에서 태어난 재외 독일인인 다레는 제1차 세계대전과 함께 독일로 돌아와 지원병으로서 종군하며, 전후 할레대학에서 가축, 특히 돼지의 육종을 공부하고, 거기서 한스 F. K. 귄터 등의 인종주의 저작에 빠져든다. 나치당에 입당한 그는 히틀러의 신뢰를 거쳐 나치스의 농촌 진출에 앞장섰다. 원래 도시에서의 득표를 목표로 하고 있던 나치당은 1928년에 금융 불황으로 부채를 회수할 수 없게 된 농촌 표 획득으로 방향을

돌린다. 그리고 세계 공황으로 농촌이 괴멸적인 타격을 받는 가운데, 다레는 독자적인 농본주의를 전개해 간다. 다레가 가장 정력적이었던 것은 이 시기이며, 정권 획득 후에는 곡물 징발과 가격 정책의 실패 등으로 실점을 거듭하다(후루우치 히로유키古內博行, 『나치스 시기의 농업 정책 연구 1934~36 — 곡물 조달 조치의 도입과 식량 위기의 발생ナチス期の農業政策研究1934~36 — 穀物調達措置の導入と食糧危機の發生』, 東京大学出版会, 2003년) 점차 정치적 영향력을 잃어 간다. 1942년 5월에는 식량·농업 장관을 건강을 이유로 사임하게 된다.

그러므로 이 글에서는 정력적이었던 시대의 그의 서적과 연설을 읽으면서 다레 사상의 논점을 정리하고자 한다.

인종주의와 농업 사상

첫째로, 다레의 인종주의와 농업·축산을 둘러싼 사상과의 교차점을 설명하고자 한다.

다레는 '피와 흙'이라는 나치스 구호의 성전이라고도 일컫는 『피와 흙에서 태어난 새 귀족Neuadel aus Blut und Boden』(1930년)에서 제1차 세계대전의 병영이나 전장은 '너무 다른 교육을 받아 온 젊은 인간들이 모임'으로써 '민족 공동체'의 의식이 싹튼다고 말한다. 여기서는 '상하 차별 없이' '먹는 것도 잠자는 것도 공동의 생활'이었다고 그는 되돌아본다. 그러나 독일은 패배한다. 그 이유의 하나로서 다레가 드는 것이 제1차 세계대전 중인 1915년에 일어난 '돼지 살해Schweinemord'로, 식량이 부족한 가운데 돼지가 인간의 식량을 두고 경합한다는 이유에서 학자가 돼지 도살을 지시하고 전역에서 패닉적인 돼지의 '살육'이 펼쳐진 사건이다.

「북방 인종과 셈 인종을 가르는 시금석으로서의 돼지Das Schwein als Kriterium für nordische Völker und Semiten」(『민족과 인종Volk und Rasse』, 1927년)이라는 논문에서 다레는 이들 학자의 다수가 유대인이었다고 단정한다. 다레에 따르면 그로 인해 기아가 만연하고 76만 명의 아사자가 생겨서 패전했는데, 그 이유를 유대인에 의한 배신이라고 하는 '배후로부터의 비수 전설'을 농업의 관점에서 뒷받침하고자 한다. 독일인은 '돼지에 대한 애착'이 강하다. 따라서 돼지를 풀어놓는 장소이자 먹이의 공급원인 '숲에 대한 애착'이 생겨났다. 따라서 유대인과 같은 '유목민'이자 '뿌리 없는 풀의 감각'을 지니는 인종과는 다르다는 논법이다.

둘째로, 이와 같은 제1차 세계대전의 패전 원인을 인종주의적으로 설명하는 논조에 더하여, 다레는 '북방 인종'의 피를 가진 '농민'의 순수함과 건전함을 찬양한다. '북방'이란 그리스와 같은 '남방'의 고전 문화에 대한 대항을 의미한다. 알프스 이북에도 그리스에 필적하는 '북방'의 고전 문화가 있었다는 것을 얼마간 역사를 날조하면서 강조한다.

다레는 두 번째 저작인 『북방 인종의 생명 원천으로서의 농민층』(1929년)에서 북방 인종의 조상을 인도·아리아인이라 하고,

아리아인이 숲에서 평야로 나온 농경 민족이라는 것을 주장한다. '나'보다 '공公'을 우선시하는 '삼포식 농법'은 게르만 문화의 상징이라고 한다. 또한 할레대학에서 육종을 공부한 자신을 '동물 사육에서의 엄밀한 멘델주의파 출신'이라고 자랑한다. 어디까지나 자신은 과학적 관점에 서 있다고 주장하는 것이다. 그리고 멘델주의를 숭배하는 다레는 '유전'이야말로 '화폐'를 대신하는 새로운 가치 기준이라고 말한다.

다레는 기본적으로 많은 나치당 간부들과 마찬가지로 자본주의, 특히 금융 자본주의의 비판자였다. 유대인이 금융을 지배하고 독일 농민들의 빚을 점점 늘려나간다는 도식을 억지로 만들고, 다른 한편으로 농민들에게 가치를 부여하는 것으로서 '유전'을 들고나온다. 더 나아가 농민Bauer은 전사Krieger이자 귀족Adel이라고 찬양한다. 주저의 제목에 '새 귀족'이라는 귀에 익지 않은 말이 있는 것은 그 때문이다. '피와 흙'보다 유명하지는 않지만, '쟁기Pflug와 검Schwert'이라는 구호에는 농민이 작업에서 신체를 사용하는 까닭에 도시의 인간과는 달리 건강하고 병사로서도 우수하다고 하는 메시지가 담겨 있다.

만약을 위해 덧붙이자면 '피와 흙'의 '흙'은 단순한 농지로서 파악되고 있지 않다. 작물뿐만 아니라 '북방 인종'도 '자라는' 장소라고 다레는 생각하고 있다. 실제로 농민들이 자라는 농장을 다레는 '육묘판Hegehof'이라고까지 부르고 있기 때문이다.

반자본주의와 유전학

셋째로, 1933년 10월 1일에 공포된 「세습 농장법Erbhofgesetz」에서 볼 수 있는 것과 같은, 자본주의로부터 자연을 떼어내려고 하는 운동이다. 여기서는 주저 『피와 흙에서 태어난 새 귀족』을 읽어보자.

다레는 이렇게 말하고 있다. '자연의 "황폐"는 이러한 이해타산의 사상에 의해 완전히 공공연해지는 것이다. 이에 반해 자연과의 결합을 느끼고 있는 영농자는 숲의 생명 법칙적인 것에 따라 자신의 절도를 유지하는 것과 이해타산꾼의 얼빠진 영향력에 자신의 절도를 잃을 필요 따위란 없다는 것을 알고 있으므로, 그 자비로 넘쳐나는 손에 의해 얼마나 많은 생명의 충만함을 마법처럼 불러일으킬 수 있을까!'

반자본주의적인 생태학과도 접합하는 다레의 생각은 그렇다면 도대체 무엇이 그 근거가 된 것일까? 역시 반복하지만, 그것은 유전학이다. 다레는 이 책에서 다음과 같이 말하고 있다. '유전학이 과학적으로 확립된 이래, 겉모습만으로 판단하고 피의 유전적 가치에 기초하여 결정되지 않은 신분의 경계는 그와 관련된 신분에 관한 선입견과 함께 스스로 붕괴했다. …… 신시대적이고 진보해 가고 있는 학문의 한 분야, 즉 자연 과학이 어느 일정한 조건 아래 우리 게르만 민족의 조상이 지닌 윤리관으로 다시 회귀하는 길을 개척해 주었다. 왜냐하면 이 윤리관이라는 것은 유전적으로

시인된 인류의 불평등 위에 건설되는 것이고, 이러한 인식으로 오늘날의 자연 과학이 회귀했기 때문이다.'

이상의 관점에서 다레는 식량·농업 장관으로 임명된 후 「세습 농장법」을 성립시킨다. 이것은 '농민'을 '독일 민족 및 그와 같은 종족의 피를 가진 독일 국민이자 존경할 만한 자에 한정한다'라고 정의하고, 7.5헥타르에서 125헥타르까지의 농장의 분할, 매매, 양도를 원칙적으로 금지하여 농민을 시장으로부터 부분적으로 분리하며, 그러나 농민의 경영에 대한 자주성은 존중하고 인종적으로 순수한 농민을 기르는 농장으로서 가치를 높일 것을 목표로 한 법률이다.

다레는 말한다. 농장의 중심에는 '불'이 있다. 요컨대 부엌이다. '부뚜막Herd이 가족의 중심이자 성단이라는 이 태고의 습속은 부분적으로는 오늘날까지 유지되고 있다. 즉, 오랜 독일 농민의 집에서는 주부들의 안락의자가 늘 부뚜막 뒤에 놓여 있었다'라는 회고적 문장에서는 다레가 어떤 의미의 유기체적인 농장 이미지를 지니고 있었는지를 알 수 있다.

'피와 흙'의 사상과 유기 농법

이상의 논의에서 우리는 다레 및 '피와 흙'의 사상이란 무엇보다도 우선 독일의 우수한 인종을 독일 땅에서 기르는 것을 긍정하는 세계관임을 알 수 있을 것이다. 그것은 자본주의의 세계도 아니고 그렇다고 해서 사회주의와 같은 집단화의 세계도 아닌, 그 절충의 농업을 목표로 한다.

반도시, 반금융 자본, 반유대인의 혼합인 다레의 농본주의는 '공업계의 경제 지도자는 그 근저에서 농업 이익 및 농업 경영상의 경영 목적 같은 것을 판단하기에는 가장 부적격한 인간이다'라는 단순하기 짝이 없는 반공업주의로까지 연결되는 것으로, 어떤 의미의 급진성을 내포하고 있었다.

이와 같은 다레의 급진성은 당내의 반대를 무릅쓰고 바이오다이내믹 농법이라는 슈타이너Rudolf Steiner(1861~1925)의 유기 농법을 지지한 것으로도 이어졌다. 그는 1941년 6월 7일 자의 당의 동지에게 보낸 편지에서 파리가 함락하고 농업국 프랑스로부터 밀이 수입되게 되면 독일은 안전하고 무사하게 되며, 따라서 앞으로는 독일의 토양이 나빠지는 것을 막기 위해서 화학 비료를 사용하지 않는 농법에 대해서도 검토해야 하는 것이 아닌가 하고 호소하고 있다. 여기서는 유럽을 대표하는 화학자로 후에 화학 비료가 보급되는 토대가 되는 식물 영양 이론을 쌓은 리비히를 비판하고, 화학을 옥좌에서 쫓아내며, 나아가 그것은 히틀러가 수상이 되어 '자유주의 경제사상의 지배를 타파한 것'과 밀접하게 연결되어 있다고 으르대고 있다(베를린 리히터펠데 연방문서관. 청구번호 NS19/3122).

다만 이 유기 농업 프로젝트는 전쟁 수행으로 인해 실현되지 않았으며, 본래 현재의 생태학과는 질이 다르다. 그것은 아리아

인종에 대해서는 위아래가 없는 평등한 사회를 이미지화하면서 그 이외의 타자 존재를 차별화하는 것으로 일관하고 있었기 때문이다. 다레는 자본주의에 의한 토양 파괴에 대해 1920년대부터 1930년대 사이에 경종을 울리면서도 그것을 경제 문제가 아니라 인종 문제로서 논점을 비끼어 놓고 생각하고 있었다. 이러한 대중영합주의적인 접근은 초기 단계에서는 어느 정도 힘을 가졌지만, 다른 한편으로 현실로부터 동떨어진 것의 상징이 되기까지 했다.

'피와 흙'이 나치스의 뿌리와 기둥을 이루는 사상이라고 해서 현재의 우리가 흙에 대해 논의할 수 없다는 것은 이상하다고 독일의 환경사학자 프랑크 위쾨터Frank Uekötter는 말했다. 다레의 사유의 우여곡절을 정성껏 파헤친다면, 아마도 나치즘에 빠지지 않는 생태학의 길을 찾아가는 힌트를 얻을 수 있을 것이다.

☞ 좀 더 자세히 알기 위한 참고 문헌

— 도요나가 야스코豊永泰子, 『독일 농촌에서의 나치즘에로의 길ドイツ農村における
ナチズムへの道』, ミネルヴァ書房, 1994년. 일본의 나치스 농업 연구 제1인
자의 선집.

— 프랑크 위쾨터Frank Uekötter, 『나치스와 자연보호 — 경관미·아우토반·삼
림과 수렵ナチスと自然保護 — 景觀美·アウトバーン·森林と狩獵』, 築地書館, 2015년.
독일 환경사의 제1인자가 집필한 나치스의 자연보호를 둘러싼 연구서.

— 후지하라 다쓰시藤原辰史, 『순무의 겨울 — 제1차 세계대전 시기 독일의
기근과 민중カブラの冬 — 第一次世界大戰期ドイツの飢饉と民衆』, 人文書院, 2011년.
제1차 세계대전 시기 독일의 기아의 원인과 그 결과를 역사학적으로
연구한다.

— 후지하라 다쓰시藤原辰史, 『신장판 나치스 독일의 유기 농업 — '자연과의
공생'이 낳은 '민족의 절멸'新裝版ナチス·ドイツの有機農業 — '自然との共生'が生ん
だ'民族の絶滅'』, 柏書房, 2012년. 바이오다이내믹 농업의 지지자들과 나치스
농업 정책의 미묘한 관계를 추적한다.

제11장

포스트 세속화의 철학

다테 기요노부^{伊達聖伸}

'포스트 세속화' 상황 속의 찰스 테일러

20세기 후반의 어느 시기까지의 서양 사회에서는 근대화·산업화·도시화에 수반되는 종교의 쇠퇴라는 단선적인 세속화론이 유력했다. 하지만 1970년대 무렵부터 세계적으로 종교 부흥이나 종교로의 회귀라고 부를 수 있는 현상이 보이게 되고, 종래의 패러다임은 변경을 강요받았다. '공공 종교론'으로 알려진 종교 사회학자 호세 카사노바$^{José Casanova}$(1951~)는 서양 근대가 가져온 것은 세속과 종교의 영역 분화이며, 그것은 반드시 종교의 쇠퇴와 개인화를 가져오지 않는다고 주장하여 세속화론에 중요한 수정을 가했다. 한편 세속의 인류학자 탈랄 아사드$^{Talal Asad}$(1932~)는 포스트 식민주의의 관점에서 종교와 세속의 이분법에 기초한 서양 근대의 세속주의의 견해를 비판적으로 되물었다. 또한 '포스트 형이상학의 사상'을 내세워 이성에 기초한 사회 구성을 논의해 온 위르겐 하버마스Jürgen Habermas(1929~)가 종교에 대한 관심을 보이는 등 사회 철학·정치 철학 영역에서도 패러다임 전환이 일어나고 있다.

이러한 가운데 '포스트 세속secular' 이야기가 나오게 되고, 이 말을 내거는 논문이나 서적이 많이 간행되고 있다. 다문화주의multi-culturalism를 논한 공동체주의자로 알려진 찰스 테일러Charles Margrave Taylor(1931~)도 1990년대에 '종교적 전회'(테일러 연구자 루스 애비Ruth Abbey의 말)를 이루어 가톨릭에 대해 명시적으로 논의하게 되었다고 지적되며, '포스트 세속화'의 철학자 가운데 한 사람으로 지목되고 있다.

확실히 '근대는 종교로부터 사람들을 해방한 세속의 시대이며, 현대는 그것이 다시 물어지고 있는 포스트 세속화의 시대이다'라는 도식은 알기 쉽다. 하지만 '포스트 세속'이란 글자 뜻 그대로는 세속의 뒤라는 것이다. 세속의 시대는 정말로 지나가 버린 것일까? 영국의 종교사회학자 제임스 벡포드James Beckford(1942~)는 (적어도 영국에서는) 근간의 공공 공간에서 종교의 가시성이 높아진 것은 국가의 종교 정책과 연동되는 것이지 '포스트 세속' 시대로의 돌입을 보여주는 것은 아니라고 논의하고, 이 말을 사용하는 논의에 회의적인 자세를 보여준다.

사실 카사노바도 아사드도 그리고 하버마스도 테일러도 '포스트 세속화'의 대표적 논자로 생각되고 있는 인상과는 달리 이 말을 적극적으로 사용하는 것은 아니다(네 사람 가운데 그 사상 전개를 '세속에서 포스트 세속'으로 정리하는 위화감이 가장 적은 것은 하버마스로, 포스트 형이상학적 사유의 지평을 열어젖힌 그는 어느 시기부터 철학은 종교적 전통에서 배울 필요가 있다는 주장을 강화하게 되었다). 그럼에도 네 사람이 서양 근대, 나아가서는 근현대 세계에서 패권을 장악한 '세속' ─ 그것은 자주 현재의 통념이기도 하다 ─ 의 몇 가지 측면에 비판적인 고찰을 전개하고 있다는 점은 공통된다.

이러한 점에 유의하여 이 글에서는 세속과 종교를 둘러싼 논의가 이루어지고 있는 현대의 상황에 찰스 테일러의 철학을 자리매김하고 그 특징을 조금씩 부각해 가고자 한다. 테일러의 사상에는 어떠한 일관성 또는 변화가 보이는 것일까? 그 자신은 '포스트 세속화'라는 용어를 적극적으로 사용하지 않고 있다면, 어떠한 말로 무엇을 논의하고 있을까? 그것과 다문화주의와의 관계는 어떻게 되는 것일까? 그로부터 세계철학의 의의로서 무엇을 끌어낼 수 있을까?

퀘벡의 내셔널리즘과 테일러의 다문화주의

찰스 테일러의 활동 거점이 캐나다의 프랑스어권인 퀘벡주라는 것은 잘 알려져 있다. 영국계 아버지와 프랑스계 어머니를 지닌 이중 언어 화자이지만, 퀘벡에서는 그를 영어 화자Anglosaxon 철학자로 보는 경향이 강하다. 퀘벡에서는 1960년에 '조용한 혁명'이 시작되며, 캐나다로부터의 독립을 목표로 하는 내셔널리즘도 높아졌다. 테일러의 사상은 그와 같은 시대와 사회 속에서 다듬어져 왔다.

원래 가톨릭의 영향이 강한 퀘벡에서 일어난 '조용한 혁명'은 반드시 반종교적인 세속주의로 채색되어 있지는 않다. 오히려 근대적인 가톨릭 좌파가 주도한 것으로, 대표적인 지식인으로는 페르낭 뒤몽Fernand Dumont(1927~1997)이 있다. 그는 라발대학의 사회학 교수이자 신학자이기도 하며, '조용한 혁명' 이후에도 계속해서 종교적인 저작을 썼다. 1968년에 설립되어 1976년에 정권을 획득한 퀘벡당의 두뇌로서, 1977년에 채택된 프랑스어 헌장을 작성하는 데도 관여했다. 퀘벡당은 본래 좌파 내셔널리스트 정당으로 1980년과 1995년의 두 차례에 걸쳐 캐나다로부터의 주권 획득을 목표로 하여 주민투표를 시행했다.

테일러는 1960년에 가톨릭 잡지 『다운사이드 리뷰』에 「교권주의」라는 제목의 논고를 기고한다. 거기에서는 에마뉘엘 무니에 Emmanuel Mounier(1905~1950), 이브 콩가르Yves Marie Joseph Congar(1904~1995), 앙리 드 뤼바크Henri de Lubac(1896~1991) 등 가톨릭 좌파의 이름이 보인다. 주장 내용도 가톨릭의 사회 활동 필요를 주창하는 것으로, 그 점에서는 뒤몽 등 프랑스어 화자francophone의 가톨릭 좌파가 당시 말하고 있었던 것과 가깝다. 하지만 이후 테일러는 오랫동안 자신이 가톨릭 신자라는 것을 저작 안에서 반드시 명시적으로는 제시하지 않게 된다.

1950년대에 옥스퍼드대학에 유학한 테일러는 영국의 뉴레프트 운동에 감화받으며, 1961년에 캐나다로 귀국하자 같은 해에 탄생한 '신민주당'(NDP)의 정치 활동에 관여했다(연방 의회 총선거에 네 차례 입후보하여 모두 낙선하였으나 당 부대표도 맡았다). 영국계 캐나다 좌파에 자리하는 테일러는 경제면에서는 캐나다의 대미 자립을 부르짖고, 정치면에서는 개인과 집단의 평등을 지향하는 등, 탈중앙 집권적이고 재배분을 하는 연방주의를 지지했다.

1971년에 캐나다 연방 정부 수상 피에르 엘리엇 트뤼도Pierre Elliott Trudeau(1919~2000)는 두 언어·다문화주의 정책을 내놓았다. 그러나 이는 퀘벡주로서 보면 '건국의 두 백성'이어야 할 프랑스계 캐나다인의 독자적인 문화가 다른 여러 문화와 나란히 놓이고, 또한 퀘벡 사회 내부를 단편화하는 것으로 받아들여져 그다지 평판이 좋지 않았다.

1971년은 존 롤스John Rawls(1921~2002)의 『정의론』이 간행된 해이기도 하다. 마이클 샌델Michael J. Sandel(1953~)은 롤스가 말하는 자기란 '부하負荷 없는 자기'라고 비판하고 '상황에 위치한 자기'를 제창했지만, 이 '자유주의·공동체주의 논쟁'에서 테일러의 위치는 샌델과 가깝다. 언어와 문화가 인간을 형성한다고 생각하는 테일러는 추상적 개인을 전제로 하는 절차적 자유주의procedural liberalism를 비판하고 개인을 맥락에 자리매김하는 견해를 제시했다.

테일러가 생각하는 '인정의 정치'란 언어와 문화의 권리에 대해서는 연방 정부에 맞서 집합적 권리와 퀘벡의 대의를 옹호하지만, 퀘벡의 정치적 자기 결정에 대한 권리에 대해서는 개인의 권리에 의거하여 거부한다는 것이다. 테일러의 다문화주의는 캐나다 연방 정부의 절차적 자유주의에 대해서도, 퀘벡주의 주권 획득을 목표로 하는 내셔널리즘에 대해서도 거리를 두고 있다고 말할 수 있다. 1995년 주민 투표 때는 독립을 주장하는 것은 '순수 퀘벡인'에 의한 배외적인 내셔널리즘이라고 하는 취지의 발언을 하여 뒤몽을 분노하게 했다.

상호 문화주의적인 라이시테와 테일러의 위치

정치학자 베르나르 가뇽Bernard Gagnon은 테일러의 입장이 1990년대 중반을 경계로 하여 민주주의 국가는 공공선을 지향할 수 있다는 주장으로부터 국가의 중립성이라는 자유주의적인 원리를 받아들이는 방향으로 변화했다고 논의하고 있다(*Politique et Société*, 31–1, 2012). 이것은 공동체주의로부터 자유주의로의 '전향'으로도 보이지만, 퀘벡 사회가 변화하는 가운데 그가 일관된 자세를 유지하고 있는 까닭에 일어난 변화라고도 할 수 있을 것이다. 흥미로운 것은 이 변화가 루스 애비가 말하는 테일러의 '종교적 전회'의 시기와 겹친다는 점이다.

프랑스에서는 공화주의적인 사회 통합을 지향하는 라이시테가 유력하고, 정치가 베르나르 스타지Bernard Stasi(1930~2011)가 2003년에 주재한 위원회의 제언에 기초하여 공립학교에서의 종교적 표장 착용을 금지하는 법률이 이듬해 채택되었다. 퀘벡에서는 프랑스어계의 역사학자 제라르 부샤르Gerard Bouchard(1943~)와 영어계의 철학자 찰스 테일러를 공동위원장으로 하는 위원회가 2007년에 발족하였고, 이듬해 작성된 보고서에서는 사회 통합과 다양성의 인정을 양립시키는 상호 문화주의Interculturalism와 '열린 라이시테'가 제창되었다.

퀘벡에서 보면 다문화주의는 연방 정부의 정책으로 사회를 문화 집단에 의해 모자이크화하는 경향을 지니는 것으로 비친다. 반면 상호 문화주의는 문화 집단 간의 상호 교류를 촉진하면서 사회 통합을 가능하게 하는 것으로 여겨진다(다문화주의와 상호 문화주의의 차이가 질적인지 아니면 정도 문제인지, 실질적으로는 같은 것으로 볼 수 있는지를 둘러싸고서는 다양한 견해와 논쟁이 있다).

부샤르-테일러 위원회 보고서는 라이시테의 목적이 개개인의 정신적인 평등과 양심 및 신교의 자유에 있다고 하고, 이를 위한 수단으로 교회와 국가의 분리 그리고 종교 및 세속의 가치관에 대한 국가의 중립성이 있다고 밝히고 있다. 이러한 관점에서는 프랑스의 라이시테란 엄격한 분리가 자기 목적화한 것으로 비친다.

굳이 말하자면, 두 사람의 공동위원장 가운데 부샤르는 사회 통합 측면에도 역점을 두는 데 반해, 테일러는 통합의 강조에 경계심을 지닌다. 두 사람 모두 2010년대에 퀘벡주 정부가 라이시 테의 이름 아래 이슬람의 베일을 규제하는 쪽으로 기울어진 것에 비판적이지만, 부샤르는 판사 등 고도로 중립성을 체현해야 할 인물들의 착용 규제를 제안하는 위원회 보고서의 입장을 유지하고 있다. 다른 한편 테일러는 2017년에 퀘벡의 모스크가 습격당한 사건 이후 보고서의 입장을 일탈하는 형태로 종교적 표장의 규제 전반에 반대의 태도를 보였다.

종교의 시대에서 세속의 시대로 그리고 ……

테일러는 2007년의 주저 『세속 시대』에서 세속성 Secularity을 '공공 생활에서의 종교의 쇠퇴', '종교적 신조와 실천의 쇠퇴', '신앙 조건의 변용'의 세 가지로 구별하고, 특히 세 번째의 위상에 주목하여 서양에서의 인간의 존재 방식 변화를 분석한다. 근대 이전의 '마술적인 세계'에서의 행위 주체는 '다공적인 자기 porous self'로 외부의 영적 힘들과의 경계는 불분명했지만, '탈마술화'된 근대에서는 외부의 힘들로부터 자기 자신을 분리하는 '완충재로 덮인 자기 buffered self'가 인간 속에서 도덕적 질서를 낳는 힘을 발견한다. 테일러가 세속의 시대에 있어 종교의 의의를 강조하는 것은 지배적 조류인 배타적 인간주의에 항거하고 다공적인 인간관을 회복하는 시도라고도 할 수 있을 것이다.

다른 한편 테일러는 정통으로 여겨지는 종교가 지배적인 '구

뒤르켐 형'의 체제에서 사람들은 자기의 종교적 본능과 외적인 규칙의 차이를 느끼더라도 후자를 따를 필요를 쉽게 느낄 수 있었다고 한다. 이에 반해 '신 뒤르켐 형'의 세계에서 사람들은 신의 섭리 기능을 담당하게 된 국가에 묶이게 되면서 종교를 선택하는 것이 인정된다. 나아가 1960년대 이후 각 사람이 자신에게 있어서의 '진짜'를 정신적 생활의 중심에 놓는 경향이 지배적으로 되는 '포스트 뒤르켐 형'의 시대로 돌입하면, 개인화와 다양화가 진전된다. 포스트 뒤르켐 형 시대의 세속은 다원주의에 대한 인정을 과제로 하게 될 것이다.

테일러는 막스 베버^{Max Weber}(1864~1920)나 마르셀 고셰^{Marcel Gauchet}(1946~)의 '탈마술화'에 대한 논의를 토대로 하고 있지만, 베버가 말하는 근대의 '철의 우리'로부터는 벗어나려 하고 있다. 또한 인간은 의미를 갈망하며, 종교는 무의미에 대한 대답이라는 생각에 테일러는 반드시 찬성하고 있지는 않다. 윌리엄 제임스^{William James}(1842~1910)를 평가하는 테일러는 진리란 그것을 향해 실제로 어느 정도 나아가지 않는 한 숨겨진 채, 믿음에 의해 열리는 길이 있다고 생각한다.

테일러에게는 종교를 세속이나 무신론의 관점에 대립하는 것으로 간주할 이유는 없는바, 사람의 삶의 방식을 지탱하는 가치로서의 종교와 세속에는 우열의 차이가 없다. 현대의 세속 사회에서의 공적인 논의에서 하버마스는 종교의 (특별한) 언어를 세속의 (이성적인) 언어로 '번역'할 것을 요구하지만, 테일러가 보기에 종교의 언어를 특별히 취급하는 세속에는 일종의 편향이 있는 것이 될 것이다.

国가의 중립성이란 기본적으로 다양성에 대한 응답이라는 사고 방식은 서양의 '세속적'인 사람들 사이에 아직 침투하지 못했습니다. 종교는 까닭을 알 수 없는 것으로 위협이 될 수도 있다는 견해에 이상할 정도로 구애되는 탓입니다. (「왜 세속주의를 근본적으로 재정의해야 하는가」, 『공공권에 도전하는 종교』)

테일러는 종교를 문제시하는 세속주의Laïcité=Secularism의 태도와 그 정신의 빈곤함에 비판적이며, 있어야 할 세속Laïcité=Secular의 체제란 종교를 포함한 다양한 신조의 자유와 평등을 최대한 실현하기 위한 틀이라고 생각한다. 테일러를 '포스트 세속화의 철학자'라고 부를 수 있다면, 그것은 그가 합리주의나 이성 지배나 배타적 인간주의의 세속의 한계를 비판하고 극복하고자 하는 점에서다.

비서양의 세속과 종교를 생각한다

세계철학의 관점에서 테일러를 생각하면, 우선 그가 퀘벡 영어계의 철학자로서 프랑스나 독일의 대륙 철학과 영미계의 분석 철학의 흐름을 흡수하여 스케일이 큰 사고를 전개해왔다는 점을 들 수 있다. 그 폭은 넓다고 할 수 있지만, 논술의 중점은 어디까지나

서양에 있으며, '세계'의 관점에서는 좁아 보일지도 모른다. 다만 그는 서양 근대의 세속을 자명하게 여기지 않고 비판적으로 다시 받아들여 지역적 특성을 자각하고 종교와 세속의 이념을 구출하고 자 하고 있으며, 그 논의의 지평은 세계철학이라는 이름에 걸맞다 고 해야 할 것이다.

로버트 벨라Robert Neely Bellah(1927~2013)는 논집 『세속 시대에 세속주의의 다양성』(2010년)에서 테일러와 하버마스와 마루야마 마사오丸山眞男(1914~1996)를 비교하고, 세 사람 모두 근대에 대한 규범적인 이해를 지니며, 공공 공간의 비판 정신이 경제와 국가를 감시해야 한다고 생각하고 있었다고 말한다. 마루야마도 벨라도 일본의 사상은 초월적인 계기를 결여한다고 보고 있는데, 마루야마 의 염려는 일본인이 보편적인 범위를 갖춘 외래 사상을 숭상하여 특수주의에 빠지는 것이었다고 벨라는 말한다. 마루야마의 전근대 에 대한 평가는 낮지만, 테일러는 가톨릭이라는 전근대의 문화를 폐기해서는 안 된다고 생각한다. 하지만 과거를 비판적으로 회복하 는 것은 근대의 윤리적 프로젝트를 달성하기 위한 본질적 조건으로 간주하는 테일러의 생각에는 마루야마도 동의했을 것이라고 벨라 는 주장한다.

논집 『세속주의 재고』(2011년)에 논문 「아시아에서의 세속주 의, 종교 변동, 사회적 갈등」을 기고한 리처드 마드센Richard Madsen (1941~)은 테일러가 마련한 세속성의 세 가지 구분을 정치적·사회 학적·문화적으로 정리하고 아시아에 대한 적용 가능성을 찾고 있다. 마드센은 중국, 인도네시아, 대만을 사례로 하여 아시아 나라들은 형식적으로는 서양에 대해 세속적인 정치 체제의 외관을 갖추고 있지만, 그 안쪽에는 자주 종교적인 정신이 숨어 있다고 논의한다. 사회의 세속화에 대해 말하자면, 아시아는 종교적으로 역동적이고 서구보다 미국에 가깝다. 서양에서는 종교를 사적인 신앙으로 간주하는 경향이 강하지만, 아시아에서는 의례와 신화가 중시된다. 문화적으로는 아시아의 종교에는 개인의 신앙보다 공동체의 실천이라는 특징이 보이지만, 도시화 등에 따라 집합적 실천의 의미는 변화하고 개인의 감각에 합치하는 신앙과 실천의 체계를 선택하는 경향이 늘어나고 있다.

확실히 테일러의 논의 배후에 놓여 있는 종교와 세속의 이분법은 서양 그리스도교적인 것이다. 그러나 그의 사상은 그 이분법에 기초하는 서양 근현대의 세속과 종교의 내실이나 서열을 전제로 하는 것이 아니라 다시 묻는 것이다. 그런 까닭에 비서양에서의 세속과 종교의 관계를 고찰할 때도 반드시 전면적으로 테일러에 거스를 필요는 없으며, 어느 정도까지는 테일러와 함께 생각할 수 있다.

☞ 좀 더 자세히 알기 위한 참고 문헌

— 찰스 테일러Charles Taylor, 『세속 시대世俗の時代』 상·하, 치바 신千葉眞 감역, 名古屋大学出版会, 2020년. 테일러의 '제3의 주저'의 대망의 일역. 두껍지만, 조금씩 읽어도 공부가 된다. 부분적 에센스는 『오늘날 종교의 모습들今日の宗教の諸相』(이토 구니타케伊藤邦武·사사키 다카시佐々木崇·미야케 다케시三宅岳史 옮김, 岩波書店, 2009년)에서도 읽을 수 있다. 덧붙이자면, 제1의 주저 『헤겔』(1975년)은 아직 일역이 없으며, 다른 형태로 정리한 것이 『헤겔과 근대 사회ヘーゲルと近代社会』(와타나베 요시오渡辺義雄 옮김, 岩波書店, 1981년), 제2의 주저는 『자아의 원천自我の源泉』(시모카와 기요시下川潔·사쿠라이 데쓰櫻井徹·다나카 도모히코田中智彦 옮김, 名古屋大学出版会, 2010년)이다.

— 루스 애비Ruth Abbey, 『찰스 테일러의 사상チャールズ·テイラーの思想』, 우메카와 요시코梅川佳子 옮김, 名古屋大学出版会, 2019년. 광범위한 테일러 사상의 전체상을 체계적인 동시에 간결하게 보여주고자 한 입문서로서 정평이 있다.

— 위르겐 하버마스, 찰스 테일러, 주디스 버틀러, 코넬 웨스트, 크레이그 칼훈, 『공공권에 도전하는 종교 — 포스트 세속화 시대에서의 공존을 위하여公共圏に挑戦する宗教 — ポスト世俗化時代における共棲のために』, 하코다 데쓰箱田徹·긴조 미유키金城美幸 옮김, 岩波書店, 2014년. 현대 민주주의에서의 종교의 자리매김을 둘러싼 토론을 수록. 하버마스와 테일러의 차이를 아는 데는 두 사람의 '대담' 부분을 읽으면 좋다.

— 제라르 부샤르Gerard Bouchard, 찰스 테일러Charles Taylor, 『다문화 사회 퀘벡의 도전多文化社会ケベックの挑戦』, 다케나카 유타카竹中豊·이자사 사요코飯笹佐代

子·야즈 노리에矢頭典枝 옮김, 明石書店, 2011년. 부샤르–테일러 위원회 보고서의 간략판. 테일러의 사상을 이해하는 열쇠의 하나는 프랑스어권인 캐나다 퀘벡주의 맥락이다. 테일러와 거의 같은 세대의 가톨릭 좌파로 프랑스어계의 내셔널리즘을 주도한 지식인 페르낭 뒤몽의 『기억의 미래記憶の未來』(졸역, 白水社, 2016년)도 참고할 수 있을 것이다.

— 다카다 히로후미高田宏史, 『세속과 종교 사이 — 찰스 테일러의 정치 이론世俗と宗教のあいだ—チャールズ·テイラーの政治理論』, 風行社, 2011년. 일본의 테일러 연구는 축적되어 있지만, 세속과 종교의 문제를 정면에서 다룬 것은 적다. 이 책은 정치학의 관점에서 『세속 시대』와 그 밖의 저작을 읽고, 마이클 샌델, 탈랄 아사드, 윌리엄 코널리 등과의 비교를 통해 테일러의 가톨릭적 다원주의의 특징을 해명한다.

제12장

몽골의 불교와 샤머니즘

시마무라 잇페이島村一平

포스트 세속화와 포스트 사회주의

과학 기술이 발달하고 사회가 근대화되면 종교와 같은 '미신'은 머지않아 사라진다 —— 이러한 세속화론이 이제 과거의 것이 되어 버린 것은 잘 알려져 있다. 미국에서 대두하는 복음파·그리스도교 원리주의. 이슬람국가IS나 탈레반으로 대표되는 이슬람 원리주의. 오히려 근대에 의한 세속화를 거쳐 종교는 재활성화되고 있다. 현대 사회는 바로 하버마스가 주창한 '포스트 세속화 사회'(2015년) 라고 해도 좋다.

소련으로 대표되는 구사회주의 나라는 사회주의적 무신론 아래 국가에 의해 위로부터 '세속화'가 이루어진 것으로 알려져 있다. 그런 한편으로 사회주의를 살아낸 일반 시민에게 세속화란 무엇이었을까? 또는 소련 붕괴(1991년) 후의 '포스트 세속화'란 어떠한 것이었을까 라는 물음에 대해 충분한 답은 나와 있지 않은 듯이 보인다.

많은 포스트 사회주의의 종교 현상에 관한 연구에서는 사회주의 시대를 통해 종교 실천이 '억압'되어 왔다는 것을 자명한 사실로 다루며, 포스트 사회주의가 되어 종교는 극적으로 '부흥revival'한 것으로서 파악해왔다. 사회주의 시기의 종교 실천에 관해서도 종교는 공적 공간에서 추방된 결과 사적 공간에 은거했다──가정 내에서만 종교 행사를 했다──는 논의가 일반적이었다.

정말이지 사회주의 붕괴 이후 러시아에서는 러시아 정교가, 카자흐스탄이나 우즈베키스탄과 같은 중앙아시아 나라들에서는 이슬람이 '부흥'을 이루고 있다. 그러나 거기에 결여된 것은 위로부터의 무신론(세속화) 정책과는 다른 차원에서 생겨나는 연속적인 사람들의 종교 실천에 대한 관점이다.

본래 '포스트 사회주의'의 '포스트'라는 말은 반드시 끝나버린 연속성 없는 현상을 가리키는 것은 아니다. 예를 들어 식민주의와 포스트 식민주의의 관계를 생각해보자. 포스트 식민주의라고 하면 식민지 시대에 시작된 지배─피지배 관계가 끝나고 구식민지가 완전히 자유로워졌다는 것을 의미하는 것이 아니다. 오히려 아프리카나 남미 여러 나라와 같은 '식민주의'를 경험한 나라들은 구미로부터 정치적으로 독립했지만, 아직도 경제적으로 구종주국의 지배 아래 놓여 있다. 그것이 '포스트 식민주의'이다. 그러나 '포스트

사회주의'라고 말했을 때, 사회주의의 유산이 얼마만큼 고찰되어
온 것일까? 특히 종교에 관해서는 사회주의 시기의 유산이 등한시
되어왔다고 말할 수 있을 것이다.

사실 러시아와 동유럽, 몽골 등의 구사회주의권에서는 놀라울
정도로 오컬트나 주술이 융성하고 있는 나라가 많다. 그에 대해
종래의 종교 '억압-부흥'론은 설명하는 방법을 갖고 있지 않다.
이에 대해 여기서 제시하는 것은 사실 사회주의란 종교나 근대
시스템의 주술화였던 것이 아닐까 하는 가설이다(島村, 2018).
사회주의의 주술화는 크게 둘로 나누어진다. 첫째로 종교의 제도적
부분(교회나 사원과 같은 종교 조직, 신부나 승려와 같은 성직자,
성서나 경전과 같은 성전 등)이 사회로부터 격리된 결과, 오히려
종교가 지니는 비제도적 측면, 요컨대 주술적 측면이 강화되었다고
하는 '종교 그 자체의 주술화'이다. 둘째로 사회주의가 쌓은 근대
제도들이 현지의 사람들에게 초자연적인 '주술'로서 이해된 것이
라고 하는 '사회주의적 근대의 주술화'이다. 이러한 사회주의=주
술화론은 사회주의 시대와 포스트 사회주의 시대 종교 실천의
연속성을 설명할 수 있을 뿐만 아니라 포스트 세속화의 논의를
생각하는 데서 새로운 소재를 제공할 수 있는 것이 아닐까?

그래서 이 작은 글에서는 세계에서 두 번째로 사회주의 나라가
된 몽골국(구 몽골인민공화국)을 사례로 하여 그들의 전통 종교였
던 티베트·몽골 불교와 샤머니즘을 사례로 구사회주의권의 세속
화와 포스트 세속화를 생각해보고자 한다. 몽골인들은 원래 샤머니

즘을 신앙해왔으나 청나라의 지배 아래 들어간 17세기 후반 이후 티베트 불교가 급속히 확산한 결과, 20세기 초에는 남성 인구의 3분의 1이 승려가 될 정도로 불교에 심취했다. 사회주의를 거친 현재도 인구의 6할 정도가 불교도라고 말하고 있다. 그런 한편으로 불교에 밀려난 샤머니즘은 소수의 종교로서 남았지만, 2010년경에 는 몽골 국민 인구의 1% 가까이가 샤먼이 될 정도로 유행했다(島村, 2016).

사회주의 속에서 살아남은 샤머니즘

20세기 초 러시아와 몽골에서 '과학적 무신론'을 표방하는 사회주의 정권이 수립되자 종교는 사회주의의 무신론적 입장에서 탄압되어간다. 본래 맑스는 사회주의 사회로 이행하면 종교는 자연스럽게 사라져간다고 하는 '종교의 자연사'를 상정하고 있었다. 그러나 소련의 지도자 레닌은 그것을 믿지 않고 '근대화를 위해 종교를 없애야만 한다'라고 바꾸어 읽었다. 따라서 1930년대 에 교회나 사원은 파괴되고 성직자는 환속당했다. 몽골에서는 많은 승려가 사회주의 건설의 과녁인 '노란 귀족'으로 여겨져 숙청되어갔다. 노란 귀족이란 티베트 불교 겔룩파(황모파)로부터 붙여진 호칭이다. 이리하여 사원이 갖고 있던 가축 떼는 국가에 몰수되고, 화신 라마(전생 활불轉生 活佛)의 다수가 총살되었다. 한편 샤머니즘도 '미신', '가짜 의학', '전근대의 잔재'라고 여겨지고, 그 활동이 금지되었다.

　다만 사회주의 시대를 통해 종교는 균질적으로 탄압되고 있었던 것은 아니다. 1930년대에 불어닥친 종교 탄압은 제2차 세계대전 때부터 완화되게 된다. 확실히 그리스도교나 불교, 이슬람과 같은 제도 종교는 그 활동에 엄격한 제한이 걸렸지만, 종교 조직, 성직자, 성전과 같은 종교의 제도적 부분을 사회로부터 격리하려고 한 결과, 오히려 종교의 제도적 측면에서 빠지는 부분은 강화되어갔다.

　영국의 사회인류학자 캐롤라인 험프리Caroline Humphrey(1943~)에 따르면, 소련(현 러시아)의 남시베리아에 사는 몽골계 민족 부랴트에서 제도 종교인 불교가 그 제도적 성격으로 인해 파괴된 데 반해, 비제도적인 샤머니즘이 상대적으로 사회주의에 의존하면서 보완적으로 살아남았다고 한다. 티베트·몽골 불교는 이데올로기가 있고 관료적인 승려의 조직과 생산 조직(가축 떼와 밭)이 있었기 때문에 소비에트 공산당과 경합하는 관계에 있었다. 그래서 공산당에 의해 불교 교단은 철저히 탄압·파괴되고 불교 사원의 재산과 생산 수단도 몰수되었다. 그러나 사원이나 성직자 조직이나 생산 조직이 없는 샤머니즘은 이데올로기나 제도성이라는 점에서 공산당과 경합하지 않는다. 오히려 소비에트 이데올로기가 노동의 가치나 생산성과 같은 긍정적인 가치를 고집한 탓에, 재난에 대한 설명 등 부정적인 가치를 샤머니즘이 보완적으로 담당할 수 있었다. 알기 쉽게 말하자면 소비에트 공산당은 5개년 계획으로 대표되는

'미래'를 말할 수 있어도 일상생활에서의 질병이나 재해, 사람의 죽음의 이유를 설명할 수 없다. 이에 반해 샤먼들은 '숲의 정령이 분노하고 있다'와 같은 '이유'를 설명함으로써 사람들의 정신적인 버팀목이 되어 살아남는 데 성공한 것이다.

마찬가지로 몽골국에서도 사회주의 시대, 샤머니즘은 소멸한 것이 아니라 샤머니즘을 떠받치는 사고법이 사람들의 마음속에서 계속해서 살아 있었다. 몽골의 동부 지역에 사는 몽골 부랴트인을 예로 들어 말한다면, 무엇인가 질병이나 재액이 몸에 닥치면 '뿌리(조상의 영)가 (샤먼이 되어 그들에게 제사 지내도록) 조르고 있다'라고 정해진 것처럼 생각했다. 바로 이렇게 패턴화된 사고법이 사회주의 시기를 통해 사람들 사이에서 공유되고 있었던 까닭에 샤머니즘은 명맥을 유지한 것이다(島村, 2011, 296~305쪽).

화신 라마와 주술로서의 사회주의

한편, 러시아와 달리 몽골에서는 인민혁명당과 경합 관계에 있어야 할 제도 종교가 주술로서 살아남게 되었다. 사회주의 시대에 편찬된 국사 『몽골인민공화국사』의 제2판(1969년)에도 '승려였던 아동·청년들 가운데서 당이나 국가의 활동가·더욱 위대한 지도적 인물마저 배출되었다'라고 되어 있다. 요컨대 많은 환속 승려가 국가의 핵심을 담당해온 것이다. 왜냐하면 사회주의 혁명 직전의 몽골에서는 남성 인구의 3분의 1이 승려였기 때문이다.

읽고 쓰는 능력이 있는 그들을 배제하고 새로운 국가의 건설은 불가능했다.

이리하여 사회주의 시대, 환속한 라마들의 대부분은 학교 교사나 지방의 관리 등으로 모습을 바꾸어 갔다. 그리고 환속한 라마들은 비밀리에 사람들에게 주술 의례를 베풀어 주고 있었다. 몽골에서는 지금도 사회주의 시기에도 불교가 일상생활 속에서 주술 실천이라는 형태로 널리 침투해 있다. 알기 쉽게 말하자면, 그들에게 불교와의 가장 중요한 관계는 액막이를 위해 라마가 경을 읽어주는 것에 있다. 이러한 독경을 몽골어로는 '놈 온쇼라하'(경을 읽어 받다)라고 한다. 다른 한편 승려 측에서 보면, 이러한 독경의 일을 '그룸 자사르'라고 부르고 있다. 그룸은 티베트어이고 자사르는 몽골어인데, 어느 것이든 치료나 액막이라는 의미이다.

따라서 사람들의 불교 교의에 대한 관심은 매우 낮다. 이 점에서는 일본과 비슷하다고 할 수 있을 것이다. 다만 액막이라고 하면 일본에서는 신사지만, 몽골에서는 불교 사원이다. 이에 더하여 몽골에서는 운수가 나쁜 해와 같은 정해진 때에 사원을 찾는 게 아니라 무언가 어려운 일이 있으면 빈번하게 절을 찾아 라마에게 경을 읽어 받는다. 예를 들어 가족이 병에 걸렸다거나 일이 잘되지 않는 경우, 또는 인간관계에 고민이 있는 경우 몽골인들은 우선은 사원으로 향하여 경을 읽어 받는다. 반대로 아무것도 문제가 없을 때는 그들은 사원에 다가가지 않는다. 요컨대 '어려울 때의 라마 의지', 이것이 몽골에서 불교 신앙의 가장 중요한 특징이라고 할 수 있을 것이다. 따라서 라마의 독경이 '듣지 않는다'라고 판단되면 사람들은 간단히 샤먼이나 때로는 심지어 그리스도교로 갈아탄다. 일반 사람들에게 중요한 것은 즉효성이 있는 주술이지 교의를 이러쿵저러쿵 말하는 것이 아니다. 이러한 액막이를 위한 독경은 주술의 힘이 강한 라마일수록 효력이 있다고 여겨진다. 몽골어로 '놈토이 홍' 즉 '경전이나 학문이 있는 사람'이라고 할 경우, 단순히 지식이 아니라 무언가 신통력이 있는 인물이라고 이해된다. 그러한 '놈(경전)이 있는 승려' 중에서도 특히 힘이 있다고 여겨지는 것이 화신 라마들이다.

사회주의 시기에 나이 어릴 적에 '화신 라마'(전생 활불)로 인정받으면서 환속하여 사회주의 시대, 네그델(목축협동조합. 몽골판 콜호즈)의 물자 배급 담당자(아겐트)로서 살아간 인물이 있었다. 환속 라마, 첼렌돈도브(1919~1996), 통칭 '아겐트 씨'이다. 그는 11세기 후반부터 12세기에 걸쳐 활약한 티베트의 이름 높은 요가 행자, 카규파의 종조 밀라레파(1052~1135)의 4대째 전생자로 여겨졌기 때문에 '밀로 성인milobogd'(몽골어로 밀라레파를 말한다) 이라고도 불렸다.

그가 당의 지방 간부로서 수행한 정책은 활불의 주술적 능력이 높다고 믿었던 그 지역의 사람들로 인해 성공했다고 생각되었다 (島村, 2018). 또한 '지역의 어린이들이 병이 나자, 사람들 앞에서 각설탕을 주고 "이것을 먹어 두라'라고만 말했는데, 정말로 건강을 회복했다'라고 사람들은 이야기한다. 각설탕이라고 하면, 몽골 사람들이 사회주의 시대에 처음 접한 것이다. 본래 유목민이었던 그들은 20세기에 시작되는 사회주의에 의한 근대화를 맞이하기까지 고기와 유제품으로만 이루어진 식사에 친숙하며, 야채는 물론 곡류나 설탕과 같은 당질을 거의 취하지 않았다. 아마도 몸의 상태가 나쁠 때 귀중한 당분을 섭취함으로써 사람들이 영양 음료를 마시는 것과 같이 체력이 회복된 것일 터이다. 중요한 것은 그러한 '각설탕'을 전前 화신 라마가 가져다주었다는 점이다.

이렇듯 사회주의와 불교가 서로 포개지는 현상은 자브항 주에 한정된 것이 아니었다. 몽골에서는 사회주의 시기에 많은 승려가 환속 후에 학교 교사로서 다시 취직한 것으로 알려져 있다. 사실 몽골에서는 예나 지금이나 승려를 '박시bagsh'(선생)라고 부르는 습관이 있다. 이 박시라는 말은 학교의 교사를 부를 때도 사용되는 말이다. 그런 한편으로 몽골인은 달라이 라마를 경의를 담아 '달라이 박시'라고 부른다. 그렇다면 이전의 라마들은 사회주의 시대를 통해 학교의 교사가 됨으로써 예전과 변함없이 '박시'로 불리며 존경을 받은 것이었다. 이러한 '박시'들에게 사람들은 아이가 태어나면 티베트 이름을 지어 받거나 몰래 점을 치게 하거나 했다. 밀로 성인=아겐트 씨의 사례는 화신 라마였다는 점에서 특수하기는 하지만, 아마도 이러한 수많은 환속 라마 가운데 하나라고 말할 수도 있을 것이다. 덧붙이자면, 몽골에서는 소련의 지도자 레닌도 '레닌 박시'라고 불러왔다. 거기에 종교적인 함의가 없다고는 누구도 단언할 수 없을 것이다.

요컨대 사회주의 시대에 적어도 몽골에서 종교는 1930년대에 치열한 종교 탄압을 경험하기는 했지만, 그 후 전적으로 사적 공간에 은거한 것이 아니었다. 완전히 가정 내에 갇힌 것도 아니었다. 종교의 제도화된 부분(사원, 경전, 종교적 직능자 등)이 사회에서 배제된 결과, 종교는 주술적인 부분(관념도 포함한다)으로 특화하여 사회 공간 안에서 살아남은 것이다. 무엇보다도 '사회 구원'한다는 점에서 불교와 사회주의는 이야기를 공유하고 있었다. 요컨대 불교와 사회주의 이데올로기는 흔들려 겹쳐 찍힌 사진처럼 서로 중첩되어 현상화해 간 것이다.

아마도 밀로 성인 본인도 어디까지가 불교적 주술이고 어디까지가 아젠트로서의 일이었는지 명확히 구별하지 못했을지도 모른다. 적어도 밀로 성인=아젠트 씨가 중생 제도를 위한 '방편'으로서 사회주의를 의도적으로 이용했을 가능성은 부인할 수 없다. 어쨌든 밀로 성인=아젠트는 주술과 근대적 앎이 서로 뒤섞이는 신체로서 사람들 앞에 나타나 있었다. 즉 이 지역의 사람들은 화신 라마=사회주의의 아젠트를 매개로 하여 '사회주의'라는 주술'/'사회주의로 몰래 실천된 불교 주술'이라는 이중의 주술을 받아들이고 있었던 것이다(島村, 2018).

이러한 이중의 주술화를 거쳐 1990년대 초에 사회주의는 붕괴하고 종교의 자유가 보장되게 되었다. 그러한 가운데 제도 종교의 '부흥'보다 더 나아가 주술이나 샤머니즘, 오컬트가 활성화된 것은 애초에 사회주의적 무신론이 만들어낸 사회 자체가 다분히 주술적이었기 때문이 아닐까? 더 나아가 포스트 사회주의 시대에 불교의 거룩한 산의 제사를 대통령이 행하거나 밀로 성인의 제사를 지역 정부가 행하거나 하는 등, 정교가 분리되지 않는 '정교 협동적'인 현상이 보인다. 이것들도 주술화한 사회주의와의 연속성 속에서 이해할 수 있는 사항일지도 모른다.

☞ 좀 더 자세히 알기 위한 참고문헌

— 위르겐 하버마스Jurgen Habermas, 「'정치적인 것' — 정치신학의 모호한 유산의 합리적 의미·政治的なもの' — 政治神学のあいまいな遺産の合理的意味」, 위르겐 하버마스 외 저, 하코다 데쓰箱田徹·긴조 미유키金城美幸 옮김, 『공공권에 도전하는 종교 — 포스트 세속화 시대에서의 공존을 위하여公共圈に挑戦する宗教 — ポスト世俗化時代における共棲のために』, 岩波書店, 2014년. 하버마스의 포스트 세속화론이 게재되어 있다.

— 시마무라 잇페이島村一平, 「주술화하는 사회주의 — 사회주의 몽골에서의 불교의 주술적 실천과 환속 라마呪術化する社会主義 — 社会主義モンゴルにおける仏教の呪術的實踐と還俗ラマ」, 『사회인류학 연보社会人類学年報』 44호, 2018년. 환속 라마와 주술화하는 사회주의에 대해서는 이 논문이 상세하다.

— 시마무라 잇페이島村一平, 「샤머니즘이라는 이름의 전염병 — 지구화가 진행되는 몽골에서 일어나고 있는 이변으로부터シャーマニズムという名の感染病 — グローバル化が進むモンゴルで起きている異変から」, 전자 저널 『시노도스 Synodos Academic Journalism』, 2016년 2월 24일. https://synodos.jp/international/16228 현재도 전염병처럼 늘어나는 샤먼에 관한 논고.

— 시마무라 잇페이島村一平, 『증식하는 샤먼 — 몽골 부랴트의 샤머니즘과 에스노시티增殖するシャーマン — モンゴル·ブリヤートのシャーマニズムとエスニシティ』, 春風社, 2011년. 졸저이지만, 몽골의 샤머니즘 연구의 결정판이다.

제13장

정의론의 철학

가미시마 유코神島裕子

들어가며

'정의를 세워라, 비록 세계가 멸망하더라도' 칸트가 『영원한 평화를 위하여』(1795년)에서 소개하고 있는 이 극적인 격언은 생겨나는 귀결이 어떠한 것인가에 관계없이 정의가 수행되기를 요구한다. 정의를 완수할 의무를 무엇보다도 우선하는 그의 사상적 입장은 의무론이라 불리며, 벤담Jeremy Bentham(1748~1832)에 의해 체계화된 의무보다도 '최대 다수의 최대 행복'의 실현을 정의로 생각하는 공리주의와는 정반대의 사태를 정의라고 하는 것이다. 이에 대해서는 '트롤리 문제'가 잘 전해 주고 있다.

하지만 의무론도 공리주의도 정의를 주제로 하는 사상적 입장 내지 이론이라는 점에 변함은 없다. 요컨대 아래와 같은 것이다.

정의란 가장 넓은 의미에서는 개개의 인간이나 공동체가 본래 지녀야 할 '옳음'이다. 정의론이란 이러한 개인과 사회의 옳음에 관하여 그 내실이 되는 의미를 명확히 하기 위해 인간의 본성이나 사회의 구성 원리를 둘러싼 철학적 분석을 행하고, 인간이 따라야 할 법이나 도덕의 원리를 밝힘과 동시에 이러한 원리가 채택되어야 할 근거를 합리적으로 설명하는 것이다. (야마구치 마사히로山口雅廣·후지모토 쓰모루藤本溫 편저, 『서양 중세의 정의론 — 철학사적 의미와 현대적 의의西洋中世の正義論 — 哲学史的意味と現代的意義』, 晃洋書房, 2020년, ⅰ쪽)

현대 정의론의 주류는 존 롤스John Rawls(1921~2002)의 『정의론』(1971년)을 실마리로 한다. 그것은 플라톤이나 아리스토텔레스를 시원으로 하는 서양 철학사를 발판으로 하는 것이지만, 세계 각지의 철학 교육이 서양의 교육 기관 출신들에 의해 행해지고 있거나 주류로 올라서기 위해 서양 쪽을 향하고 있는 까닭에 서양을 떠나서도 우세하다.

세계철학사라는, 철학의 서양 중심주의에 대한 반성에서 태어난 새로운 영위는 현대 정의론에 무엇을 요구할 것인가? 과연 그것은 비서양의 소수자라는 이중의 타자에 대해 공정한 것이 될 것인가? 이하에서는 현대 정의론의 주류가 안고 있는 두 종류의 문제점을 토대로 하여 그것의 탈–서양 중심주의로 향한 씨름을 세계철학이라는 이름에 걸맞게 하기 위해 지금부터의 정의론이 입각해야 할 규범을 부각하고자 한다.

현대 정의론의 주류가 안고 있는 두 종류의 문제점

현대 정의론의 주류는 분배적 정의론이다. 서양 철학사에서 분배적 정의라는 개념은 이미 아리스토텔레스에게서 보인다. 하지만 새뮤얼 플라이섀커Samuel Fleischacker가 『분배적 정의의 역사』(2004년)에서 논의하고 있듯이 그 의미가 현대적인 의미, 요컨대 복지 국가라는 것이 실현하고자 하는, 사회 전 구성원의 기본적 요구 보장을 위한 재화의 분배라는 의미로 사용되게 된 것은 빈곤이 사회 문제가 됨에 따라 평등주의 사상이 융성하게 된 18세기를 거쳐 19세기에 들어서고 나서이다. 이 개념이 널리 알려지게 된 것은 제2차 세계대전 후의 일이었다. 물론 결정적인 역할을 한 것은 롤스이다.

롤스는 100년 이상에 걸쳐 사람들이 재화의 공정한 분배에 대해 품어온 이질적이고 서로 충돌하는 직관을 정리·설명함으로써 비로소 분배적 정의에 관한 명석한 정의를 제출했다. 이것은 대단히 커다란 학술적 성과이며, 자연수, 실수, 초한수를 정의할 때 도움이 되는 주세페 페아노, 리하르트 데데킨트, 게오르크 칸토어의 저작에, 또는 집합을 정의할 때 도움이 되는 칸토어의 저작에 필적하는 것이다. (플라이섀커, 『분배적 정의의 역사分配的正義の歷史』, 나카이 다이스케中井大介 옮김, 晃洋書房, 2017년, 170쪽)

하지만 분배적 정의론은 '개인과 사회의 옳음'의 일부분밖에 다루지 않는다. 세계에는 억압, 착취, 차별, 나아가서는 인간 이외의 존재에 대한 부정의 등, 분배적 정의론으로는 해소될 수 없는 여러 문제가 있다. 재화의 분배에 의한 기본적 요구의 충족이 가져오는 여유가 어느 정도는 유의미하게 작용하겠지만, 그것에도 한계가 있다. 롤스가 학계에 끼친 심대한 영향력을 염두에 둔다면, 이 문제점은 현대 정의론의 주류에서 공통된 것이라 할 수 있을 것이다.

또한 현대 정의론의 주류에는 철학에서의 다수자의 관점에서 정의를 구상하고 있다는 문제점도 있다. 자메이카에서 자란 찰스 밀스Charles Mills의 『인종 계약』(1997년)은 '백인 지상주의는 현대 세계를 오늘날의 모습으로 만든, 이름 붙여지지 않은 정치 시스템이다'라는 맹렬한 첫 문장으로 시작하는데, 그 정치 시스템이 발견되고 있는 것은 인문학 중에서 '가장 흰' 분야 가운데 하나라고 여겨지는 철학이다.

밀스에 따르면 철학은 '자신들의 인종적인 특권을 당연시하고 있어서 그것을 정치적인 것 요컨대 지배의 형태로서조차 이해하고 있지 못한 백인들에 의해 쓰이고 구성되고 있는' 것이며, 철학 가운데서도 특히 정치 철학에서 설파되어 온 '사회 계약'(평등한 개인들이 이루는 인민으로서의 합의 위에 정부가 형성되는 것)은 사실은 '우리 흰 인민'에 의해서만 이루어지는 계약이 되고 있다. 비-백인을 구조적으로 차별하고 억압하는 이 '인종 계약'과 실제 역사의 존재를 무시하기라도 하듯이 롤스는 정의에 관한 이상 이론을 이야기하고 있다. 이러한 현대 정의론에는 바로 '백인들이 "Justice"(정의)라고 말할 때, 그들이 의미하는 것은 "Just us"(자신들만)일세'라고 하는, 미국 흑인들의 아포리즘이 꼭 들어맞는다고 밀스는 말하고 있다(Charles W. Mills, *The Racial Contract*, Cornell University Press, 1997).

탈-서양 중심주의를 향한 씨름

여기서 두 번째 문제점에 대해 파고들고자 한다. 밀스는 철학에서의 백인 지배를 분석하기 위한 개념적 도구('인종 계약')를 제시하는데, 철학을 서양 중심주의에서 벗어나게 하기 위한 노력은 이 밖에도 있다. 2016년에 교토상을 수상한 마사 누스바움Martha Nussbaum(1947~)이 그 수상 기념 강연 「인간적이고자 하는 철학」에서 '세계의 다양한 철학적 전통에 대한 호기심과 존경의 염 그리고 서로 다른 문화들 사이의 철학적 대화의 구축에 대한 관심'을 지니는 철학이 인간성의 참된 진보에 필요하다는 것을 지적한 것은 기억에 새롭다(이나모리 재단의 홈페이지에 게재되어 있다). 아마르티아 센Amartya Sen(1933~)은 누스바움과 마찬가지의 움직임을 롤스 정의론 비판의 맥락에서 보여준다. 『정의의 아이디어』(2009년)에서 상세하게 서술되어 있듯이, 센의 견해에서는 미리 정의 원리를 정하고 그것을 국가의 제도들에 적용함으로써 끝나는 롤스의 '선험적 제도주의'는 실현 가능성이 부족하고, 또한 다양한 맥락을 살아가는 사람들의 선택을 충분히 평가할 수 없다. 정의를 촉진하기 위해 채택되어야 하는 것은 실현 가능한 여러 가지 선택지를 비교하고 공공적 논의를 통해 좀 더 나은 귀결(실현 상태)을 선택하는 비교적인 접근이다.

그리고 센에 따르면 서양의 담론은 이치에 합당한 다양한 이유 부여가 세계의 지역들에서 이루어져 왔다는 것을 간과해 왔지만, 중동, 아시아, 아프리카 등의 역사가 보여주고 있듯이 비서양에서도 공공적 논의는 이루어져 왔다. 센은 자신의 출신지인 인도의 역사에서 그 증거를 풍부하게 제시하는 한편, 다른 한편으로 공공적 논의의 중요성을 설파한 쇼토쿠 태자의 『17조 헌법』, 스페인에서 추방된 마이모니데스를 받아들인 12세기 이슬람 세계의 살라딘의 왕국, 또한 넬슨 만델라 전 남아프리카 대통령의 고향에서 행해지고 있던 민주적인 타운미팅 등, 다양한 비서양의 사례를 소개하고 있다.

다수자 중심주의라는 장벽

이러한 시도는 철학에서의 서양 중심주의로부터의 벗어남을 밀고 나아간다. 그것은 현대 정의론의 '백인 지상주의'에 압력을 가할 것이다. 하지만 그것은 전통적 집단 내부의 소수자에 대한 부정의를 전통의 존중이라는 명목으로 방치하는 것일지도 모른다. 예를 들어 '남성 중심주의'라는 신념 아래 여성을 억압하고 있는 전통적 집단에 대해 생각해보자.

여기서 앞에서 언급한 센이 논문 「위치 의존적인 객관성」(1993년)에서 제시하고 있는 객관성의 아이디어를 다루어보고자 한다. 옳음에 관한 주장에 대해 객관성은 중요하다. 센에 따르면 객관성에는 '윤곽이 그려진 어딘가로부터의 견지'에 의한 것이 있다. 예를 들어 어떤 사람이 '태양과 달은 같은 크기이다'라고 말할 때, 만약 그 사람과 같은 위치에 있는 사람들이 그것을 인정하고 또한 태양과 달의 크기에 대한 과학적 정보가 없게 되면, 그 사람(들)의 신념은 객관적이라고 말할 수 있다. 하지만 그 객관성은 위치에 의존하는 것이다. 만약 그 사람(들)이 태양과 달의 크기를 과학적으로 측정할 수 있는 집단과 만났다면, 그 사람(들)의 신념은 잘못이라고 제시될 수 있으며, 공유된 신념은 공동 환상이라고 제시될 수 있다(Amartya Sen, "Positional Objectivity", *Philosophy & Public Affairs*, 22(2), 1993).

이러한 센의 아이디어를 여기서 부연하게 된다면, 현대 정의론에 공유되고 있는 신념의 객관성도 위치 의존적인 것이자 공동 환상일 수 있다. 밀스가 지적한 '백인 지상주의'는 그러한 환상의 하나일 것이며, '남성 중심주의'도 그 가운데 하나라고 말할 수 있을 것이다. 남성 중심주의의 정의론은 '여성에게 특유한 일'로 여겨지는 것과 관계되는 문제들을 이론 외부에 두어 왔다. 그것의 가장 두드러진 예가 알리 러셀 호크실드Arlie Russell Hochschild 등과 라셀 파레냐스Rhacel Salazar Parrenas가 연구하고 있는 '글로벌 케어 체인Global Care Chain, GCC'이라는 것이자 거기서 자유와 평등이 보장되지 않은 개인들의 존재이다.

롤스에 따르면, '정의의 두 원리'가 적용된 자본주의 사회에서는 사후적이 아니라 사전적인 대응책에 의해 부와 자본의 소유를 분산시키는 '재산 소유의 민주주의'가 등장하고, 사람들은 지금보다 평등한 출발점에 놓이게 된다. 그 추론이 의거하는 제임스 미드James Edward Meade(1907~1995)는 '재산 소유의 민주주의'에서는 '일하는 것은 오히려 개인적 선택의 문제가 된다. …… 무엇보다 노동 집약형 서비스는 (옛날 그대로의 가사 봉공과 달리) 같은 소득과 지위가 있는 사람에 대해서 이루어질 수 있는 것으로서 번성할 것'이라고 말했다(Meade, J. E., *Efficiency, Equality, and Ownership of Property*, George Allen & Unwin, 1964). 그 전망은 매력적이지만, 현대 정의론의 주류는 이에 대해서 그다지 관심을 보이지 않는다. 그 이유는 분석의 명석함을 추구하느라 바쁜 것만은 아닐 것이다. 정의론에서의 다수자에게 '여성에게 특유한 일'을 전제로 하는 오늘날의 경제 사회 시스템은 너무나도 자연스러워서 지배의 형태로서는 이해되고 있지 않을 가능성이 있다.

그러나 그렇다고 한다면 그것은 환상이다. 현대 정의론에서

'남성 중심주의'의 공동 환상이 얼마나 강한지는 여성에 대한 정의도 논하는 자유주의적인 사상적 입장이 '리버럴 페미니즘'으로 불리고 있는 것에서도 찾아볼 수 있다. 그 불합리함은 롤스의 원초 상태에 있는 당사자들의 절반은 여성일 수도 있는데, 그 추론되는 귀결을 지적하는 철학자가 모두 '페미니스트'로 되어버리는 것에 나타나 있다. 이리하여 전통적 집단 내부에서는 여성을 포함한 소수자가 정의론으로부터 '백인 지상주의'가 사라진 후에도 정의론의 타자일 수 있다.

세계철학에서 정의론의 미래

다수자의 신념이 잘못이라고 지적되었음에도 불구하고 그 잘못이 바로잡히지 않는 경우, 일은 꺼림칙하다. 이러한 '정의론에서의 부정의'를 현 상황의 공공적 논의를 통해 시정하기는 어려울 것이다. 왜냐하면 소수자는 공공적 논의에 참여하기 위한 가능성이 상대적으로 부족하고, 그 논의가 왕왕 다가서는 사회 통념(공통 인식)의 제작자가 아닌 경우가 많기 때문이다.

누가 공통 인식을 만들고, 누가 그 일에 참여할 수 없는 것인가? 미란다 프릭커Miranda Fricker(1966~)가 말했듯이 인간은 세계를 인식하기 위한 재료를 받거나 주거나 하는 가운데 인식적 정의를 성립시키고 있다. 거기에서 중요한 것은 그 일에 공헌하기 위한 힘, 즉 능력Capability이다(Miranda Fricker, "Epistemic Contribution as a Central Human Capability" in George Hull (ed.), *The Equal Society: Essays on Equality in Theory and Practice*, Lexington Books, 2015). 피부색과 성별 등에 의해서 차별받는 일 없이 좀 더 많은 사람이 이 일에 참여하기 위한 가능성을 얻어 가는 가운데 정의론의 철학은 좀 더 공정한 것에 가까워질 것이다.

세계철학의 여명기에 서두에서 소개한 칸트의 격언은 '정의를 세워라, 비록 서양 중심주의가 멸망하더라도'로 거듭나고 있다. 다음은 '정의를 세워라, 비록 다수자 중심주의가 멸망하더라도' 차례이다. 그러기 위해서는 정의론을 말하는 자의 다양성이 확보되어야만 하며, 이 정의를 완수해야 할 의무는 덕으로서 발휘되어야만 할 것이다.

☞ 좀 더 자세히 알기 위한 참고 문헌

— 존 롤스John Rawls, 『공정으로서의 정의. 재론公正としての正義 再説』, 다나카 시게아키田中成明·가메모토 히로시龜本洋·히라이 료스케平井亮輔 옮김, 岩波書店, 2004년. 롤스는 『정의론』(1971년) 간행 후 『정치적 자유주의』(1993년)의 간행에 이르기까지의 시기에 '공정으로서의 정의'라는 자기의 아이디어를 포괄적 자유주의가 아니라 정치적 자유주의의 하나의 형태로서 다시 구상하고, 주로 1980년대 강의 노트에 기초한 초고를 남겼다. 이 책은 편자 에린 켈리Erin I. Kelly가 롤스의 승낙을 받아 그 초고에 변경과 수정을 가한 것이다. 현대 정의론의 주류를 보여주는 책이다.

— 하야시 노리코林典子, 『포토 다큐멘터리 인간의 존엄 — 이제 이 세계의 한쪽 구석에서フォト·ドキュメンタリー人間の尊厳 — いま, この世界の片隅で』, 岩波新書, 2014년. 롤스의 정의론을 '선험적 제도주의'로서 비판하는 센은 현실의 부정의 사례를 집어 들고서 지금보다 나은 사태를 실현하기 위해 사회적 선택 접근에 의한 정의론을 주창하고 있다. 하지만 부정의를 당하고 있는 사람들의 목소리가 그 사회의 정말이지 한쪽 구석에서밖에 울리지 못할 때, 어디를 범위로 하는 어떠한 사회적 선택이면 지금보다 나은 사태를 가져올 수 있는 것인가? 깊이 생각하게 하는 책이다.

— 스기야마 하루杉山春, 『르포 학대 — '오사카 두 아이 죽음에 방치' 사건ルポ虐待 — 大阪二兒置き去り死事件』, ちくま新書, 2013년. 이른바 '밤의 거리'에서 일하는 싱글맘이 아이를 학대하고 죽음에 이르게 하는 사건이 이어지고 있다. 이 사건에서 가해자는 살인의 죄로 30년의 형기를 선고받았다. 하지만 가해자가 사건을 일으키기에 이른 배경을 알면, 가해자 역시

프릭커가 논의하는 인식적 부정의의 피해자였을 가능성이 엿보인다. 어떠한 상황이더라도 육아는 엄마가 하는 것이라는 사회 통념을 바꿈으로써 구해지는 생명이 있을 수 있다는 것을 이 책은 시사하고 있다.

후기

『세계철학사』전 8권의 완성이 눈앞에 다가오려고 하고 있던 7월 하순, 책임 편집을 맡은 네 사람과 편집자인 마쓰다 씨가 작업 전반을 되돌아보는 모임을 가졌습니다. 그 자리에서 이토 구니타케伊藤邦武 선생께서 간단하고도 요점이 분명한 정리를 해주 셨습니다.

전체적인 감상으로서는 몇 가지 좋은 점을 다음과 같이 지적해 주셨습니다. 젊은 연구자나 여성 연구자분들로부터의 기고를 적극 적으로 밀고 나간 점, 중세의 비중을 높임으로써 동서의 중세를 어느 정도 두루 살필 수 있었던 점, 근대에서도 서양 편중을 바로잡 고 동서의 넓은 범위에 걸친 공통의 문제의식을 발굴할 수 있었던 점, 또한 종래에 거론되는 일이 적었던 아프리카나 러시아, 남미를 다룰 수 있었다는 점이 그것들입니다. 그렇지만 그럼에도 불구하고 각각의 전문 영역에 한정된 논의에 빠지는 일도 적지 않았으며, 좀 더 유연한 관점을 확립할 필요를 느꼈다고도 지적해 주셨습니다.

게다가 더욱 개선해야 할 과제로서 동서의 다양한 종류의 교류사나 영향사를 좀 더 뚜렷이 부각할 필요가 있었다는 점(예를 들어 중국으로부터의 서양 철학에 대한 영향이나 유대 사상의 광범위한 영향력), 그리고 현대와 관련해 20세기 이후의 기술과 환경, 통신 혁명 등에 대해 좀 더 큰 관심을 기울여야 한다는 점을 강조하셨습니다.

이토 선생께서는 단순히 책임 편집의 한 사람으로 말씀하시는 것이 아니라 우리가 그 판단에 단적으로 의지한 큰 기둥이셨기 때문에, 그 제안은 곧바로 모두가 공유하는 것이 되었습니다. 그리고 그 남겨진 과제를 조금이라도 메울 수 있도록 별권을 구상하고 그것을 구체화하는 데로 향했던 것입니다.

게다가 이토 선생께서는 주도면밀하게 메모를 준비해 주시기도 하셨습니다. 그것은 몇 개의 조목으로 되어 있었습니다. 예를 들어 기획 단계에서는 생각하지 못했던 신형 코로나와 같은 전염병을 과학 철학이나 정보 그리고 국제 관계나 사생관과 관련하여 세계철학적으로 읽어내는 것, 유라시아의 관점에서 러시아나 몽골을 볼 수 있는가, 논리나 수리 사상에 관한 동서의 비교 연구 등의 주제들을 지적해 주신 것입니다.

정말이지 선생께서 제안하신 주제를 어디까지 실현할 수 있었는지는 알 수 없으며, 독자분들의 판단에 맡길 수밖에 없다고 생각합니다. 하지만 별권의 방향성은 이토 선생께서 제시해 주신 것이라는 점을 재차 강조해두고 싶습니다.

책임 편집 좌담회는 결과적으로 이토 선생께서 부재한 채로 진행하게 되었습니다. 직전에 선생께서 병상에 누우셨다고 들었기 때문입니다. 그럼에도 우리 세 사람은 '이토 선생이시라면 어떻게 생각하실까'라고 계속 생각하면서 이토 선생과 함께 논의를 심화시켜 갔습니다. 이토 선생의 견해를 읽고 싶어 하시는 독자도 계실지도 모릅니다. 그에 대해서는 이 별권 전체가 이토 선생의 견해라고 일단 말씀드리고 싶습니다. 이토 선생의 손으로 이루어질 별권 속편은 다른 날을 기약할 수 있었으면 좋겠습니다. 그때까지 잠시만 기다려 주시기 바랍니다.

지난 1년간은 신형 코로나로 인해 우리의 삶의 형태에 큰 물음이 다시 던져졌습니다. 저 자신도 이 『세계철학사』를 통해 많은 것을 배울 수 있었고, 자신의 삶의 형태를 곰곰이 반성하게 되었습니다. 다른 삶의 형태를 살아보고 싶다, 이러한 소망들이 지금 가슴에 점으로 남아 있습니다.

마지막으로 함께 완주해 주신 교열자, 디자이너, 색인 제작자, 인쇄소, 서점의 모든 분께 다시 한번 감사의 말씀을 드리고 싶습니다. 정말 감사합니다. 편집자인 마쓰다 다케시^{松田健} 씨에게는 아무리 감사해도 다할 수 없습니다. 마쓰다 씨는 이토 구니타케 선생, 야마우치 시로 선생, 노토미 노부루 선생과 함께 철학의 우정을 체현해 주셨습니다.

또한 교토포럼과 야자키 가쓰히코矢崎勝彦 이사장께도 감사의 말씀을 드리고 싶습니다. '세계철학'이라는 씨름에 가장 먼저 철학의 우정을 보여주시고, 2년 이상에 걸쳐 지원을 베풀어 주셨습니다. 여기에 적어 감사의 말씀을 드립니다.

2020년 10월

별권 편자 나카지마 다카히로

옮긴이 후기

　『세계철학사』전9권의 편집작업도 마침내 마무리되어 출간을 앞두게 되었다. 옮긴이가 치쿠마 출판사로부터 『세계철학사』의 각 권이 달마다 한 권씩 순서대로 출간되는 것을 처음 접하게 된 것은 2020년 6월의 일이었다. 그때 옮긴이는 이 『세계철학사』의 '세계철학', '세계철학사'가 그저 상투적인 의미에 그치는 것이 아니라 '세계'와 '철학' 그리고 '역사'의 복합적인 얽힘 속에서 철학사를 전개하고자 한다는 것을 이해하게 되면서 이 『세계철학사』를 우리말로 옮기고자 구상하기 시작했다.

　옮긴이로서는 어쩌면 이 새로운 『세계철학사』가 코로나 팬데믹, 기후 위기, 인류세 등과 같은 바로 이 시대에 뜨겁게 논의되고 있는 현대의 다양한 문제들과 그에 대응한 사변적 실재론, 신유물론 등과 같은 새로운 철학 사조를 사유하고자 하는 우리에게 어떤 실마리를 제공해줄 수 있지 않을까 생각했기 때문이다. 옮긴이는 평소 '철학이란 무엇인가?', '세계란 무엇인가?', '인간이란 무엇인가?', '세계 속 인간의 삶이란 무엇인가?' 등이 철학의 근본 문제를 구성한다고 생각하고, 다른 한편 철학 공부는 철학의 역사와 더불어 이루어져야 한다고 이야기해 왔지만, 우리가 일반적으로 접해온 경직되고 천편일률적인 철학자와 학설들로 채워진 기존의 '서양 철학사'가 새로운 사유의 가능성과 사유의 현실성을 옥죄고 있다는 느낌을 저버릴 수 없는 상황에서 다차원적이고 다측면적인 '세계'의 관점에서 다양한 가치관과 서로 다른 전통을 돌아보고 이 '세계' 속 인간의 삶을 다시 새롭게 사유하고자 하는 이 새로운 『세계철학사』의 시도야말로 서로 연관된 철학과 철학사의 새로운 지평을 열어 보일 수 있지 않을까 생각한 것이다.

이제 이 『세계철학사』의 출간 작업이 마무리된 마당에 이러한 옮긴이의 기대가 과연 온전히 실현될 수 있는 것인지, 이 『세계철학사』 시리즈의 기획, 편집자들이 이 『세계철학사』의 곳곳에서 전개하고 있는 '세계철학'과 '세계철학사' 구상이 과연 그 약속을 충족하고 있는 것인지, 그리고 옮긴이가 이 방대하고 너무도 다양한 철학적 사유를 옮기는 데서 얼마나 성공하고 있는 것인지 어떤 두려움마저 다가오는 것이 사실이다. 물론 이에 대해서는 앞으로, 아니 지금 이 지점까지 『세계철학사』 전 9권의 도정을 함께 걸어오신 독자 여러분 각자가 판단, 평가, 비판할 수 있을 것이다. 옮긴이로서는 다만 이러한 판단, 평가, 비판이야말로 종결되지 않고 끊임없이 전개되는 '세계철학사'의 과정에 참여하는 우리 자신의 활동이며, 바로 그러한 움직임이야말로 세계 속의 우리 삶을 사유하는 철학의 과정이라고 생각할 뿐이다.

구상의 시작에서 이어지는 작업 과정은 말할 것도 없이 쉽지 않았다. 저작권과 관련한 문제의 해결부터 번역 과정 그리고 편집과 교정 및 출간에 이르기까지 언제나 해결하기 어려운 문제가 계속해서 출현했다. 하지만 역시 도서출판 b는 인문학 출판사로서의 사명과 저력을 보여주었다. 그래서 옮긴이로서는 당연히 도서출판 b의 조기조 대표와 편집부의 신동완 선생과 김장미 선생께 깊은 고마움을 표하지 않을 수 없다. 세 분께서 편집과 교정을 비롯한 출간 작업에서 환상적인 호흡을 보여주었다는 것은 특별히 언급해야 할 점일 것이다.

도서출판 b의 기획위원들인 문형준 선생, 복도훈 선생, 신상환 선생, 심철민 선생, 이성민 선생, 이충훈 선생, 최진석 선생은 작업이 진행되는 과정에서 기회 있을 때마다 많은 물음에 대답해주고 참신한 아이디어 제공 및 충고와 격려를 아끼지 않았다. 모든 분에게 진심으로 감사드린다.

이 『세계철학사』 작업을 마무리할 즈음 옮긴이는 가톨릭관동대학교에 적을 두고 거처를 강릉으로 옮기게 되었는데, 그 과정에서 이윤일 선생님께서 베풀어 주신 후의와 이따금 만나 나누는 철학적

대화는 옮긴이가 철학에 대한 소명과 인간에 대한 신뢰를 되살리는 귀중한 경험이었다. 이 자리를 빌려 선생님께 다시 한번 깊은 고마움을 표하고자 한다.

마지막으로, 『세계철학사』의 출간 소식을 접한 어떤 한 분은 『세계철학사』을 읽어 나가는 과정이 꽃들이 가득 피어난 정원의 산책이 될 수 있기를 바란다는 옮긴이의 말에 대해 그 과정은 정원의 산책도 둘레길을 돌아보는 여유로운 걷기도 아닌 험산 준령을 오르내리는 고통스러운 과정이지 않겠냐고 응답했다. 철학적 사유의 최초 표상이자 가장 일반적인 이미지가 길을 걸어가는 그것이지만(도^{道}, 방법^{method}), 그 길을 걷고 닦아가기 위해서는 커다란 용기와 각오가 필요하다는 이야기로 들렸다. 그런 의미에서 옮긴이로서는 이제 이 『세계철학사』를 손에 쥐고자 결단하고 읽어 나가는 가운데 허리를 젖히며 상념에 빠져든 모든 독자 여러분에게 진심으로 깊은 감사의 말씀을 드리지 않을 수 없다.

2023년 4월
가톨릭관동대학교 연구실에서
옮긴이 이신철

■ 편자

이토 구니타케^{伊藤邦武}

1949년생. 류코쿠대학 문학부 교수, 교토대학 명예교수. 교토대학 대학원 문학연구과 박사과정 학점 취득 졸업. 스탠퍼드대학 대학원 철학과 석사과정 수료. 전공은 분석 철학·미국 철학. 저서 『프래그머티즘 입문』(ちくま新書), 『우주는 왜 철학의 문제가 되는가』(ちくまプリマー新書), 『퍼스의 프래그머티즘』(勁草書房), 『제임스의 다원적 우주론』(岩波書店), 『철학의 역사 이야기』(中公新書) 등 다수.

야마우치 시로^{山内志朗}__ 제Ⅰ부 대담·제2장

1957년생. 게이오기주쿠대학 문학부 교수. 도쿄대학 대학원 인문과학연구과 박사과정 학점 취득 졸업. 전공은 서양 중세 철학·윤리학. 저서 『보편 논쟁』(平凡社ライブラリー), 『천사의 기호학』(岩波書店), 『'오독'의 철학』(青土社), 『작은 윤리학 입문』, 『느끼는 스콜라 철학』(이상, 慶應義塾大学出版会), 『유도노산의 철학』(ぷねうま舍) 등.

나카지마 다카히로^{中島隆博}__ 들어가며·제Ⅰ부 대담·제3장·후기

1964년생. 도쿄대학 동양문화연구소 교수. 도쿄대학 대학원 인문과학연구과 박사과정 중도 퇴학. 전공은 중국 철학·비교사상사. 저서 『악의 철학 — 중국 철학의 상상력』(筑摩選書), 『장자 — 닭이 되어 때를 알려라』(岩波書店), 『사상으로서의 언어』(岩波現代全書), 『잔향의 중국 철학 — 언어와 정치』, 『공생의 프락시스 — 국가와 종교』(이상, 東京大学出版会) 등.

노토미 노부루^{納富信留}__ 제Ⅰ부 대담·제4장

1965년생. 도쿄대학 대학원 인문사회계 연구과 교수. 도쿄대학 대학원 인문과학연구과 석사과정 수료. 케임브리지대학 대학원 고전학부 박사학위 취득. 전공은 서양 고대 철학. 저서 『소피스트란 누구인가?』, 『철학의 탄생 — 소크라테스는 누구인가?』(이상, ちくま学芸文庫), 『플라톤과의 철학 — 대화편을 읽다』(岩波新書) 등.

■ 집필자

쓰자키 요시노리津崎良典 __ 제Ⅱ부 제1장

1977년생. 쓰쿠바대학 인문사회계 준교수. 오사카대학 대학원 문학연구과 석사과정 수료. 파리 제1대학 철학과 박사 학위 취득. 전공은 서양 근세 철학. 저서 『데카르트의 우울—마이너스의 감정을 확실히 극복하는 방법』(扶桑社), 공역서 『데카르트 전 서간집 제4권(1640 · 1641)』(知泉書館), 『라이프니츠 저작집 제Ⅱ기』(工作舍) 등.

이가와 요시쓰구井川義次 __ 제Ⅱ부 제2장

1961년생. 쓰쿠바대학 대학원 인문사회과학연구군 교수. 쓰쿠바대학 대학원 인문사회과학연구과 중국 철학 박사 학위 취득. 전공은 중국 철학 · 비교 사상. 저서 『송학의 서천—근대 계몽으로의 길』(人文書院), 『앎의 유라시아 1. 앎은 동에서』(공편, 明治書院) 등.

사토 노리코佐藤紀子 __ 제Ⅱ부 제3장

1973년생. 고쿠가쿠인대학 교육개발추진기구 조교. 세이신 여자대학 대학원 인문학 전공 박사 후기과정 수료. 문학박사 학위 취득. 전공은 프랑스 철학. 논문 「어둠을 받아들이기 — 시몬 베유의 신비 사상」(『복음과 세계』, 新教出版社) 등.

시다 다이세이志田泰盛 __ 제Ⅱ부 제4장

1975년생. 쓰쿠바대학 인문사회계 준교수. 도쿄대학 대학원 인문사회계연구과 박사과정 수료. 전공은 인도 철학. 저서 *History of Inidian Philosophy*(공저, Routledge) 등.

노모토 신野元 晋 __ 제Ⅱ부 제5장

1961년생. 게이오기주쿠대학 언어문화연구소 교수. 게이오기주쿠대학 대학원 문학연구과 석사과정 수료. 맥길대학 대학원 이슬람연구소 박사 학위 취득. 전공은 이슬람 사상사. 저서 *Early Ismāʿīlī thought on prophecy*(Ph. D. diss., McGill University), 『자연을 앞에 둔 인간의 철학』(공편저, 慶應義塾大学出版会).

요리즈미 미쓰코賴住光子 __ 제Ⅱ부 제6장

1961년생. 도쿄대학 대학원 인문사회계연구과 교수. 도쿄대학 대학원 인문과학연구과 박사과정 수료. 박사(문학). 전공은 윤리학·일본 윤리 사상사·비교 사상. 저서 『정법안장 입문』(角川ソフィア文庫), 『도겐의 사상』(NHK出版), 『깨달음과 일본인』(ぷねうま舍), 『일본의 불교 사상』(北樹出版) 등.

노리마쓰 교헤이乘松亨平 __ 제Ⅱ부 제7장

1975년생. 도쿄대학 대학원 종합문화연구과 준교수. 도쿄대학 대학원 인문사회계연구과 박사과정 학위 취득 졸업. 박사(문학). 전공은 근대 러시아 문학·사상. 저서 『리얼리즘의 조건 ─ 러시아 근대 문학의 성립과 식민지 표상』(水聲社), 『러시아 또는 대립의 망령 ─ '제2세계'의 포스트모던』(講談社選書メチエ) 등.

오카다 아쓰시岡田溫司 __ Ⅱ부 제8장

1954년생. 교토대학 명예교수, 교토정화대학 대학원 특임교수. 교토대학 대학원 문학연구과 박사 후기과정 수료. 전공은 서양 미술사·사상사. 저서 『모란디와 그의 시대』(人文書院), 『프로이트의 이탈리아』(平凡社), 『영화와 예술과 삶과 ─ 스크린 속의 화가들』(筑摩書房), 『무지개의 서양 미술사』, 『서양 미술과 인종주의』(이상, ちくまプリマ─新書) 등.

나가이 신永井 晋 __ 제Ⅱ부 제9장

1960년생. 도요대학 문학부 교수. 와세다대학 대학원 문학연구과(철학 전공) 박사 후기과정 만기 졸업. 파리 제1, 제10, 제4대학에서 현상학을, 랍비 마르크─알랭 우아크냉에게서 유대 사상을 배운다. 전공은 현상학. 저서 『현상학의 전회 ─ '현현하지 않는 것'을 향하여』(知泉書館), 『'정신적' 동양 철학 ─ 현현하지 않는 것의 현상학』(知泉書館), *Philosophie japonaise*(공편저, Vrin).

후지하라 다쓰시藤原辰史 __ 제Ⅱ부 제10장

1976년생. 교토대학 인문과학연구소 준교수. 교토대학 대학원 인간·환경학연구과 박사과정 중퇴. 박사(인간·환경학). 전공은 농업 사상사·농업기술사. 저서 『나치스의 부엌』 결정판(共和国), 『분해의 철학』(靑土社), 『나치스 독일의 유기 농업』(柏書房), 『트랙터의 세계사』(中公新書), 『전쟁과 농업』(集英社インターナショナル新書), 『급식의 역사』(岩波新書) 등.

다테 기요노부伊達聖伸 __ 제Ⅱ부 제11장

1975년생. 도쿄대학 대학원 종합문화연구과 준교수. 프랑스 국립 릴 제3대학 박사과정 수료(Ph.D.). 전공은 종교학, 프랑스어권 지역 연구. 저서 『라이시테, 도덕, 종교학——또 하나의 19세기 프랑스 종교사』(勁草書房), 『라이시테로부터 읽는 현대 프랑스——정치와 종교의 지금』(岩波新書) 등.

시마무라 잇페이島村一平 __ 제Ⅱ부 제12장

1969년생. 국립민족학박물관/종합연구대학원대학 준교수. 몽골 국립대학 대학원 사회학연구과 석사과정 수료. 종합연구대학원대학 문화과학연구과 박사과정 학위 취득 졸업. 박사(문학). 전공은 문화인류학·몽골 연구. 저서 『증식하는 샤먼——몽골 부랴트의 샤머니즘과 에스니시티』(春風社), 『초원과 광석——몽골·티베트에서의 자원 개발과 환경 문제』(공편저, 明石書店), 『대학생이 본 민얼굴의 몽골』(편저, サンライズ出版) 등.

가미시마 유코神島裕子 __ 제Ⅱ부 제13장

1971년생. 리쓰메이칸대학 종합심리학부 교수. 도쿄대학 대학원 종합문화연구과 박사과정 수료. 박사(학술). 전공은 정치 철학. 저서 『정의란 무엇인가』(中公新書). 역서 『정의론 개정판』(존 롤스 저, 紀伊国屋書店) 등.

■ 옮긴이

이신철李信哲

가톨릭관동대학교 VERUM교양대학 교수. 연세대학교 철학과를 졸업, 건국대학교 대학원에서 철학 박사학위 취득. 전공은 서양 근대 철학. 저서로 『진리를 찾아서』, 『논리학』, 『철학의 시대』(이상 공저) 등이 있으며, 역서로는 피히테의 『학문론 또는 이른바 철학의 개념에 관하여』, 회슬레의 『객관적 관념론과 근거짓기』, 『현대의 위기와 철학의 책임』, 『독일철학사』, 셸링의 『신화철학』(공역), 로이 케니스 해크의 『그리스 철학과 신』, 프레더릭 바이저의 『헤겔』, 『헤겔 이후』, 『이성의 운명』, 헤겔의 『헤겔의 서문들』, 하세가와 히로시의 『헤겔 정신현상학 입문』, 곤자 다케시의 『헤겔과 그의 시대』, 『헤겔의 이성, 국가, 역사』, 한스 라데마커의 『헤겔 『논리의 학』 입문』, 테오도르 헤르츨의 『유대 국가』, 가라타니 고진의 『트랜스크리틱』, 울리히

브란트 외『제국적 생활양식을 넘어서』, 프랑코 '비코' 베라르디의『미래 가능성』, 사토 요시유키 외『탈원전의 철학』등을 비롯해, 방대한 분량의 '현대철학사전 시리즈'(전 5권)인『칸트사전』,『헤겔사전』,『맑스사전』(공역),『니체사전』,『현상학 사전』이 있다.

책임편집 이토 구니타케+야마우치 시로+나카지마 다카히로+노토미 노부루
옮긴이 이신철

세계철학사 1 — 고대 I

세계철학사 3 ─ 중세 I

세계철학사 4―중세 II

세계철학사 6 — 근대 I

세계철학사 7 ─ 근대 II

세계철학사 8 — 현대

세계철학사 **별권 — 미래를 열다**

한국어판 ⓒ 도서출판 b, 2023

세계철학사 별권

초판 1쇄 발행일 2023년 05월 15일

엮은이 이토 구니타케+야마우치 시로+나카지마 다카히로+노토미 노부루
옮긴이 이신철
기 획 문형준, 복도훈, 신상환, 심철민, 이성민, 이신철, 이충훈, 최진석
편 집 신동완
관 리 김장미
펴낸이 조기조
발행처 도서출판 b
인쇄소 주)상지사P&B
등 록 2003년 2월 24일 제2006-000054호
주 소 08772 서울특별시 관악구 난곡로 288 남진빌딩 302호
전 화 02-6293-7070(대)
팩 스 02-6293-8080
이메일 bbooks@naver.com
누리집 b-book.co.kr

책 값 30,000원
ISBN 979-11-89898-90-8 (세트)
ISBN 979-11-89898-99-1 94140

* 이 책은 저작권법에 따라 보호받는 저작물이므로 저작권자와 출판사의 허락 없이
  복제하거나 다른 용도로 사용할 수 없습니다.
* 잘못된 책은 구입한 곳에서 교환해드립니다.